DEMİREL HERKESİ GÜLDÜRDÜ

SON İMPARATOR'UN YOL HİKAYELERİ

birey yayıncılık : 86
Yakın Tarih / Olaylar ve İnsanlar:5

Yayın Yönetmeni
Mahmut Balcı

Editör
Ali Ayçil

Dizgi Mizampaj
birey

Kapak
Simurg Sanat Yapımları

Baskı - Cilt
İstanbul Matbaa ve Ciltevi

ISBN
975-8257-85-4

Birinci Baskı
Şubat 2001

birey yayıncılık
Yerebatan Cad. Çatalçeşme Sok.
Üretmen Kitapçılar Çarşısı, No. 29/17 Cağaloğlu/İstanbul
Tel: (0 212) 511 33 69 - 528 51 13 **Fax:** (0 212) 511 77 16
web: www.bireykitap.com

DEMİREL HERKESİ GÜLDÜRDÜ

SON İMPARATOR'UN YOL HİKAYELERİ

EDİP ALİ YAVUZ

birey

EDİP ALİ YAVUZ
Gazeteci

Edip Ali Yavuz, 1971 yılında Ankara'da dünyaya geldi. İlk, orta ve lise tahsilini Ankara'da yapan Yavuz, Anadolu Üniversitesi İşletme Fakültesin'den mezun oldu.

Mesleğine duyduğu merak, küçük yaşlarda gazeteciliğe başlamasına neden oldu. 1990 yılında gazeteciliğe ilk adımını attı. Zaman Gazetesi'nin çeşitli birimlerinde görev alan Yavuz, 1993 yılında itibaren aktif olarak muhabirlik yapmaya başladı. Çeşitli alanlarda görev alan Yavuz, 1995 yılından bu yana ZAMAN Gazetesi, Cumhurbaşkanlığı ve Başbakanlık Muhabiri olarak görev yapıyor.

Evli ve 1 çocuk babası olan Yavuz, 9. Cumhurbaşkanı Süleyman Demirel'i yakından izleyen isimlerin başında geliyor. 28 Şubat Süreci, Apo krizi, Merve Kavakçı olayı ve hükümet krizlerinin yaşandığı bir dönemde Demirel'i adım adım izleyen Yavuz, mizah yüklü bu satırları sizler için kaleme aldı.

Bu güne kadar hiç konuşulmamış kimi mizah, kimi ibret kimi de kara mizah dolu bu satırları bir solukta okuyacaksınız.

İçindekiler

Başlarken

Yazmak zordur; ister mektup olsun ister anı, ya da bir kitap. Denemek en güzelidir belki de. Bu kitap mükemmeli bulma iddiasında bulunarak, en iyisini yapanlara haksızlık etmeden kaleme alındı. Mesleki etik dikkate alınarak, soru işareti ve ünlem daha bir dikkatle kullanıldı.

Ne kişisel değerleri yargılama ne de içine duygusallık katılmış düşünsel bir eser. Söylediğim gibi denemeden öte bir şey değil bu. Mesleğinin en önemli yılları Çankaya koridorlarında geçmiş bir gazetecinin haddini bilerek kaleme aldığı satırlar. Yazılan haberlerin arkasında gizli kalmış sır kapıları.

1991 yılının ilk aylarında başladım gazetecilik mesleğine. İyi bir gazeteci olduğum iddiasında bulunmadım ama mesleğimi hakkıyla yapma gayretim hep sürdü. Binlerce haber yazdım. Her türlü olay ve insanı izledim. Muhataplarımın dudaklarından dökülen dağınık cümleleri bir araya getirip 'haber' formatına dönüştürmeye çalıştım her meslektaşım gibi.

Gecegündüz, yaz kış, vakitli vakitsiz lüksüne girmeden sadece ve sadece mesleğimi düşünürken, gazeteciliğe başlamanın bırakmak kadar da zor olduğunu yaşayarak öğrendim. En iyi yaptığım sadece 'en iyiyi yapma arzusuydu.'

Bu eseri meydana getirme düşüncesi mesleğimin ilk yıllarından beri beynimi kemirse de hep uygun zaman ve zemini bekledim. Yazmış olmak için yazmak ters geldi sürekli. Bireysel doğrularım gereği yazdıklarımda kalite aradım. Güzel olanların haber olma olasılığını yüksek tutmaya çalıştım.

İşte bu doğru zaman ve zemini 1995 yıllarının hemen başında 9'uncu Cumhurbaşkanı Süleyman Demirel'i izlemeye başladığım zaman yakaladığıma inandım. İsmini ortalama üç neslin tanıdığı, hayatı medcezir'lerle ünlü bu renkli kişiliğe yakın olmaya başlamıştım. Bunu değerlendirmem gerektiğini düşündüm.

Artık kendi açımdan yeni bir sayfa açılmıştı. Başkaları benimle aynı fikri paylaşmasa da mesleğim için Süleyman Demirel'in gerçek bir okul olduğunu gördüm; ondan gördüm kelimeleri hamur gibi yoğurmayı, insan idare etme sanatını, farklı kelimelerle defalarca aynı şeyi söylemeyi, vefa ve ihanetin bedelini. Şaka yaparken dokundurmayı, ak dediğimiz şeylerin aslında kara olduğunun nasıl anlatılacağını. Geçmişte neler söylediğimizin değil, şimdi ne söyleyeceğimizin önemli olduğunu ve daha neleri...

Sizlerle siyasetin puslu havasını ve insanımız üzerindeki olumsuz etkilerini paylaşmak gibi düşünce içinde olduğumu sanmayın. Bu kitap tamamıyla olmasa da genelde gülümseme ve yol hikayeleri üzerine kurgulandı. Belki de bu gülümseme içinde yakalayacaksınız yukarıda saydıklarımı. İstedim ki biraz da bizlerin bildiği, fakat çoğunlukla sizlere yansımayan komik ve ilginç anıları sizlerle paylaşabileyim.

Mesleğimizin zor, zor olduğu kadar da stresli dönemlerinde bizleri tebessüm ettiren olay ve konuları sizlere aktarabilmekti tek düşüncem. Sayın Süleyman Demirel'in dediği gibi, "Ben kimseyi hedef alıyor ya da cevap veriyor durumda değilim." Sadece Demirel kaynaklı ve tebessüm dolu olayları yazıyorum burada. Bir de bizlerin başından geçenleri. Hemen belirtmek isterim ki anlatılanlar Demirel'in Cumhurbaşkanlığı yılları ile sınırlı değil. Az da olsa daha eskilere uzanan anılarla karşılaşacaksınız. Anlattıklarımı okudukça, yüzünüzdeki gülümseme bazen neşeden, bazen de başka sebeplerden olabilir. Şimdiden uyarayım.

Sayfaları çevrildikçe sadece tebessüm ediyor mu olacağız? Hayır hiç sanmıyorum. Sizleri gülümsetecek olaylar fazla olsa da düşündüren olayları da kaleme aldım. Hüzün var bu kitapta; keyfi uygulanan kişisel ambargoların dayanılmaz hafifliği, demokrat geçinen bazı kişilerin iki yüzlülüğü ve dahası.

Aktaracağım olayların büyük bölümüne bizzat şahit olduğum gibi, bir kısmını da ikinci şahıslarla yaptığım söyleşilerden öğrendim. Bu olayların bana aktarılması ve benimde kaleme almam sırasında bazı küçük farklılıkların olacağı kesindir. Ama emin olabilirsiniz ki bu farklılıklar içerikten ziyade, hikayeleştirmeden kaynaklanan ve bütünü bozmayan detaylar olacaktır.

Umarım deneyimli politikacı Süleyman Demirel'de bu satırları gülümseyerek okur ve istemeyerek yapmış olabileceğim hatalardan dolayı beni bağışlar.

Eserime, bana her zaman yazmayı, ama doğruyu yazmayı öğütleyen, mesleğe girmemi sağlayan, değerli insan, babam İbrahim Ulvi Yavuz'a teşekkür ederek başlıyorum.

Bırakın şimdi siyasetin dumanlı havasını bir tarafa, gelin hep birlikte gülümseyelim.

Edip Ali Yavuz

Bir Yol Hikayesi

ABD eski başkanlarından John Keneddy dünya siyaset profilini, "Politikada en çok aranılan haslet, hafıza noksanlığıdır" sözüyle çizer. Napolyon'un yaklaşımı biraz daha açıktır; "Politika, para yerine insanların ortaya sürüldüğü bir oyundur." Deneyimli politikacı Süleyman Demirel'in yorumu farklıdır: "Politika, fırsatları iyi kullanabilme sanatıdır!"

Türkiye'de yaşanan politik krizlerin temeline inildiğinde görülecektir ki kişisel çıkarlar hep ön plandadır. Politik çıkarlar, çoğu zaman bir siyasetçinin geleceğine mal olurken, diğerinin yükselmesi için iyi bir fırsat oluşturur. Bu politik çekişmeler içinde, Türkiye siyasetine damgasını vuran en önemli kişiliklerden birisi de şüphesiz Süleyman Demirel'dir. Bundan dolayı ben de Sayın Demirel için *"Son İmparator"* tanımlamasını yaptım. Umarım kendisi yaklaşımımı hoş karşılar.

Bir yol hikayesi bu; başka deyişle 'Yollar yürümekle aşınmaz' sözünün mimarı Süleyman Demirel'in seyahatnamesi. Burada anlatılanlar 16 Mayıs 1993 tarihinde Cumhuraşkanlığı koltuğuna oturup, bitip tükenmek bilmeyen enerjisiyle karış karış, hem Anadolu'yu hem de dünyayı gezen Demirel'in güldüren anılarının bir özeti.

....

Takvimler 1993 yılının 16 Mayıs'ını gösterdiğinde, Güniz Sokak 31 numarada alışılmışın dışında bir hareketlilik yaşanıyordu. Sokak boydan boya trafiğe kapatılmış, Cumhurbaşkanlığı forsunu taşıyan 1976 model Mercedes marka siyah makam aracı, birazdan gelecek 'yeni sahibini' bekliyordu. Basın mensupları yerlerini almış, kapıdan çıkacak Türkiye Cumhuriyeti'nin 9'uncu Cumhurbaşkanını görüntülemeye hazırlanıyorlardı. Evin karşı tarafından bulunan Hacı Arif Bey lokantasının sakinleri işlerini bırakmış, olup biteni gözlemekle meşguldüler. Dile kolay, altı kez gidip yedi kez gelmiş bir siyasetçiyi görmek herkese nasip olmazdı.

Büyük kapı açıldı; önce korumalar, sonra da kendisine eşlik edecek köşk görevlileri, ardından ise Demirel'in o meşhur föt şapkası göründü. Bahçeyi aydınlatan flaşları yoğun bir alkış tufanı takip etti. Onlarca objektif Demirel çiftine yönelmiş, yüzlerindeki tebessüm estantanelerini yakalamaya çalışıyordu. Tam bu sırada bir patırtı koptu basın mensuplarının bulunduğu yerden; tüm dikkatler dağılmış, bakışlar gürültünün kaynağına yönelmişti. Zira sesin geldiği yer yolun hemen yanıda bulunan uzun kavak ağacının altıydı. Yerde yatan ise bir basın mensubuydu. İkiye ayrılmış fotoğraf makinası hemen yanıbaşında duruyordu. Endişeli bakışlar üstüne yoğunlaşsa da kendisinin sürekli tebessüm etmesi dikkat çekiyordu. Meslektaşlarının yardımıyla ayağa kalkan basın mensubunun ağaçtan düştüğünü anlamak zor değildi. Demirel çiftini daha rahat görüntüleyebilmek için çıktığı ağaçta, bastığı dal parçasının azizliğine uğramıştı! Sürekli sırıtması ise düşmesinden kısa bir süre önce istediği fotoğrafı çekebilmiş olmasından kaynaklanıyordu.

Başbakan olarak girdiği evden Cumhurbaşkanı olarak çıkan Süleyman Demirel, basın mensuplarının haline acımış olacak ki, Nazmiye Hanım'la birlikte bir süre durarak poz vermeyi tercih etti. Sonra da kendini bekleyen halkı şapkasıyla selamladı. Mutluluğu gözlerinden okunuyordu. Makam aracına önce Nazmiye Hanım ardından kendisi bindi. Konvoy Çankaya'ya doğru hareket ederken, 7 yıllık sürecek yeni 'bir yol hikayesi' de başlamış oluyordu....

Çankaya ve Elçi Kabul

Ankara'da oturup, Çankaya Köşkü'nün nerede olduğunu ve nasıl gidileceğini bilmeyen yoktur. Atatürk Bulvarı ile Tunalı Hilmi Parkı'nın kesiştiği kavşaktan, ya da yeni adıyla Polonya Caddesi'den ilerlediğiniz takdirde yolunuz mutlaka Çankaya Köşkü'nün bir nizamiyesine çıkacaktır. "Protokol Yolu" olarak adlandırılan güzergah, Başbakanlık ve Dışişleri Konutu'nu teğet geçtikten sonra önemli konukların giriş yaptığı 1 Nolu Nizamiye'de sona erer.

Burası için Ankara'nın en güzel yeri denebilir. Çam ağaçlarıyla kaplı o büyük mekanı görmek için Atakule'ye çıkmak yeterlidir aslında. Buradan Çankaya Köşkü'nün ana binasını, Camlı Köşk'ü, müzeyi ve diğer yapıları rahatlıkla görebilirsiniz.

İşte anlatacağım olayların büyük bölümü bu mekan kaynaklı. Bizler geliş ve gidişlerimizde mecburi güzergah olarak sürekli 5 Nolu Nizamiye'yi kullanırdık. Olağanüstü durumlar hariç tek geçiş noktamız burasıydı; bize bildirilen saatte bu kapıdan girer ve korumaların gözetiminde manyetik kartlarla açılan bir kaç kapıdan geçtikten sonra günümüzün büyük bölümünün geçtiği "Elçi Kabul" salonuna ulaşırdık.

"Elçi Kabul", 9'uncu Cumhurbaşkanı Demirel'in, gelen heyetleri kabul ederek görüştüğü salonun ismidir. Süleyman Bey'in programlarının başlamasından yaklaşık yarım saat önce bu salona alınır ve bizlere ayrılan yerlere geçerdik. Makama direk cepheli, iki taraflı açılan görkemli kapının ritmi bizim için hep önemliydi. Kapının iki taraflı olarak açılması ve korumaların içeri girmesi, Demirel'in Elçi Kabul'e girmek üzere olduğunun göstergesiydi.

Korumaların,

"Sayın Cumhurbaşkanımız!" uyarısını beklemeden, hepimiz ayağa kalkarak beklemeye koyulurduk.

Demirel her zaman olduğu gibi sağ eli cebinde yere bakarak gelir, "Günaydın çocuklar" diyerek bizleri selamlardı. Sağ elinin sürekli cebinde durması o tarihlerde beni hep düşündürürdü. Sonradan öğrendim ki; sağ elinin, yani avcunun içinde sürekli bir tesbih bulundurur ve bunu sımsıkı tutarmış. Yine sonradan bu tesbihin kendisine Suudi Arabistan Kralı tarafından hediye edildiğini öğrendim. Elini cebine sokmasını ise,

"İki elim yanda durunca bazen ne yapacağımı şaşırıyorum. Ondan, böyle daha iyi oluyor" diye açıklıyordu Süleyman Bey.

Demirel'in kabul salonuna girmesinden hemen sonra özel kalem müdürü, yaveri ve protokol görevlisinin de içerisi süzülmesi an meselesi olurdu. Yaver, her zaman olduğu gibi Süleyman Bey'in arkasına geçerek hazırlıkların tamam olduğu ve ilk gelen heyetin künyesini bildirirdi. Demirel'in başıyla onaylamasından sonra protokol görevlisi ilk heyeti salona davet ederdi.

Demirel bize göre kapının sağ köşesinde bekleyerek tek tek konuklarının elini sıkardı. Bu kural değişmezdi; hiç bir zaman oturarak heyet beklediğini ve tokalaşmadan kimseyi içeri aldığını görmedim. Gören de olmamıştır. Tokalaşma faslının bitmesinden sonra, protokol görevlilerinin yardımı ile gelen konuklar kendilerine gösterilen yerlere oturur, son olarak Demirel'in yerini almasıyla kabul maratonu başlamış olurdu.

Demirel ilk söz hakkını gelen heyete verir, bu kural istisnalar hariç bozulmazdı. Önce heyet üyeleri ziyaret amaçlarını anlatarak taleplerini isteklerini iletirlerdi. Genelde verilen süre 15 dakika ile sınırlı tutulurdu. Bu nedenle ilk beş dakikayı heyet üyeleri kullanırlarsa, Demirel son on dakikaya sığdırdığı konuşmasında anlatmak istediklerini dile getirirdi.

Demirel'in diğer bir ilginç özelliğini de bu kabuller sırasında öğreniyordum. Bu da gösterdiği olağanüstü sabırdı. Bazen öyle olur ki gelen heyetin sözcüsü, biraz da kameraların varlığından etkilenerek, dakikalarca konuşur hatta Cumhurbaşkanı konuşmadan kendilerine ayrılan süreyi tüketiverirdi. İşte böyle zamanlarda hiç bir zaman konuşmacının sözünü kestiğini, mimikleriyle bu olumsuzluğu hissettirdiğini görmedim. Her zaman sabırla konuşmacıyı dinler ve sürekli not alırdı. Hatta konuşmacının sözünün bitmesinin ardından,

"Başka söz almak isteyen var mı? " diye de sormayı ihmal etmezdi.

Ama şu bir gerçekti ki zamanı ayarlamasını bilir, muhatabının uzun konuşmasından doğan zaman kaybının kendi konuşmasını kısa tutarak telafi ederdi. Tabi heyet üyeleri bunu tam anlayamasa da, biz bu ince ayarın farkına varırdık.

Son olarak Demirel sözlerini ustalıkla bağlar ve kabulün sona erdiğini,

"Hadi gelin bir fotoğraf çıksın" sözleriyle açıklardı. Fotoğraf çektirme faslı sonrası yine büyük kapının sağ köşesine geçer, karşıladığı gibi konuklarını yine tokalaşarak uğurlardı. Ardından da diğer heyetler bu prosedürü takip eder giderdi.

Son kabulünün ardından Demirel'in bizleri 'azat' etmesiyle Çankaya maratonumuzun bir günü daha bitmiş olurdu. Şimdi gelin hep birlikte bu renkli kişiliğin bizleri tebessüm ettiren olaylarını birlikte bir kez daha hatırlayalım.

Ayvalar Sarardı, Narlar Kızardı

9'uncu Cumhurbaşkanı Süleyman Demirel'in hayat hikayesine göz atmadan başlamak olmaz sanırım. Gelin birlikte "Son İmparator"u tanıyalım:

Türkiye Cumhuriyeti'nin 9. Cumhurbaşkanı Süleyman Demirel, 1 Kasım 1924 tarihinde Isparta'nın Atabey ilçeşinine bağlı İslamköy'de dünyaya geldi. Babası, Hacı Yahya Demirel, annesi ise Ümmühan Demirel'dir. Demirel, yokluk içinde boğuşan bir ailenin çocuğu olarak dünyaya gelirken, annesi Ümmühan Hanım, Demirel'in doğum tarihini, "Sülümanım, ayvalar sararıp, narlar kızarırken doğdu" diyerek açıklıyordu.

Türk siyasi tarihine tartışmasız damgasını vuran Süleyman Demirel, İslamköy'de ilkokula başladığında takvimler 11 Kasım 1930'u gösteriyordu. Burada zorluklar içinde geçen bir eğitimin dönemi sonrası, İslamköy'de ortaokul bulunmaması üzerine Isparta'ya gönderildi. Isparta'ya gidişinde ise bazı sıkıntılar yaşandı. Demirel sözkonusu günlerini şöyle anlatıyordu:

"Babam, Isparta'da bir ev tuttu. Bir merkebe babam, bir merkebe de ben bindim. Isparta'nın yolunu tuttuk. Okula kayıt için altı adet vesikalık fotoğraf, 15 kuruşluk damga pulu, iyi hal kağıdı ve nüfus hüviyet cüzdanı gerekliydi. Bunların masrafı 55 kuruş tutuyordu. O günlerde 55 kuruş, köylüye servet gibi geliyordu. Babam, o sıkıntılı döneme rağmen 55 kuruşu buldu ve beni, ortaokula kaydettirdi."

Ortaokulda A, B ve C şubeleri diye üç ayrı şube vardı. Bizi (C) şubesine verdiler. A şubesinde memur çocukları, B şubesinde esnaf ve orta halli ailelerin çocukları okurdu. Biz köylüler, C şubesinde okumaya başladık. Köylü çocuklarının hepsinin yüzleri yanmış, ayaklarında, ayaklarından büyük ayakkabılar, üstleri başları dökülen, üstlerinde analarının diktiği tşörte benzer, yakasız gömlek bulunurdu. "

Ortaokul ve lise eğitimi gurbette geçti. 13 yaşında gurbete çıkmak zorunda kalan Demirel, kazandığı parasız yatılı okulda eğitim görmeye başladı. Daha sonra Afyon Lisesi'ne kaydoldu ve derslerindeki başarısı ile daha o günlerde öğretmenlerinin dikkatini çekti. Afyon Lisesi'ndeki notlarının biri hariç diğerleri 10'du..

Afyon lisesini 1941 yılında bitirerek bu tarihte Nazmiye Şener ile nişanlandı. Demirel, Nazmiye Hanım'la ancak 12 Aralık 1948 yılında evlenebildi. Şubat 1949'da İstanbul Teknik Üniversitesi İnşaat Fakültesi'nden mezun olarak aynı yıl Elektrik İşleri Etüd İdaresi' nde göreve başladı.

1949-1950 ve 1954-1955 yıllarında Amerika Birleşik Devletleri'nde barajlar, sulama ve elektrifikasyon konularında ihtisas yaptı.

1954 yılında Barajlar Dairesi Başkanı, 1955 yılında da Devlet Su İşleri Genel Müdürü olan Demirel, 19621964 yılları arasında serbest müşavirmühendis olarak çalıştı. Aynı yıllarda Orta Doğu Teknik Üniversitesi'nde su mühendisliği konusunda dersler verdi.

Siyasetçi Süleyman

Ortaokul ve lise yıllarında sistem ve dönemindeki siyasi gelişmelere ilişkin yaptığı eleştirilerle o yıllarda arkadaşlarının dikkatini çekmeyi başaran Süleyman Demirel, 1964'lü yıllarda siyasete olan merakını hayata geçiriyordu. Türk siyasi tarihi, 2 binli yıllara adını yazdıracak bir lidere gülümsüyordu artık. Bundan böyle herkes susacak, Demirel konuşacak, Demirel susacak 'başkaları' konuşacaktı. Parti genel başkanlığından başlayıp, bazı dönemlerde yaşanan 'medcezir'lerden sonra Cumhurbaşkanlığı'na kadar uzanan bir 'yol öyküsü'ydü bu başlayan.

Süleyman Demirel'in siyasete giriş tarihi de oldukça ilginçtir. Demirel, 1960 ihtilali sonrası yaşanan bölünmüşlüğün üzerine siyasete girdi. 1962 yılında Adalet Partisi'nin saflarına katılarak hızla yükselen bir trend içine giren Demirel, "halkın demokrasiyi sevme ihtimalini sevmişti" belki de. Günler, aylar birbirini kovaladı ve Demirel AP'de "ikinci adamlığa" kadar yükseldi. O günleri yine Demirel'in ağzından dinleyelim:

"Siyasete atılmadım, siyasete sürüklendim. Aslında benim için siyaset, heves ettiğim bir şey değildir. Bir mücadeleye, bir emri vaki, bir emri zaruri olarak girdim. Ben mühendisim, benim işim, yapmaktır. Türkiye'nin kalkınması, ilerlemesi, büyümesi, imar ve inşası, Türk insanının medeni nimetlere kavuşması, refah ve saadeti benim başlıca kaygım olmuştur."

27-Mayıs ihtilali sonrası yaşanan bazı sıkıntılar bir süreliğine de olsa siyasetten uzaklaştırmıştı onu. Bu süre zarfında kendiyle başbaşa kalan Demirel, siyasi arenada "başrol'ün kendisine geldiğine inandı. AP'nin Genel Başkanı emekli Orgeneral Ragıp Gümüşpala'nın vefatı ise önünü açtı.

Beklenen büyük gün gelip çatmıştı. 27 Kasım 1964'de toplanan AP İkinci Büyük Kongresi'nde 1072 oyla parti genel başkanlığına getirildi. Bundan sonrası artık gelecekti. Parti genel başkanlığın ardından sıra, devlet yönetiminde aktif olarak görev almaya gelmişti. Suat Hayri Ürgüplü Hükümeti'nde Devlet Bakanı ve Başbakan Yardımcısı olarak görev yaptı. Aradan geçen bir yıl sonunda 10 Ekim 1965 tarihinde bir genel seçim yapıldı. İşte bu tarihte hiç kimsenin beklemediğini bir sonuç ortaya çıktı ve liderliğindeki Adalet Partisi inanılması güç bir başarı kazanarak yüzde 53'lük oyla 240 milletvekili çıkardı. 24 Ekim'de Cumhurbaşkanı Cemal Gürsel tarafından görevlendirilmesinden sonra ülke yönetiminde artık tek söz sahibiydi. Dört yıllık *'Birinci Süleyman Devri'* de böylece başlamış oldu.

Yaş Otuzbeş Yolun Başıdır!

Arkasındaki büyük halk gücü ile iktidara gelen Demirel, bu yıllarda önemli başarılar kazandı. Yaklaşık 5 yıl iktidarda kalarak, yüzde 5 enflasyon ve yüzde 7'lik büyüme hızını yakaladı. Bu başarılı iktidar döneminin sonunda, 10 Ekim 1969 tarihinde yapılan genel seçimleri yine büyük farkla kazandı. 3 Kasım 1969'da 2. Demirel hükümeti kurulmuş oldu. Bu dönemde yaşanan parti içi huzursuzluk nedeniyle, görevini bırakarak kısa bir süreliğine köşesine çekilerek durum değerlendirmesi yaptı. 6 Mart 1970'de, 1 yıl sonra başına geleceklerden habersiz olan Demirel, 3. Demirel hükümetini aynı isimlerle yeniden kurdu.

Takvimler 12 Mart 1971'i gösterirken Demirel'e yol gözükmüştü. Demirel, bu tarihte kuvvet komutanlarının verdiği muhtırayı, "hukuk devleti ile bağdaşmaz" diye değerlendirip birazda mecburi istifasını verdi.

İstifasının ardından ilk yıllarda yakaladığı siyasi istirkrarı bir türlü bulamadı. 1971-1980 yıllarında (1975-1977-1979) 3 defa hükümet kurdu. Kurduğu bu hükümetlerin bazıları ise koalisyon hükümetleriydi.

1980 Türkiye'sine gelindiğinde sağsol kavgaları ve öğrenci olayları tırmanışa geçmişti. İşte bu noktada 12 Eylül 1980 darbesi kendini gösterdi. Demirel bu tarihte zorunlu olarak görevini bırakarak Çanakkale Hamzaköy'de bir ay süreyle gözetim altında tutuldu.

1983 yılında bu kez Çanakkale'nin Zincirbozan askeri tesislerine sürgüne gönderildi. Zincirbozan'da bazı AP ve CHP yöneticileri ile birlikte dört ay süre ile tutuklu kaldı. Bu tarihten sonra çok sayıda mahkemede yargılandı ve beraat etti.

Yeniden Siyaset ve Son Adım

Demirel yıllarca siyasetten uzak kaldı. Siyaset yapma yasağı bulunduğu için aktif siyasette yapamıyor, ancak verdiği demeçlerle Özal hükümetini topa tutuyordu. 6 Eylül 1987 tarihinde yapılan halk oylamasında kılpayı siyasete yeniden dönüş vizesini aldı. Sonuçta aktif siyasete 24 Eylül 1987 tarihinde DYP Genel Başkanlığı ile yeniden döndü. Demirel'in DYP'si 1991 yılında yapılan seçimde birinci parti olmasını bildi. 4 yıllık bir muhalefet döneminden sonra, SHP ile yaptığı koalisyon neticesinde 20 Kasım 1991 yılında yeniden hükümete geldi. Demirel Başbakan, SHP Genel başkanı Erdal İnönü ise Başbakan Yardımcısı oldu.

Demirel, bu tarihten sonra bir anlamda, "Nerede kalmıştık?" diyerek siyaset merdivenleri koşar adım tırmanmaya devam etti. Koalisyonun büyük ortağı olarak görev yaptığı süre içiresinde hiç beklenmedik bir gelişme oldu ve 8. Cumhurbaşkanı Turgut Özal, geçirdiği kalp krizi sonrasında hayatını kaybetti. Bu ölüm tüm hesapları alt üst etmişti. Ve herkesin bildiği gibi 16 Mayıs 1993'de aralarında SHP'li milletvekillerinin de bulunduğu 244 oyla Türkiye Cumhuriyeti'nin 9. Cumhurbaşkanı olarak kayıtlara geçti.

Cumhurbaşkanlığı koltuğuna oturduktan sonra, DYP'de Genel Başkanlık tartışmaları başladı. Herkes, O'nun bir isim bildirmesini bekledi, fakat tecrübeli politikacı 'yıpranma' kaygısıyla buna yanaşmadı. En azından bunu kamuoyuna duyurmadı. Duyurmadı diyorum çünkü bu tarihlerde Çankaya Köşkü'ne çıkan Cindoruk'a, "Demokrat Parti döneminden bu yana, ilk defa Cumhurbaşkanlığı, Meclis Başkanlığı ve Başbakanlık bizim partide toplanıyor. Bu, sevindirici bir durum. Ben, Cumhurbaşkanı oldum. Siz, Meclis Başkanlığı'nı başarıyla yürütüyorsunuz. Önümüzdeki günlerde bir üçüncü arkadaşımız Başbakan olacak," diyerek, gerekli mesajı vermeyi ihmal etmedi. Bu mesaj bir anlamda Çiller'e, 'siz önden buyrun' anlamına geliyordu. Cindoruk'un bu dönemdeki moral bozukluğu ise 17 Ekim 1995 tarihinde partiden ihracına kadar sürecekti.

DYP'nın Genel Başkanı'nı bulmasıyla Demirel bir ölçüde rahat nefes almış, Çankaya'daki günlerini rahat geçirmeye başlamıştı.

Çankaya'lı Günler

9'uncu Cumhurbaşkanı Demirel aktif siyasette yanında taşıdığı bir çok polemiği Çankaya Köşkü'nün demir kapısında bıraksa da, bu tarihten sonra yeni tartışmaların da başlatıcısı oldu. 8'inci Cumhurbaşkanı Rahmetli Özal'ı her yönü ile eleştiren Demirel, ne ilginçtir ki, Cumhurbaşkanlığı koltuğuna oturduktan sonra eleştirdiği tüm konuların savunucusu durumuna geçti. Farklı bir Demirel vardı artık; Özal'ı 'turist' ilan eden Demirel, Cumhurbaşkanlığı döneminde dünyada gitmediği ülke bırakmadı. Çankaya'nın programını yapmakla görevli protokol görevlileri, önlerine konulan ortalama onlarca yurt dışı, yüzlerce yurt içi gezi, binlerce açılış, temel atma, ziyaret, tanıtım, konferans ve paneli nasıl sıraya sokacaklarını şaşırır duruma geldiler.

Bu tarihlerde Çankaya ile hükümet arasında bir soğukluk başladı. Demirel ile dönemin Başbakanı Tansu Çiller arasında soğuk savaş yaşanıyordu. Merhum Turgut Özal'ın kardeşi Yusuf Bozkurt Özal'ın, görev süresini tartışmaya açmasından zaten rahatsız olan Demirel, seçim kanunu konusunda ters düştüğü Çiller'in, "Konumunuzu tartışmaya açarım" tehdidi karşısında sert bir çıkış yaptı. Sonraları çeşitli vesilelerle yaptığı açıklamalarda, Çiller'i odadan kovduğunu ve 'kendini tutmakta zorlandığını' söyledi. Bu yaşanan gelişmeler DYP ile Çankaya arasındaki ilişkileri zedelemiş oldu. Demirel RP ve ANAP'ın yoğun eleştirileri karşısında yanlız kalmıştı. Artık tek başına, tüm eleştirilere yalnız göğüs germek mecburiyetindeydi. Belki bu yalnızlığını yenmek, ya da Turgut Özal'ın cenazesinde gördüğü coşkulu halk topluluğunu kendine kanalize etmek isteyen Demirel, durdurak bilmeden Türkiye'yi ve dünyayı karış karşı gezmeye başladı.

Sıkıntılar bitmek bilmiyordu. Yaptığı atamalar, kendisini Çankaya'ya kadar çıkartan muhafazar kesimin tepkisini çekiyordu.

Cumhurbaşkanlığı koltuğuna oturalı iki yıl olmuştu ki, bir erken seçime başkanlık yapma durumunda kaldı. Seçimlerden kimsenin ummadığı bir sonuç çıktı. Refah Partisi birinci olurken, Çiller liderliğindeki DYP ikinci ve ANAP üçüncü parti durumuna geldi. RP'nin 1994 yılında yapılan yerel seçimlerde büyükşehirleri almasıyla başlayan RP-TSK arasındaki gerilim biraz daha arttı. Askerler bu yöndeki sıkıntılarını Demirel'e aktarma ihtiyacını gelenek haline getirdiler. Koalisyon görüşmelerinde kilit isim Demirel oldu. Hemen hemen hergün bir parti genel başkanı Çankaya Köşkü'nün kapısını çalar hale geldi. Bu aşamada yaptığı açıklamalarda, "276'yı bulana mühürü veririm" diyerek krizi aşma yollarını gösterdi.

RP-DYP koalisyon hükümetinin kurulmasıyla sıkıntıları daha da arttı. Askerler bu tarihlerde RP'li bazı milletvekillerinin çıkışlarından ve Erbakan'ın açıklamalarından rahatsız olduklarını dile getirdiler. Demirel süpriz bir çıkış yaparak, "Meclis'i gerektirdiğinde seçime götürebilme yektisi" istedi. Bu talep, herkesin birbirine "Darbe ihtimali mi var?" diye sormasına yol açtı. Cumhurbaşkanı gittiği her yerde bu konulara değinmeye başladı, sabır tavsiye etti, Cumhuriyetin etrafında birleşilmesini istedi ve "Eski günlere geri dönmeyelim. Demokrasiden dönüş olmaz" demekte bir sakınca görmedi.

Ve kızılca kıyamet 28 Şubat 1997'de yapılan Milli Güvenlik Kurulu (MGK) toplantısında koptu. Burada askeri kanat Erbakan ve Çiller'i topa tuttu. Demirel, iki tarafı uzlaştırıcı konumunda oldu. Susurluk olayından sonra liderler zirvesini toplayan Demirel, şimdi başka bir zirveye başkanlık yapıyordu. İşte bu toplantıda 8 yıllık kesintisiz eğitimden, Kur'an kurslarının daha sıkı kontrolüne kadar bir çok konu ele alındı.

Çankaya Köşkü'ndeki en sıkıntılı günleri bu dönemde geçirdi. Yakın çevresine sürekli bu gelişmelerden duyduğu rahatsızlığı dile getirdi.

Çiller'le arasındaki gerginlik, Erbakan'ın istifasını verip görevi DYP liderine devretmek istemesi üzerine had safhaya ulaştı. Erbakan'ın istifasını kabul eden Demirel, beklenenin aksine hükümeti kurma görevini Çilller'e değil Yımaz'a verdi. Çiller ise 276 milletvekilinin imzasını taşıyan deklarosyonu Çankaya Köşkü'ne göndermesine rağmen ibreyi kendi yönüne çeviremedi. İşte bu noktada Demirel ile Çiller arasındaki ipler tam anlamıyla koptu. Aynı gün akşam bir televizyonda canlı yayına çıkan DYP lideri, Demirel'e ağır eleştirilerde bulundu ve kendisini terör estirmekle suçladı. Çiller'in çıkışı o kadar sertti ki, Demirel'i demokrasiyi baltalamakla bile suçladı. Demirel'de her gittiği gezide ve yaptığı konuşmada kendisini eleştiren Erbakan ve Çiller'e verdi veriştirdi.

Bu dönemdeki diğer bir ilginç gelişme ise Demirel-Yılmaz yakınlmaşması oldu. Demirel sürekli eleştirdiği Yılmaz ile sık sık birlikte görünmekte bir sakınca görmemeye başladı. Anasol-D hükümetinin güvenoyu almasından sonra işi öyle bir noktaya getirdi ki, Yılmaz'ı yanına alarak *'Kırat'ın şahlandığı Isparta*'ya bile gitti.

Yılmaz'ı Kendi Takdim Etti

1997 yılının sıcak bir Temmuz gününde Yılmaz'ı yanına alarak Isparta havalanını açmaya gittiğinde, herkes şaşkındı. Asıl şok Isparta meydanında yaşandı. Mikrofonu alan Demirel, "Sayın Başbakanı yanımda getirdim. Sizlere takdim etmek istiyorum. Yaptığı çalışmalardan dolayı kendilerine teşekkür ederim" diyerek mikrofonu kendisine uzattı.

Yılmaz'dan sonra söz alan Demirel, aktif siyaset yaptığı günlerdeki gibi zehir zemberek bir konuşma yaptı. Bu kez küçük bir fark vardı; eskiden olduğu gibi bu sefer rakip partilere değil, kurucusu olduğu partinin genel başkanına yüklendi. O gün Erbakan ve Çiller'e söylenmedik söz kalmamıştı. "Beni bu tartışmalara bulaştırmasınlar. Ben siyasetin daniskasını bilirim. Eğer tartışmalara girersem herkes bunu nasıl yapacağımı biliri" sözleri çok alışık olduğumuz bir ifade değildi. 4 gün süren "Isparta çıkartması" boyunca aynı tema üzerinde durdu. Her gördüğü hemşehrisine Çiller-Erbakan ikilisini şikayet etti. Özellikle Şarkikaraağaç'ta yaşanan coşku, Demirel'i oldukça heyecanlandırmıştı.

9'uncu Cumhurbaşkanı Demirel, Isparta gezisiyle "savaş çubuğu"nu yakmış oluyordu. İçinden geçenleri bu gezide açıkça dile getirmiş ve kurucusu olduğu parti ile arasındaki ipleri koparmıştı.

Kalabalıklar İçinde Yalnız Demirel

Bu tarihi çıkışından sonra tozduman siyaset profili içinde iyice yalnız kalmıştı. Ne kurucusu olduğu partisine sıcak bakabiliyor, ne de yıllarca eleştirileriyle yıprattığı ANAP'a yakın olabiliyordu. Kendisini bekleyen zor günlerden habersiz, rutin kabul ve gezilerini sürdürürken, 1998 yılının son günlerinde kendini yeni bir krizin ortasında buldu.

Türkiy,e Türkbank ihalesi sonrası ortaya çıkan kasetlerin ardından hükümet bunalımı ile karşılaştı. İşadamı Korkmaz Yiğit'in gözaltına alınmasından sonra Yılmaz'la görüştüğünü öne sürmesi ve CHP'nin hükümetten desteğini çektiğini açıklaması bütün gözleri Demirel'e çevirdi. Başbakan Mesut Yılmaz 25 Kasım 1998 tarihinde istifasını sundu.

Şimdi herkes susmuş Demirel'in konuşması bekleniyordu. Demirel'in ne yapacağı merak konusuydu.. Hiç bir siyasi parti tek başına hükümeti kuracak güçte olmadığı gibi, iki partinin hatta üç partinin birlikteliği de bir işe yaramıyordu. Ayrıca Demirel'i sıkıntıya sokan diğer bir nokta ise, teamüller üzerineydi. Çünkü DYP ile arasını açan da böyle bir hükümet kriziydi. Demirel, "Teamüllerde biz anlaştık görevi bize ver olmaz" diyerek, DYP'ye rest çekmiş ve 55. hükümeti kurma görevini Yılmaz'a vermişti. Şimdi ne yapacaktı? FP'ye mi verecekti? Yılmaz istifa verdiğine göre DYP'ye mi vermesi gerekiyordu. Yoksa teamülleri kendi belirleyip başka bir lidere mi verecekti?

İşte bu tartışmaların yapıldığı dönemlerde, çıktığı yurt gezilerinde basın mensuplarının bu konudaki sorularıyla karşılaştı. Bu sorulara verdiği cevaplar ustaca, ama imalıydı. Birincisi, "düşünüyorum" diyordu ama ne yapacağını bilmediğini kimseye söylemiyordu. İkincisi ise, liderlere verdiği "Seçim tarihini normal zamana bırakın. Bu konuda hassasiyet var" diyerek üstü kapalı rejim uyarısında bulunurken FP'nin fazla şansı olmadığını hissettiriyordu. Peki ne yapacaktı. DYP'nin kendini hedef alan oklarına daha ne kadar dayanabilecekti?

Ve beklenen gün geldi. Demirel, Romanya gezisine çıkmasına bir gün kala, akşam saatlerinde DSP Genel Başkanı Bülent Ecevit'i Çankaya Köşkü'ne çağırarak 56. hükümeti kurma görevini verdi. Demirel'in bu kararı FP ve DYP'den sert eleştiriler gelmesine neden oldu. DYP eleştiri dozunu arttırdı: "Ben yaptım oldu derseniz; bize de, bak sen yaptın da ne oldu? deme hakkı doğar."

Demirel, niye milletvekili sayısına göre TBMM 4. sırada bulunan bir partiye bu görevi vermişti. Romanya'ya gidişinde basın mensuplarının bu sorularına, "Teamüllere aykırı birşey yok. Hükümet kurmaya en yakın gördüğüm lider o" karşılığını verdi. Aynı gezide, "Bundan sonrası parlementonun işi" diyerek bir anlamda topu Meclis'e attı.

Ve Seçimli Yıllar

Bu çalkantılı dönem sonrasında Demirel, seçim tarihini beklemeye başladı. Zira 18 Nisan'da yapılacak olan seçim biraz olsun Türkiye'yi ve kendisini rahatlatacaktı. Seçim tarihi yaklaştıkça gerilim de arttı. Demirel bu tarihlerde her gittiği yer, katıldığı toplantı ve hatta yaptığı açılışlarda aynı mesajı vermeye başladı: "Sandıktan çıkan sonuca saygı duymalıyız. Sandık son yıllarda istikrar çıkarmıyor ama istikrar çıkana kadar sandıktan başka yol yok."

Tam bu noktada başka bir tartışmanın da merkezi oldu. Önce Ecevit'in hükümeti kuramaması durumunda 45 günlük yasal süreyi işletmeyeceğini dile getirdi. Kimileri bu çıkışa çok bir anlam veremezken, bu açıklama yinde Demirel'den geldi. Genel seçimlerin ertelenmesi gerektiğini her fırsatta söyleyen Süleyman Bey, bu süreyi işletmeyerek seçimlerin ertelenmesi yolundaki tek kapıyı açık bırakıyordu.

Tüm siyasi parti liderlerinin "Seçim ertelenmesin" açıklamalarına rağmen, "Bazı siyasiler seçimlerin ertelenmesini istiyor" fikrini savunmaya devam etti.

Seçime gidildi ve DSP-MHP-FP-ANAP-DYP sıralaması dışında CHP'nin parlementoya girememesi dikkat çekti. Aslında bu seçimin en çok konuşulan yanı FP'nin türbanlı milletvekili Merve Kavakçı'nın durumu oldu. Zira Kavakçı'nın meclise gelmesi üzerine yer yerinden oynarken, Demirel'de akşam saatlerinde katıldığı *"Politika'nın Nabzı"* programında "Kurtuğ Altuğ"un bu konuya ilişkin bir sorusuna hiç beklenmedik bir cevap verdi; "Bir ajan ve pravakatör. Kendisi hakkında, devlette önemli bilgiler var. Türban bir siyasi semboldür". Televizyonları başındaki milyonlarca dinleyici şaşkındı. Zira Demirel'in aktif siyaset döneminde türbanla ilgili sözleri hala hafızalardaydı.

Artık daha sert konuşmaya başladı bu tarihten sonra. Devlet'in tek tip insan yetiştiriceğini söyledi. Türbanlı gençleri bir oyuna alet olmakla suçladı, çağdaş Türkiye tablosunu Beethoven'in 9'uncu Senfonisi ile özdeşleştirdi. Bu değişimin sebebini herkes merak ediyordu ama kimse bir cevap bulamıyordu.

DSP-MHP-ANAP hükümet formüllerinin konuşulduğu bir ortamda Rahşan Ecevit'in açıklamalarıyla gerilen ilişkiler sonrası Demirel yine devreye girerek, "Geçmişten husumet çıkarmayalım. 70'li yılların hesabını bugüne taşımanın anlamı yok. Halkın temayülü bu üç partinin kuracağı bir hükümettir. Üzümün çöpü, armudun sapı diyerek bütün partileri potansiyel suçlu görmek yanlıştır. O zaman hükümet kuracak parti bulamazsınız" açıklamasını yaptı. Demirel: "Benim işim hükümet kurmak değil. Hükümet kuracak kişiyi atamak..." sözlerinin ne anlama geldiği gayet açıktı.

Süleyman Bey, bu krizi çözerken Ecevit'i de oldukça rahatlatmıştı. Ecevit'te teşekkür mahiyetindeki demecinde Demirel'in görev süresinin uzatılması için gerekli desteği vereceklerini söyledi. Demirel bu açıklamadan memnun olsa da bunu hiç bir zaman belli etmedi. Hatta istanbul'da yaptığı açıklamada, "Böyle bir talebim olduğunu ispat etsinler istifaya hazırım" dedi.

Apo'dan Önce Apo'dan Sonra

Takvimler 16 Şubat 1999'u gösterdiğinde Türkiye için yeni bir dönem başlıyordu. Bir çok siyasinin seçim meydanların da vadettiği, "APO'yu yakalayacağız" sözü gerçek olmuş bu başarı da dönemin Başbakanı Bülent Ecevit'in hanesine yazmıştı. Kenya'da saklanan Abdullah Öcalan saklandığı Yunanistan Büyükelçiliği'nden, Hollanda'ya götürüleceği iddiasıyla havaalanına getirilmiş ve TSK'ya ait "Bordo Bereli" timleri tarafından ele geçirilmişti.

Bu gelişmeler sonrası Avrupa'nın çeşitli kentlerinde olaylar çıktı. Olay öyle bir noktaya geldi ki Yunanistan Dışişleri Bakanı Teodoros Pangolos, İçişleri Bakanı Alekos Papadobulos ve Kamu Düzenleme Bakanı Filipos Peçalnikos istifa etmek zorunda kaldı.

Demirel bu süreçte yaptığı açıklamalaranda oldukça titiz davrandı. Öcalan'ın ismini zikretmeden hassas mesajlar verdi. Şehit yakınlarının sevinçleri fazla uzun sürmedi. 25 Aralık 1999 tarihinde yıllık basın toplantısında Demirel, APO'nun idamına ilişkin bir soru üzerine, "Mantıklı hareket" etmeliyiz diyerek, Öcalan'ın asılmayacağına ilişkin ilk sinyalleri verdi.

Demirel'e ilk sert tepki 12 Ocak 2000'de geldi. Tunceli'de çıkan bir çatışmada şehit düşen bir binbaşının Kocatepe Camii'nde kılınan cenaze namazı sırasında beklemediği bir tepkiyle karşılaştı. Şehit yakınları ve vatandaşlar Demirel ve siyasileri "yuhladıktan" sonra ağır sözler sarfettiler. Demirel en çok tepki alan isim oldu. Güvenlik güçlerinin yardımıyla Kocatepe'den ayrılan Demirel, olaydan bir gün sonra yaşananların sorulması üzerine şehit yakınlarının feryadını "Provokatif eylem" olarak değerlendirdi.

Bu tepkinin diğer bir nedeni ise hükümeti oluşturan siyasi parti liderlerinin yaptıkları zirve ile "APO'nun idam dosyasını bekletme" kararı almaları ve Demirel'in bu durumu, "Türkiye'yi rahatlatıcı bir gelişme" olarak değerlendirmesiydi.

Oldukça öfkelenen şehit yakınları son çare olarak Çankaya Köşkü'ne çıktılar. Şehit yakınları nazik bir dille kendisine güvenmediklerini söylediler. Demirel konuşma boyunca, "Dur be kardeşim, önce dinleyin.. Öyle söylemeye hakkınız yok!" gibi bir üslup kullanması ise tepki çekti. Şehit yakınları nezaket kurallarını bir tarafa bırakıp kendisine "Dün dündür, bu gün bugündür" sözünü hatırlatmayı ihmal etmediler.

Görev süresinin dolmasına kısa bir zaman kala, halk desteğini arkasında görmek isteyen Demirel'in bu gelişmeler karşısında moralinin iyiden iyiye bozulduğu belli oluyordu. Geçmişte Öcalan hakkında yaptığı açıklamalar Demirel'in önüne koyuluyor, "Ne oldu da görüşleriniz değişti?" diye soruluyordu.

Son aylarına sıkıntılı girmişti ama asıl sıkıntılı günleri başlamamıştı bile....

253'e Takılan Hayaller

Başbakan Bülent Ecevit'in ısrarlı tutumu üzerine Demirel için düşünülen 5+5 formülü için çalışmalara başlandı. Ecevit her ortamda "İlle de Demirel" derken, 9'uncu Cumhurbaşkanı tartışmaya açık atamalarını sürdürüyordu. Uygulamaları ile kamuoyu ve de özellikle MHP'nin ve tepkisini çeken Kemal Güriz'in yeniden YÖK'e atanması, Merve Kavakçı ile ilgili sözleri, 28 Şubat Süreci'nin devam ettiğini belirtmesi, türbanlı öğrencileri "Provokatör" olarak nitelendirmesi ve şehit yakınlarıyla girdiği polemik muhafazakar kesimden aldığı desteğin yok olmasına neden oldu.

ANAP Genel Başkanı Mesut Yılmaz'ın, "Üç yıl uzatalım" teklifini "şık" bulmayarak itiraz eden Demirel, şahsının itibarının korunması şartıyla, yeni bir dönem daha istiyordu. DSP ve MHP'de problem yok, asıl sorun "Milletvekillerinin özgür iradesine karışmam" diyen Yılmaz'da gibi görünüyordu. Demirel ise "Güniz Sokağa dönersem, ağaç dikip tavuk beslemem. Boş durmam kendime bir iş bulurum" türünde mesajlar vermeye devam etti.

28 Şubat sürecinde kendisine en ağır eleştiriler yönelten Çiller'deki fikir değişikliği dikkat çekerken, oylama günü yaklaştıkça gerilim de arttı. Son tablo, DSP, MHP ve DYP'den tam destek ANAP'tan ise yarı yarıya fire olacağı yönündeydi. Oylama öncesinde Demirel oldukça neşeli görünüyor ve tüm programlarını normal seyrinde götürüyordu. Süleyman Bey'e yakın isimler, milletvekilleriyle bire bir temas kurup Demirel merkezli bir istikrar tablosu çiziyorlardı.

Ve ilginçtir ki, kurulmasında büyük rol oynadığı hükümet görev süresinin uzatılması tartışmalarında bozulma noktasına gelmişti. Ecevit, Yılmaz'ı "Milletvekillerine sahip olamamakla" suçlamış, Yılmaz'da, "Partisinde tam demokrasinin hakim olduğunu" söyleyerek karşı atağa geçmişti.

Bu tartışmalarla Meclis 29 Mart'ta anayasa değişikliğini görüşmek üzere toplandı. Gece geç saatlere kadar süren görüşmeler sonrasında yapılan oylamadan çıkan sonuç Demirel ve Ecevit üzerinde tam bir şok etkisi yaptı. Zira Anayasa değişikliğine 253 milletvekili 'evet' oyu vermişti. Bu rakam yeterli olmaktan çok uzak olduğu gibi 'hayır'cı milletvekillerinin adece ANAP'la sınırlı olmadığını da ortaya koyuyordu. Türkmenistan'dan dönen ve konutunda gelişmeleri izleyen Demirel, ani bir kararla tüm programlarını iptal ettiğini açıkladı. O tarihten sonra da Çankaya'da büyük bir sessizlik yaşanmaya başladı. Kendine yakın olan milletvekilleri dışında kimseyle görüşmedi.

'Hayır' diyen milletvekillerinin hepsinin kendilerine göre gerekçeleri vardı. Ama bu gerekçeler genelde Demirel'in daha önce söyledikleri ile doğrudan ilgiliydi. Zira geçmişe uzandığımızda Cevdet Sunay'ın görev süresinin uzatılmasıyla ilgili olay karşımıza çıkıyordu. Bakın Demirel bu tarihte şöyle diyor:

"Bizim Sunay'ın şahsı ile bir meselemiz yoktur. Mesele kaide ve ilke meselesidir. (...) Sunay'ın süresinin uzatılması mümkün değildir. Biz böyle bir şeye karşı çıkarız. Hepimiz bugün varız, yarın yokuz, ama devlet var. Var olmaya devam edecek olan biz değil devlettir. Devlete kötü gelenekler kazandıramayız. Bir defa bu yol açıldı mı, oraya oturan kalkmaz. Türkiye bir cumhurbaşkanı seçemeyecek mi? İki sene sonra seçemeyecek mi? Üç sene sonra seçemeyecek mi? Yani uzattık... O zamana kadar cumhurbaşkanı anasından doğup büyüyecek mi? Devlete baş olmaya layık olan kimse, kim ise onu bugün seçeriz."

İşte Demirel 27 sene sonra aynı olayların başına geleceğinden habersiz bu sözleri sarfetmişti. Aynı Merhum Özal döneminde başkanlık sistemine karşı çıkıp sonra savunduğu gibi, ya da Cumhurbaşkanı'nın yetkilerini bypass edip sonra yetkilerinin azlığından yakındığı gibi ve önce emeklilik yaşını düşürüp sonra da bu yanlış diyerek yükseltilmesini savunduğu gibi.

Herkesin bildiği gibi son oylama sonrasında evet oyları 303'le sınırlı kalınca Demirel'e Güniz Sokak yolu göründü.

16 Mayıs 2000 tarihinde Demirel görevini 10'uncu Cumhurbaşkanı Ahmet Necdet Sezer'e devretti. Güniz Sokak'ta gül yağmuruyla karşılanan Süleyman Bey için "kendi silahıyla vuruldu" sözü ne derece doğru bilinmez, ama şu bir gerçekti ki; her efsanenin güzel de olsa bir sonu vardı. Hatta bu "Son İmparator" bile olsa.

Tasa Kime Düşer, Düşerse Ne Olur?

Türkiye'de gündemin allakbullak olduğu, *28 Şubat süreci* olarak bilinen günlere yaklaşıldığı bir dönemdi. Her zamankinden daha dikkatli dinliyorduk Demirel'i. Kapatılan RP eski Genel Başkanı Necmettin Erbakan'ın Başbakanlıktan istifa ederek yerini koalisyon ortağı DYP Genel Başkanı Tansu Çiller'e bırakması gündemdeydi. Askeri kanat ve basın açık açık darbeyi konuşmaya başlamış, Erbakan'ın ve hepsinden önemlisi Demirel'in tavrı çok merak ediliyordu. Tabiri caizse Süleyman Bey'in dudaklarını okuyor, bu konudaki düşüncelerini öğrenmeye çalışıyorduk. Acaba ne düşünüyordu devletin tepesi?

Haliyle Çankaya Köşkü'nün Elçi Kabul salonu her zamankinden daha yoğun ilgi görüyordu bu tarihlerde. Çok sayıda basın mensubu Süleyman Demirel'in her kabulünü itina ile izler duruma gelmişti.

Söz konusu sıkıntılı günlerin birinde "Bir fırsat bulsak ta soru sorsak" diye birbirimizin yüzüne bakıyorduk. İşin gerçeği ben dahil hiç kimse, kendinde bu cesareti bulamıyordu. Çünkü biliyorduk ki gerilim dolu günlerde soru soran ilk gazetecinin "fırça yeme" ihtimali oldukça fazlaydı.

Bir bayan meslektaşımız sürekli

"Şimdi sorsam ne der?" diyor, bizse kendisine,

"Şimdi olmaz. Kabullerin bitimi ile önce izin ister, eğer kabul ederse o zaman sorarız" uyarısında bulunuyorduk. Onunsa bizi dinlemek gibi bir düşüncesi yoktu. Kendisi düzenli olarak Demirel'i izlemediği gibi, ne zaman ve nasıl bir tepki vereceğini de doğal olarak kestiremiyordu. Bizler de biliyorduk ki o günkü yüz hatları, tavırları ve bize bakışı soru sorup sormamamız yönünde ipucu verirdi.

Her şeyin bir kural ve kaidesinin olduğu gibi, soru sormanın da bir adabı, yeri ve zamanı vardı şüphesiz. Ne de olsa karşımızdaki kişi 50 yıllık deneyimli politikacı ve devleti temsil eden Süleyman Demirel'di.

Meslektaşım belki de farkında olmadan ağzındaki sakızı çiğnemeye devam ettiği gibi her kabul arasında soru sorma girişimi ile bir adım öne çıkıyor ama her seferinde fikrinden vazgeçiyordu. Meslektaşımız tüm uyarılarımıza rağmen sonunda yapılmayacağı yaptı ve kendisi için hiçte iyi olmayacak bir süreci başlatmış oldu.

Meslektaşımız soru sorma isteğinde bile bulunmadan atıldı:

"Efendim herkes merak ediyor. Hükümeti kurma görevini Çiller'e verecek misiniz? Devletin ve milletin hali ne olacak? Hükümet krizi nasıl aşılacak?"

Hatta sorusunu,

"Çarşıpazardaki vatandaş ne olacağını merak ediyor" gibi cümlelerle süslemekte bir sakınca görmemişti.

İşte o an hiç te hoş olmayacak olayların yaşanacağı belli olmuştu. Ama iş işten geçmişti. Bekleyip olacakları görmekten başka çaremiz kalmamıştı.

Demirel, gözümün önünden hiç gitmeyen o bakışı ile bizim bulunduğumuz tarafa dönerek, sorunun kimden geldiğini tesbit etmeye çalıştı. Konuşmasına başlamadan önce yüzünü biraz gererek;

"Soruyu kim sordu? göremiyorum?" dedi.

Bayan meslektaşımız olacaklardan habersiz bir adım öne çıktı,

"Ben sordum efendim."

Ve işte o anda bir gazetecinin başına gelebilecek en kötü şey geldi. Süleyman Demirel elini cebinden çıkardı, yüzünde beliren acı bir tesebbüm ile birlikte tarihi çıkışını yaptı;

"Sana ne !"

O anı tarif etmem mümkün değil; yaver, özel kalem müdürü, basın mensupları ve haliyle soruyu soran meslektaşımız adete donakalmıştık. Kimse ne yapacağını bilemiyordu. Kımıldayamıyorduk bile. Herkes "Sanane" sözcüğünün devamının gelmesinden korkuyordu. Devamı da geldi:

"Tasası sana mı düştü!"

Üstüste bindirmeler devam ediyordu. Şaşkınlığımız her geçen dakika biraz daha artarken Demirel, kendinden emin ve bakışlarını muhatabının üstüne dikmiş konuşmasını sürdürüyordu;

"Kime vereceksem vereceğim. Verince görürsün!"

Süleyman Demirel, daha sonra ani bir dönüş yaparak kapıya doğru yöneldi ve yaverine diğer heyeti çağırması için bir el işareti yaptı. Tam herşey bitti, atlattık derken Süleyman Bey devam etti:

"Sen mi talipsin? Sana vermemi istermisin? Bekleyip göreceksiniz. Bu böyle olmaz. Biraz sabırlı olmasını öğrenin!.."

Bu arada ikinci heyet kapıda görünmüştü. Hepimiz sessizce yerlerimize oturduk ve bu suskunluk bir süre devam etti. Kendimizi toparlayıp bayan meslektaşımızı teselli etmeye başlamıştık.

"Olur böyle şeyler sıkma canını. Kimse yazmaz bu olanları kameralara da rica ederiz vs.." Ama meslektaşımız tam anlamıyla yıkıma uğramıştı. Belli etmese de yüz ifadesinden içinde bulunduğu durumu anlayabiliyorduk.

Düştüğümüz duruma gülelim mi ağlayalım mı bilemiyorduk. Ama bir süre sonra şoku üzerimizden atıp, olayı espiri konusu haline getirmeyi başarmıştık bile. Bu arada Demirel bir taraftan konuşmasını sürdürürken diğer taraftan tepkimizi ölçmek için bizi izlemeyi de ihmal etmiyordu. Belli ki söyledikleri onu da üzmüştü.

Son kabul sonrası bizler çıkmaya hazırlanırken Süleyman Bey gülümseyen bir ifadeyle bize doğru yönelerek;

"Hayrola yan cenahta sesler kesildi fısıltılar başladı" dedi.

Bu yaklaşım bizi rahatlatmıştı. Bir arkadaşımız öne çıkarak;

"Efendim bize öyle kızdınız ki konuşacak halimiz kalmadı." diye giriş yaptı. İşte o anda bizleri rahatlatan bir ifadeyle kollarını iki yana açarak;

"Olur mu çocuklar size niye kızayım, sadece biraz sabırlı olun dedim. Gelin şimdi oturun bakalım yanıma, sorun ne istiyorsanız" dedi.

Gergin hava birden dağıldı ve Süleyman Bey o gün bizlere çok önemli açıklamalarda bulundu. Haberlerimiz günün ilerlemiş saati olmasına rağmen gazetelerin birinci sayfalarda yeraldı.

Bir insana nasıl tasa düşer demeyin. Bir düşer pir düşer. Bayan meslektaşımız bir süre sonra başka sebeplerden dolayı gazeteciliği bıraktı ama "sanane" tepkisi aramızda espri konusu olmaya devam etti.

Bunu niye mi anlattım?

Tasası size mi düştü!

Dur Oğlum Baba'nın İşi Var!

Daha önce de söz ettiğim gibi, anlatılanların büyük bölümüne bizzat şahit olduğum gibi, Demirel'le uzun süre birlikte olmuş ikinci şahıslardan dinlediğim olayları da hikayeleştirdim. Zira, Demirel efsanesinin yanında geçirdiğim 5 yıllık süre benim için 'zerre' misalindedir. Gidebildiğim kadar gerilere giderek, sadece yaşayanların şahit olduğu güzel olayları da size aktarmak istedim. İşte buna güzel bir örnek:

Yasaklar kalkmış, Süleyman Demirel patlamaya hazır bir volkan misali DYP genel başkanlığı koltuğuna oturmaya hazırlanıyordu. Yıllarca ezilmiş ve fikirlerini söylemekten çekinmiş Demirel hayranları, Atatürk Kapalı Spor Salonu'nu doldurmuş, devrik liderlerini omuzlamak için sabırsızlanıyorlardı.

Demokrasi kahramanının Güniz Sokak'da bulunan evinde ise büyük bir hareketlilik yaşanıyordu. Çok sayıda partili daha fazla dayanamamış olacak ki, liderlerinin fotoğrafları ile süsledikleri araçlarıyla Güniz Sokağı trafiğe kapatmışlardı. Her şey hazır liderlerinin çıkmasını bekliyorlardı. Başkent sokakları "Kırat"ın ayak seslerini duymaya hazırdı artık.

Demirel'in her türlü sırrını paylaşan 3 katlı evinin kapısı açıldığında büyük bir alkış tufanı koptu. Önden partinin ağır topları, daha sonra ise Süleyman Bey göründü. Bir elinde 60 beden *Motsch* Marka Paris yapımı meşhur Fötr şapkası, diğer elinde ise 1986 yapımı *Cartier* altın kaplama güneş gözlüğüyle kendini bekleyen araca yöneldi.

Konvoy hareket ettiğinde Atatürk Kapalı Spor Salonu'nda partilerin sabırsızlığı hat safhaya ulaşmıştı. Kolay değil yıllardır bu anı bekliyorlardı: Demirel büyük bir coşkuyla girdi salona. Partililer durmadan "Baba.. Baba.." sloganı atıyor, avuçlarını patlatırcasına alkış tutuyorlardı. Demirel konuşmak için kürsüye yöneldiğinde coşku daha da artmıştı. Artık herkes susmuş, konuşma sırası Baba'ya gelmişti. Önündeki mikrofonu sıkıca tutarak söze başladı:

"Değerli arkadaşlarım, sizleri yeniden selamlamaktan gurur ...."

Demirel daha ilk cümlesini tamamlamadan partililerin tempolu alkış ve tezahüratları yeniden başladı. Buraya kadar her şey normaldi ama, normal olmayan tek şey ise baştan aşağıya DYP bayraklarına bürünerek Demirel'in konuştuğu platformun önünde duran kişiydi. Bu kişi, hareketleri ve yerli yersiz attığı "Baba, Baba" sloganları ile dikkat çekerken partililer ise bu durumu hoş karşılıyordu.

Demirel alkış tufanının kesilmesinden sonra söze girmek istedi:

"Buraya gelmeden önce.."

Artık herkes susmuştu ama susmayan bir kişi vardı: fanatik Demirel hayranı, haykırmaya başladı:

"Yaşaaaa. Baba, babaaaa"

Demirel, iki kez ara verdiği konuşmasına yeniden başlamak istedi:

"Uzun zaman sizlerle birlikte olamadım ama hiç yılmadım. Gördüğünüz gibi şimdi yine burada aranızda..."

Ve malum ses;

"Babaaaaaaaaa"

Demirel'in sözlerinin sürdürmesinin imkanı yoktu. Bu kişi tam karşısında durup kendisinin dikkatini dağıttığı gibi, mikrofona yakın olmasından dolayı sesi herkesten çok çıkıyordu. Spor salonuna kurulan dev kolanlardan Demirel'in sesinden çok, "Babaaaaa" diyen bağıran o şahsın sesi çıkıyordu.

Demirel kendini yeniden toparladı:

"Bana göstermiş olduğunuz buuu"

Ve yine o ses;

"Baba, babaaaa"

Süleyman Bey sözünü tamamlamakta ısrarlıydı;

"Teveccühünüze teşekkür ederim. Bu gün kadar sizin...."

O cırtlak ses yeniden yükseliyordu:

"Babaaaaaaaa"

Demirel bu işin böyle sürmeyeceğini anladı ve yüzünü hafif ekşiterek tarihi sözlerinden birini, muhatabına dönerek haykırdı:

"Dur oğlum sus biraz. Bak Baba'nın işi var. Baban senle sonra ilgilenecek!!"

Salonda büyük bir kahkaha koptu. Demirel, partililerin kahkahaları arasında sözlerine kaldığı yerden devam ettirdi. Salonu coşturdu konuşmalarıyla, Türkiye'yi sarstı. Demirel hayranı fanatik polislerin eşliğinde salonu terk ederken hâlâ bağırmaya devam ediyordu;

"Bababaaaaaa"

Sular Kesilirse

"*GAP'ı gaptırmam*" sözü ile tarihe geçen Süleyman Demirel'in "Barajlar Kralı" olarak anıldığını bilmeyen yoktur. Nerede bir temel atma ve baraj açılışı varsa orada 'O' var demektir. Kendisi baraj temeli atmaktan ve açmaktan bıkmadı, barajlarda ondan. Su gördüğü her yere koştu durdu. Suyla hayat buldu belki de. DSİ Genel Müdürü iken suya duyduğu ilgi Cumhurbaşkanlığı döneminde de devam etti.

Demirel, her sene bir iki kez Atatürk Barajı'na giderek Fırat ve Dicle üzerinde kurulu bulunan barajları önce helikopter ile teftiş eder sonra da gururla yöre halkına hitap ederdi.

....

Barajlar kralı Baba, yoğun bir Isparta programına başlamıştı. Her zaman olduğu gibi ilk gün şehir meydanında halka hitap etmiş ve geceyi geçirdikten sonra sabah erkenden doğduğu yer olan İslamköy'e hareket etmişti.

İslamköy'ün girişinde makam aracından inen Demirel, Nazmiye Hanım'ı da koluna takarak hemşehrileri ile birlikte şimdi hayatta olmayan teyzesinin elini öpmek üzere yola koyulmuştu.

Teyzesinin duasını alan Demirel, kendisini karşılamaya gelen hemşehrilerine duygu yüklü bir konuşma yaptı:

"Burada elektirik yoktu, yolları çamurdu. Hava karardığında her taraf karanlık olur ve Isparta'nın ışıkları görünürdü. Ben de içimden 'bir gün buralara elektirik te gelecek su da' derdim. Gördüğünüz gibi elektrikte geldi, su da. Dağları sizin için deldik ve bereket olarak su getirdik. Artık bu suyla refaha kavuşacağız....."

Konuşmanın ardından Demirel ve Nazmiye Hanım, doğup büyüdükleri evi ziyaret etmek üzere harekete geçtiler. İlk olarak Süleyman Demirel'in doğduğu eve gidildi.

Süleyman Bey, Nazmiye Hanım, vali, basın mensupları ve korumalar biraz zorda olsa Cumhurbaşkanının doğduğu eve girmeyi başardık. Demirel çok duygulanmıştı. Bizlere dönerek bir süre nostalji yaptı. Evin her köşesini bize tek tek gösterdi yokluk içindeki günleri aktardı.

Nazmiye Hanım'la Isparta Valisi koyu bir sohbete dalarken Demirel'de biraz serinlemek için evin bir köşesinde bulunan çeşmeye yöneldi. Basın mensupları için iyi görüntü olacaktı. Önce ceketini çıkardı, kollarını sıvadı ve pirinç kaplama tarihi musluğu büyük bir itina ile çevirdi. Ellerini tam musluğun altına götürecekti ki çeşmeden çıkan sesle irkildi...

Fısssssss..

Demirel şaşkınlığını gizlemeye çalışarak çeşmeyi biraz daha çevirdi. Yine aynı ses;

Fısssss

Nazmiye Hanım sohbeti bölmüş çevresine doğru bakarken, Süleyman Bey valiye doğru dönerek;

"Sayın vali bu ne? Burada su akmıyor!" diye çıkıştı.

Bizler gülmemek için kendimizi zor tutuyor adeta dudaklarımızı kemiriyorduk. Olacak gibi değildi, barajlar kralının evinde sular akmıyordu. Faturası ödenmediği için kesilmiş olma ihtimali de bulunmayacağı için tüm dikkatler valinin üzerinde yoğunlaşmıştı.

Isparta valisi üzerindeki şaşkınlığı atarak,

"Efendim bir arıza olsa gerek hemen ilgilenelim" dedi. Süleyman Bey, oldukça bozulmuştu ama bir şey belli etmek istemiyordu. Zira biraz önce yaptığı konuşmada dağları delerek getirilen sudan bahsetmişti.

İşte tam bu anda Nazmiye Hanım bir adım öne çıkarak herkesi gülmekten kırıp geçiren şu cümleleri sarfetti..

"Oooo. Şuna bak sen dağları delip su getiriyorsun, baraj yapıyorsun, evinde su akmıyor. Olacak iş mi?"

Nazmiye Hanım, iki elini hayava kaldırdıktan sonra "Gördünüz mü?" anlamına gelen bir işaret yaparak gülmeye başladı. Haliyle bizlerde eşlik ettik bu kahkahaya. Demirel ceketini korumaların yardımı ile giymeye çalışırken vali utangaç bir halde başını yerden kaldıramıyordu.

Harran'ın sıcaktan çatlamış topraklarını suya kavuşturan Demirel, doğup büyüğüdü evden susuz bir şekilde ayrılmak zorunda kalmıştı.

Bozuldu mu Arıza mı Yaptı?

Teknik olarak *"ebis"* bizim ise *"sez düzeni"* olarak adlandırdığım birimde üç kişi görev yapardı. Cumhurbaşkanlığı bünyesinde çalışan bu teknik elemanlar oldukça riskli bir görev üstlenmişlerdi. Köşk bünyesindeki her kabul, toplantı ve benzeri organizasyonlarda sürekli onlar ön planda olurdu. Belki sizler onları hiç görmezsiniz ama işlevleri çok önemlidir. Görev yapan basın mensuplarının kamera ve teypleri için gerekli ses kayıtları ile konuşmacıların elinde tuttukları mikrofonlardan onlar sorumludur.

Ses tonunda bir parazit mi var? Konuşmacıların sesleri mi yankılanıyor? Böyle bir aksilik durumunda Cumhurbaşkanlığı yaverinin ilk bakacağı istikamet o taraftır. Bir aksaklık sırasında sorumluluk birinci derecede onlarda olurdu. Tahmin edeceğiniz gibi, yapacakları bir hata mesleki geleceklerini etkilerdi.

Bundan dolayıdır ki; her şey mükemmel olsa da, teknik cihazların çıkaracağı en küçük arıza büyük bir krizin başlangıcı olabilirdi. Süleyman Bey bunun nedenini önce yavere, yaver basın görevlilerine onlar da haliyle ebiscilere sorarlardı. Tabi bu sorma şekli durum ve konuma göre değişirdi.

Süleyman Bey'in konuşma yapacağı yere tek bir telsiz mikrofon konulurdu. Bu mikfon da direk olarak olarak ses düzenini kontrol eden metal renkli iri çantaya bağlı olurdu. Kameraların ses bağlantıları ise bu çantaya yapılırdı. Bunun nedeni ise konuşma yapılacak platformun üzerine onlarca teyp ve mikrofon konulmasını önlemekti.

Teknik bir arıza durumunda hem salonda bulunanlar hem de basın mensupları anında olumsuz etkileniyordu. Bu söylediğim durum sadece Çankaya Köşkü bünyesindeki kabullerde değil, tüm yurt gezilerinde de geçerliydi. Üç kişi olan bu teknik ekip, yurt gezilerine sırayla gider ve konuşma yapacağı her noktada ayrı ses düzeni kurarlardı.

Diyelim ki Demirel Diyarbakır'da 10 ayrı noktada programa katılacak ve burada konuşma yapacak: Bu teknik ekip Diyarbakır'a ortalama iki gün önceden gider ve bu noktaları tek tek gezerek ses düzeninin nasıl sağlayacağını tasarlarlardı. Demirel geldiğinde de neyin nasıl olacağı belli olurdu.

Burada aktaracağım olay da talihsiz bir 'ebis' görevlisinin başından geçen trajikomik olayı içeriyor.

Demirel, çok sayıda temel atma ve açılış töreni için Sivas'a gitmişti. Bizleri yoğun bir program bekliyordu. Ama bir aksilik oldu ve yağış başladı Sivas'ta. Yağış nedeniyle tüm programlar kapalı bir mekana alındı. Demirel ilk olarak Cumhuriyet Üniversitesi'ne gelerek 25. Yıl kutlamalarına katıldı. Salon tamamen dolu, Af Yasa Tasarısı, demokratik otorite, Cumhurbaşkanlığı seçimi gibi kritik konuların tartışıldığı bir dönemdi. Zira kısa bir süre önce Yargıtay Cumhuriyet Başsavcısı Vural Savaş siyasilere ve Meclis'e yönelik bazı dokundurmalarda bulunmuştu.

Başlangıçta her şey güzeldi. Konuşmacıların ardından Demirel kürsüye geldi. Kısa bir girizgahtan sonra sıra mesaj vermeye gelmişti. Konuyu devletin kurum ve kurallarına getirdi. Demokratik otoritenin tahrip edilmemesini istedi. İstediği tempoyu yakalamış, mesajlarını ardı ardına veriyordu;

"Devletin tüm kurumlarını yıpratarak bir yere varamayız. Bazı şeylerin kıymeti iyi bilinmelidir. Hür ve serbest olma.... "

O da ne? tüm salonu sarsan bir 'pat' sesinin ardından Demirel'in sözleri duyulmaz oldu. Bizler de seri şekilde not almaya çalışırken ortaya çıkan bu aksaklıktan sonra kalemlerimizi bir kenara bırakarak sorunun nereden kaynaklandığı anlamaya çalışıyorduk. Burada isminden söz etmeyeceğim ebisçi arkadaş tam yanımda oturduğu için duyulan 'pat' sesinden sonra, yüz hatlarında meydana gelen ani değişikliği görebiliyordum. Yaver dahil tüm görevlilerin gözü bizim talihsiz ebisçinin üzerine dikilmiş durumdaydı. Zira Süleyman Bey'de konuşmasına ara vermiş "Ne oluyor?" dercesine sağına soluna bakıyordu.

Düşünebiliyor musunuz? Demirel konuşma yapıyor ve ses düzeni bir anda gidiyor. Sizin çözmeniz gereken bir problem var ortada. Ebisçi arkadaş ani bir refleksle tüm teknik cihazlarını kontrol etti ama gözle görünür bir şey bulamadı. Hemen diğer çantasını açarak yeni bir telsiz mikrofon çıkardı. Bu arada zaman geçiyor Süleyman Demirel sabırsızlanıyordu. Koşar adımlarla kürsünün olduğu bölüme yöneldi. Bütün gözler onun üzerindeydi. Demirel'in yanına sokuldu. İşte o anda Süleyman Demirel ile ebisçi arasında kısa bir konuşma geçti. Tabi ses düzeni olmadığından biz bunları duyamıyorduk. Neyse ki yeni mikrofon sayesinde ses düzeni tekrar çalışmaya başladı ve Demirel konuşmasına kaldığı yerden devam etti.

Tören sonrasında bu arkadaşa sorunun ne olduğunu sorduk. Olacak iş değildi; diğer mikrofonun pili bitmişti. Daha sonra bize Demirel ile arasında geçen diyaloğu anlattı. O kısa diyalog bizleri gülmekten kırıp geçirdi. Aralarında şöyle bir konuşma geçmişti:

Demirel:

"Oğlum ne oldu niye ses gitti?"

Ebis görevlisinden ses yok

Demirel:

"Oğlum söylesene ne oldu yoksa bozuldu mu?"

Ebis görevlisi:

"Hayır efendim arıza yaptı !!!"

Demirel:

"Öylemi peki oğlum"

Sonradan kendisine "Bozulmakla, arıza yapmak" arasındaki farkı sorduğumuzda o da kendisini gülmekten alamamış, öyle bir durumda söyleyecek başka bir şey bulmadığını anlatmıştı.

Ama haklıydı o durumda siz olsanız ne yapardınız?

Kamış mı O da Ne?

Süleyman Demirel, Türk siyasetine damgasını vurduğu 50 yıl boyunca sürekli halk tipi politikacı olarak tanındı. Konuşmaları, tavırları ve üslubu ile Anadolu insanının sempatisini kazanmayı başardı. Mitinglerinde klasik politikacı tiplemesinden sıyrılarak halkın hoşlandığı dilden konuştu. Bire bir diyaloglara girdi, şakalaştı, onların hatrını sordu.

Binlerce miting yaptı, aynı il ve ilçeye onlarca defa gitti. Ama gittiği bir ilçe ve orada bir mitingi var ki, eminim herkes unutsa bile kendisinin unutması mümkün değildi. Bu mitingte bulunmaya yaşım yetmedi, ben de başkasının yalancısıyım.

Süleyman Demirel o tarihlerde Başbakan sıfatını taşıyor. İl, ilçe, köy, mezra demeden sürekli geziyor, açılış yapıyor temel atıyor vaatlerde bulunuyor.

İşte böyle bir gezi ve verilmiş bir sözün hikayesi:

Demirel'in hayatında Afyon'un müstesna bir yeri vardır. Bunu herkes bilir, zaten kendisi de Afyon'u ikinci memleketi olarak anar çoğu yerde. Liseyi orada bitirmiş olan Demirel, Afyon'a sık sık gitmiş ilçelerini gezmiş ve birçok yatırım yapmıştır. Afyon'un en büyük, Türkiye'nin ise en eski ilçesi olma unvanına sahip olan Bolvadin'de o tarihe kadar Demirel için aynı değerdeydi. Bolvadin'in ileri gelen kişilerinin bir çoğu Demirel tarafından tanınır iltifat alırdı. Bolvadin halkı da hiç bir zaman bu sevgiyi karşılıksız bırakmazdı.

Bolvadin meydanında tüm hazırlıklar tamamdı. Demirel'in ilçeye girmesi ise an meselesiydi. Çarşı Camii'nin önünde bulunan geniş meydan dolmuş, arka sokaklar da dolmak üzereydi. Demirel göründüğünde müthiş bir alkış fırtınası koptu. Konuşma yapacağı kürsüye zor ulaştı. Deneyimli politikacı sözlerine başladığında vaatlerini bir biri ardına sıralıyordu:

"Burada önce bir Alkoloid Fabrikası kuracağız. Yetiştirdiğiniz haşhaş değer kazanacak. Ardından da kağıt fabrikası. Gölden çıkardığınız kamışlar burada değer bulacak..!"

Miting bitmiş Bolvadin halkı Başbakan'dan aldıkları sözün huzuruyla evlerine dönmüşlerdi.

Demirel ilk sözünü tuttu ve Alkoloid Fabrikası'nın temelini attı. Ama kağıt fabrikasından ses yoktu. İlçe halkının asıl beklediği kağıt fabrikasıydı. Çünkü Eber Gölü'nden kesilen çok büyük miktardaki kamış fakir halk için önemli bir geçim kaynağıydı. Haşhaş üretimi sınırlı ve maliyeti yüksek olduğundan herkes tarafından ekilemiyordu.

Bolvadin insanı bıkmadan usanmadan ve sabırla kağıt fabrikası bekledi. Hem de Demirel'e verdiği desteğini de hiç eksiltmeden. Ama bir türlü olmadı, kimse uğramadı Bolvadin'e. Sonra bir gün çok güzel bir haber ulaştı ilçeye. Demirel kağıt fabrikasının temelini atmaya geliyordu. Yalnız küçük bir ayrıntı vardı. Kağıt fabrikasının temeli Eber Gölü'nün hemen kıyısındaki Bolvadin'e değil, onlarca kilometrelerce uzakta bulunan başka bir ilçeye atılıyordu. Herkes şaşkındı; kamış Bolvadin'de ama fabrika başka yere kuruluyordu.

İlçe halkı bu işe bir anlam veremedi. Netice de o fabrikada işlenecek kamış yine Bolvadin'den toplanacaktı. Üstelik bu durumda bir de nakliye masrafı ortaya çıkıyordu.

Demirel halkın bu merakını giderme düşüncesinde olacak ki, yıllar sonra yeniden Bolvadin'e gelmeye karar vermişti. Meydan eskisi kadar olmasa da yine de doluydu.

Demirel kürsüye çıktı. Halkın elindeki pankartlardan bir terslik olduğu belliydi. İlçe halkı oldukça öfkeliydi. Uzun uzun yapılacak yeni yatırımları anlattı ve konuyu kağıt fabrikasına getirdi. Ve işte ne olduysa o anda oldu. Demirel:

"Sevgili hemşehrilerim, bakın size Alkoloid Fabrikası yaptık," diyerek sözlerini sürdürmek istedi ama olmadı.

Bir gariplik vardı; meydanda toplananların sert ve sinirli yüz ifadeleri kaybolmuş, herkes kahkalarla gülmeye başlamıştı. Tam o anda Demirel sırtında yabancı bir cismin varlığını hissederek ani bir refleksle döndü. 65-70 yaşlarında, saçları ağarmış, kasketinin altından kısık gözlerle ve biraz da öfkeyle bakan bir köylü, yanında getirdiği yaklaşık 2 metrelik bir kamışı Demirel'in sırtına doğru uzatıp, hatta biraz da değdirdikten sonra olanca gücüyle haykırıyordu;

"Sayın Başbakanım bunu ne yapacağız bunuuu?? Kağıdın hammadesi burda!"

Meydandaki kahkahalar dakikalarca sürdü. Sürdü sürmesine de Demirel'in de bu Bolvadin'e son gelişi oldu. Baba, bu tarihten sonra onlarca kez Afyon'a, Dinar'a, Senirkent'e ve yakın ilçelere gitti ama Bolvadin'e bir daha uğramadı.

İki metrelik bir kamış, Demirel ile Bolvadin halkı arasındaki o büyük aşkı bir anda söndürmüştü. O tarihlerde bu yaşananları kimse yazmadı ama Bolvadin insanı bunu hiç unutmadı.

Ben bu olayı nereden mi biliyorum? Bolvadinliyim de ondan!.

Kapıyı Tutturamayan Heyet

9'uncu Cumhurbaşkanı Demirel bir günde onlarca heyeti kabul eder, kendi rekorunu da peyder pey ekarte ederdi. Bu güne kadar hatırladığım rekor ise bir günde tam 16 ayrı heyeti kabuldü. Herkese yarım saat ayırdığını düşünün bu da eder 8 saat. Sekiz saat durmadan, farklı konularda farklı görüşler bildirir ve gelenleri sabırla dinlerdi.

Bu kabuller sırasında da birbirinden ilginç olaylar yaşanırdı; bunların bir kısmında Süleyman Bey bizimle beraber güler bir kısmında ise gülmeyelim diye gözlerimizin içine bakardı.

Kabullerde en kabalık olanları ise genelde memleketi olan Isparta'dan gelenler oluştururdu. Heyetin yerini alması bile 15 dakika sürerdi. 40-50 kişiden oluşan heyet üyeleriyle teker teker tokalaşan Demirel, yerine oturduğunda görüşme süresinin yarısı bitmiş olurdu.

İşte Isparta'dan gelen heyet yerini almış, sözcüleri çok ciddi bir yüz ifadesiyle taleplerini sıralamaya başlamıştı.

"Efendim köyümüzün yaşlılarının bir araya geldiği yerde 25 tane plastik sandalyeye ihtiyacımız var!"

Süleyman Bey'nın ilk tepkisi bizim bulunduğumuz tarafa bakmak oldu. Kendimizi mümkün olduğu kadar sıkarak sandalyelerin arkasından gelen, muhtar binası, bilgisayar gibi ihtiyaçları sabırla dinledik.

Kabul sona erdi ve Demirel plastik sandalyeler dahil hemşehrilerinin tüm ihtiyaçlarının giderileceği sözünü verdi.

Sıra fotoğraf çektirme faslına gelmişti ama 50 kişinin bir anda objektiflere sığması mümkün değildi. Demirel buna bir çözüm bularak;

"Hemşehrilerim buraya sığmayacağız. Dışarıya merdivenlere gelin orada fotoğraf çıksın!" dedi.

Heyet üyeleri yavaş yavaş fotoğraf çektirilecek yere doğru yönelirken, kendilerine ikram edilen çikolatalardan almaya çalışıyorlardı.

Süleyman Bey ani bir hareketle yerini aldı ve fotoğraf çektirme faslı başladı. Bazı heyet üyeleri çikolata ikramında fazla oyalanınca fotoğraf çektirme şansını kaçırmak üzere olduklarının farkına vardılar.

İçlerinden birisi ise bütün hızıyla koşuyor ama yanlış yöne gidiyordu. Zira gittiği yön kapı değil, kurşun geçirmez büyük Köşk camlarının bulunduğu yerdi. Ben şahsen kendisini durdurabilmek için çok uğraştım. Ama camlar o kadar büyük ve o kadar temizdi ki, fark etmesi mümkün değildi. Ve olanca hızıyla cama çarpması an meselesi oldu. Öyle bir gürültü koptu ki bunu duyanlan ters giden bir şeylerin olduğunu hemen anladılar. Cam eğer kurşun geçirmez olmasaydı o vatandaş camdan dışarı çıkıp tam Süleyman Beyin önüne düşecekti. Cam büyük bir esneme yaptı ve Ispartalı hemşehriyi geldiği yöne doğru geri çevirdi.

Korumaların yardımı ile kendine gelen heyet üyesi, kahkahalar atarak başına gelenleri arkadaşlarına antatırken bir yıl sonra yeniden geldiklerinde mutlaka resim çektirmeyi başaracağını söylüyordu.

İşin en ilginç yanı bir yıl sonra gelen Isparta heyetinin çıkmasına yakın bir basın mensubu arkadaşa geçen yıl olanları anlatıyordum ki, bir patırtı duyuldu. İnanmayacaksınız ama yine bir hemşehri kapıyı tutturamamıştı. Korumalar gülmemek için kendini zor tutarken Süleyman Bey açıktan gülümsüyordu bu yaşananlara. Cam aynı cam, heyet aynı heyet sebep ise yine çikolata ikramıydı.

O koca cam bir çarpışmayı daha kaldıramaz hale gelmişti. Bu olaydan sonra korumalar camın yanına iki büyük çiçek koyarak bundan son yaşanacak kazalara karşı önlem aldılar.

O tarihten sonra da kimse o camların dayanıklılığını test etmedi!

Kimse Niye Gülmüyor?

"*Yollar yürümekle aşınmaz*" sözünün mimarı Süleyman Demirel için gezilerin ayrı bir anlamı vardır. Herkes bilir ki Demirel, masa başında oturmayı hiç sevmezdi. Durmak ve dinlenmek onun için tükenmekle eş anlamlıydı. Ondandır ki, bizim dönemimizde de bizden önceki dönemde de Demirel hiç durmadan hem Anadolu'yu hem de dünyayı karış karış gezdi. Dünya'da gitmediği ülke kalmazken, Türkiye'nin dört bir yanına da defalarca dolaştı.

İşte bu geziler aktif siyaset yaptığı yıllardaki seçim dönemlerine rastladığı zaman ayrı bir anlam kazanıyordu. Yıllarca Demirel'i izlemiş meslek büyüklerimiz, o bitmek tükenmek bilmeyen tozlu yollarda, tek telefonun bulunduğu yerleşim birimlerinde ve modeli düşük arabalarda birbirinden ilginç olaylar yaşamışlardı şüphesiz.

İşte size rahmetli Ahsen Çetiner'den alınma neşeli bir anı:

Mevsimlerden yaz, aylardan Ağustos. Günün en sıcak anı, seçim otobüsünün içinde durulacak gibi yollar da bitip tükenecek gibi değil. Bir mitingden başka bir mitinge koşuluyor. Herkesin hali harap tek ayakta kalan isim ise Demirel. Kah seçim otobüsünün önünde oturarak, kah ayakta, bazen ise seçim otobüsünün üstünde kendini bekleyen coşkulu halk kitlesini selamlıyor, aldığı alkışlarla enerji depoluyordu. Gazeteciler ise otobüsün arka tarafında Demire'den gelecek işareti bekliyorlar. Zira Demirel müsait olduğu anda haber gönderiyor, gazetecileri çevresine topluyor o günün gündemine ilişkin vermek istediği mesajı veriyor, soruları cevaplıyor sonra da mitinglere kaldığı yerden devam ediyordu.

Beklenen sinyal geldi ve Demirel gazeteciler gündeme ilişkin açıklamalarda bulundu. Tüm gazeteciler ilk yerleşim biriminde seçim otobüsünden inerek haberlerini yazdırmışlar artık günün bitmesini bekliyorlardı. Demirel ise hızından bir şey kaybetmemiş seçim otobüsünün üstünden yeni girilen bir ilçede yol üzerindeki halkı selamlıyorlardı. Gazeteciler günün stresini atmak için birbirinden ilginç şakalarla eğlenmeye çalışıyorlardı.

Şamata olur da Ahsen Çetiner kaçırır mıydı? Partililer, korumalar ve seçim otobüsünün şoförü, gazetecilerle aile gibi olduğundan bu şakalaşmalara katılıyor neşeli vakit geçirmeye çalışıyorlardı. Bu sebepten Ahsen Çetiner'in Demirel için özel olarak yaptırılmış koltuğuna oturmasına izin veriyorlardı. Ahsen Çetiner ile Demirel'in özel bir hukuku vardı. Çok iyi taklit kabiliyeti olan Rahmetli Ahsen Çetiner, aynen onun gibi elini kaldırmış mimikleriyle kendisini taklit ediyordu. Sağ eliyle camdan halkı selamlarken

"Saolun... Saolun sevgili vatandaşlarım" demeyi de ihmal etmiyordu.

Bütün otobüs gülmekten kırılırken, yol boyunca dizilen vatandaşlarda bu hoş şakaya eşlik ediyorlardı. Neşeler yerine gelmişti. Yukarı da gerçek Demirel aşağıda ise Ahsen Çetiner halkı selamlamaya devam ediyordu. Ahsen Çetiner, kendini bu şakaya öylesine kaptırmıştı ki herkesten çok o gülüyordu.

Ama nedense otobüsteki kahkahalar giderek azalmış sadece Ahsen Çetiner'in sesi duyulur olmuştu. Ne korumalar, ne seçim otobüsünün şoförü ne de meslektaşları gülmüyordu artık. Yol boyunca dizilen halk ta bir tuhaf bakıyordu seçim otobüsüne. O ise başına gelecekten habersiz sürdürüyordu şakasını. Bir an arkasında bir hareketlilik olduysa da o bunu fazla ciddiye almadı. Ta ki tanıdık bir elin omzuna değmesine kadar.

Sağ eli havada kalmış, indirmeye vakti bile bulamamıştı. Kafasını omzuna dokunan ele doğru çevirdi. Olan olmuştu; Gerçek Demirel tam arkasında ayakta dikiliyordu. Arkasında duran korumalar ve milletvekillerinin yüz ifadeleri hiçte hoş değildi. Şimdi büyük bir sessizlik içinde herkes bundan sonra nelerin olabileceğini düşünüyordu. Ahsen Çetiner hemen toparlanmak istese de Demirel ondan daha atik davrandı:

"Tamam Ahsen kalk. Bu kadar yeter teşekkür ederim. Bundan sonrasına ben devam ederim !! "

Kahkahalar sürerken Ahsen Çetiner ile Demirel yer değiştirdiler. Olaya şahit olanların anlattıklarına göre Demirel, çok önceden Ahsen Çetiner'in yanına gelmiş ve gülümseyerek bu taklidi uzun süre takip etmişti.

Taklit yapmayı, hele hele Demirel'in mimiklerini canlandırmayı çok seven Ahsen Çetiner aramızdan ayrılana kadar bu huyunu sürdürdü.

Van Gölü'nden Bir Baba Geçti

Evliya Çelebi hayatta olsaydı eminim gözü yaşarır, kendisine ait olduğunu düşündüğü 'gezi' rekorlarının birer birer kırılmasından duyduğu memnuniyeti dile getirirdi. Kim derdi ki asırlarca önce yaşamış Evliya Çelebi'nin rekorları altüst edilecek, bu başarıya imza koyan kişi ise bir seyyah değil 'siyaset adamı' olacaktı.

"Çok okuyan mı bilir çok gezen mi?" sözünü "çok gezen" olarak tescil eden Demirel, sadece Cumhurbaşkanı sıfatıyla gezmedi mutlaka. Ama Cumhurbaşkanlığı koltuğa oturduktan sonra da gezi maratonunu hızlandırdığı da ayrı bir realitedir. Onu izleyen bizler bile yeri geldi bu tempoya ayak uyduramaz olduk. "Telef olduk" ifadesini kullanmak daha doğru olur sanırım. Herhangi bir hafta başında Filipinler'e giden Demirel, ayağının tozuyla Kars'a, oradan Antalya Ticaret Odası'nın ödül törenine, bir ertesi gün İstanbul'da bir takım temel atma ve açılış törenlerine, akşam saatlerinde ise Çankaya Köşkü'nde kabul maratonuna yetişme başarısını gösterebiliyordu.

İşte bu başarısından dolayı Demirel, o bölgede yaşayanların bile adını bilmediği tepelerin, ovaların, çeşmelerin, yolların ve hatta kavşakların isimlerini hafızasında tutabiliyordu. Bu özelliğini ise her zaman gösteriyor ve kendisini dinleyenleri şaşırtıyordu.

İşte Demirel'in formunda olduğu bir kabul gününde, Van Gölü kıyısında olup, şimdi ismini hatırlamadığım bir ilçenin ileri gelenleri Baba'nın huzuruna çıkmıştı. Giriş faslı ve ilçenin sıkıntılarından sonra kabulün sözcüsü Demirel'den ilçelerini şereflendirme talebinde bulunduktan sonra kendisi için talihsiz olacak şu cümleyi sarf etti:

"Efendim bizler bir araştırma yaptık ve gördük ki ilçemize bu günü kadar hiç gelmemişsiniz. Bizler istiyoruz ki önümüzdeki günlerde ilçemize gelin ve ilçemiz halkını sevindirin"

Demirel'i yakından tanıyanlar bilirler. Süleyman Demirel bir şeylere kızdığı, bozulduğu ve şaşırdığını önce mimikleri ile belli eder. Kendine has yüz ifdesiyle bir süre düşünür ve bindirici cümlesine hazırlık yapardı. Muhatabı bu bindirici cümleye cevap verme şaşkınlığını üstünden atmadan bindirmeler sürerdi. Burada da aynen öyle oldu.

Demirel muhatabına dönerek,

"Sen kaç yaşındasın?" diye sordu. Heyet sözcüsü yaşını söyledi ama konuyu nereye getireceğine de pek anlam veremediği belli oluyordu. Demirel devam etti:

"O zaman sen bilemezsin. Senden daha yaşlı olanlar bilir" İşte bu sözlerin ardından bazı şeyleri daha iyi anlamaya başlıyorduk.

Demirel sözlerini sürdürüyordu.

"Peki dinleyin bakalım; sizin ilçenizde şu tarihte bir sel felaketi yaşandı. Bu felaket sonrasında şu kadar ev yıkıldı. Şu kadar maddi hasar meydana geldi. Şu kadar hayvanınız telef oldu... "

Süleyman Demirel'i ziyarete gelenler hayretle birbirinin yüzüne bakarken o finali yaptı:

"İşte sizi o felaketten kurtaran benim. O tarihte ben DSİ Genel Müdürü'ydüm. Sizin ilçenize gelerek incelemelerde bulundum. Tabi siz bunu hatırlamazsınız. Bakın gördünüz mü; demek ki ben ilçenize gelmişim gelmediğimi nereden çıkarttınız."

Tam kendinden beklenen bir hamleydi bu. Adeta, "Kimse benim hafızamı test etmesin" der gibiydi. Heyet üyeleri telafisi mümkün olmayan bir yanlış yapmış ve yeteri kadar araştırma yapmadan Demirel'in karşısına çıkmışlardı.

Baba muhteşem hafızası sayesinde yenik başladığı düşünülen maçı farklı kazanmıştı. İşte siz de siz olun eğer yolunuz Çankaya Köşkü'ne düşerse söyleyeceklerinizi tartıp biçtikten sonra konuşun. Çünkü şunu bilin ki kendisine;

"Efendim sizce hükümet kurma çalışmalarındaki kabul maratonu bitti mi?" diye soran bir gazeteciye,

"Maraton demek öyle mi? Peki söyle bakalım maraton kaç kilometredir." deyip karşısındakini şaşkına çevirdikten sonra,

"Bilmiyorsanız söyleyeyim. Şu kadardır." diyecek kadar her konudan anlayan bir kişiyle karşı karşıyasınız. Sözlerinizdeki en küçük hata sizi zor çok zor durumda bırakabilir.

Ben sizi önceden uyarayım. Gerisini siz bilirsiniz...

Nazmiye Hanım ve Sarı Öküz

Isparta Demirel'siz, Demirel'de Isparta'sız hiç yapamaz. Türkiye coğrafyasındaki kalitesi Demirel'in yükselişiyle paralel olarak artan Isparta, bir lider çıkardı, pir çıkardı. Demirel'in ifadesiyle, elektriği, suyu ve hatta yolu olmayan bu şehrimiz şimdilerde havaalanı, otoban yolları, barajları, sanayi tesisleri ve üniversitesi olan kalitesi yüksek bir hale geldi. Komşu olup sınırları birbirine en yakın iki il olma unvanına sahip olan Burdur ve Isparta arasındaki kalkınmışlık farkı da Demirel'den kaynaklandı. Burdur'un geri kalmasında Isparta'nın hızlı yükselişinin etkisi oldukça fazladır.

Süleyman Bey Cumhurbaşkanı sıfatı ile Türkiye'nin bütün illerine gitmesine rağmen, nedense Burdur'a hiç gitmemiştir. Isparta ile Burdur'un arasının ortalama 50 km olduğu düşünülürse bu konuda bir değerlendirme yapmaktan kaçınıp, yorumunu size bırakıyorum.

....

Isparta tarihi günlerinden birine hazırlanıyordu. Caddeler her zaman olduğu gibi günler öncesinden dev Demirel posterleriyle süslenmiş, şehirde seferberlik ilan edilmiş adeta. Caddeler, belediye ekiplerince gül suyu ile yıkanıyor, şehir girişinde kurban edilecek üç deve ve bilimum büyük baş hayvanın sayımı yapılıyordu. Ne de olsa demokrasi kahramanı Demirel yıllar sonra Isparta'ya yine Başbakan sıfatıyla geliyordu. (Bu olay Demirel'in SHP ile koalisyon yaparak Başbakan olduğu dönemde geçiyor.)

Büyük Isparta Oteli tamamen dolmuş, basın mensupları bir gün öncesinden Isparta'ya gelmişlerdi. Gezi, Demirel'in çiçeği burnunda bir başbakan olduğu, iç ev dış politik gelişmelerin yoğun olarak yaşandığı dönemde gerçekleştiriyordu. Demirel, eşi Nazmiye Hanım ve çok sayıda bakan ile birlikte Isparta'da gövde gösterisi yaptı. Meydanları dolduran hemşehrilerine büyük bir ihtişamla seslendi.

İlk gününü Isparta merkezine ayıran Demirel her zaman yaptığı gibi ertesi gün erkenden doğup büyüdüğü yer olan İslamköy'e gitti. İslamköy'de teyzesi dışında pek bir yakını kalmayan Süleyman Bey, kardeşi Şevket Demirel tarafından kendi adına yaptırılan müzeyi de ziyaret etti.

Sıra doğup büyüdükleri evi görmeye gelmişti. Tabi böyle bir ziyaret gazetecileri fazlasıyla ilgilendiriyordu; zira söylediğim gibi o tarihlerde gündem çok yoğundu. Dış politikada Bosna-Hersek'te yaşanan katliam, iç siyasette ise kamu lojmanların satılması gibi gelişmeler vardı. Burası soru için uygun bir yerdi. Kendisine bu durum aktarıldığında anlayışla karşılamış ve soru-cevap yapmaya müsade etmişti.

Herkes hazırdı: Önce evde bu iş için en uygun yer seçildi, sonra mikrofon ve teypler yerleştirildi. Gazeteciler yerini almış Demirel'in konuşması bekleniyordu. Bu arada Nazmiye Hanım ve dönemin Kültür Bakanı Fikri Sağlar bir köşede koyu bir sohbete dalmışlardı. Sağlar, saygılı bir şekilde ayakta bekliyor, Nazmiye Hanım'ın anlattıklarını dinliyordu. Nazmiye Hanım bir ara öyle yüksek sesle konuşmaya başlamıştı ki söyledikleri odadakiler tarafından rahatlıkla duyulabiliyordu.

Demirel, yerini alarak,

"Hadi bakalım çocuklar ne sormak istiyorsanız sorun" diye söze girmek istediğinde Nazmiye Hanım konuşmasını sürdürüyordu. Bizlerin soru sorması beklendiği sırada Nazmiye Hanım'ın hâlâ sohbeti sürüyor, bunun farkına varan Fikri Sağlar ise mahçup bir halde bekliyordu. İster istemez herkesin dikkati dağılmış ve Nazmiye Hanım'ın sözlerini tamamlamasını bekleniyordu.

Demirel konuşmanın bitmesini istercesine sohbetin yapıldığı tarafa döndü. Bunu fark eden Nazmiye Hanım konuşmasını bitirecek gibi bir baş işaret yaptı. Bu fırsattan yararlanan Demirel, Bosna-Hersek'le ilgili soruyu aldıktan sonra, o meşhur mimiklerini kullanarak tam konuya girecekti ki inceden bir ses duyuldu:

"Fikri Bey, küçükken bir sarı öküzüm vardı. Ben onu çok severdim..."

Bu fısıltı karşısında bir süre sessizlik oldu. Odada bulunanlar gülmemek için kendini sıkarken Demirel'in sinirlendiği her halinden belli oluyordu. Bize bir şey hissettirmemek için sinirli bir bakış fırlattıktan sonra sözlerini sürdürdü:

"Bosna'da yaşanan olayı yakından takip ediyoruz. İnsanlık ayıbıdır orada yaşananlar. Fevkalade...."

Demirel sözlerini sürdürürdü de Nazmiye Hanım sürdürmez miydi:

"Her sabah onu kendi ellerimle beslerdim."

Artık herkes konudan kopmuş gülüp gülmeme konusunda birbirinin yüzüne bakıyordu. Fırtına öncesi sessizlik her halinden belli oluyordu. Süleyman Bey'in bu duruma canı oldukça sıkılmış olacak ki daha fazla dayanamadı:

"Nazmiye dur biraz !!"

İşin doğrusu bu çıkışı kimse beklemiyordu. Nazmiye Hanım eliyle "Anladım tamam" anlamına gelen bir işaret yaptıktan sonra tekrar Fikri Sağlar'a doğru döndü. Demirel'de konudan kopmuş cümlelerini bağlamada zorluk çekiyordu. Süleyman Demirel Bosna-Hersek'le ilgili görüşlerini tamamlamış, sıra iç politikaya gelmişti ki, Nazmiye Hanım'ın anıları tekrar canlanmıştı.

"Fikri, o bizim sarı öküzü çok sevdiğim için sürekli kendim besliyordum. Her sabah onunla ilgileniyordum.."

Fikri Sağlar artık Nazmiye Hanım'ı dinliyormuş gibi görünüyor ama Demirel'in reaksiyonunu bekliyordu. Artık konudan kopulmakla kalmamış bu sefer film kopmuş gibiydi. Süleyman Bey bu sefer bütün vücudu ile dönerek Nazmiye Hanım'a ilk seferinden daha sert bir bakış attı.

Nazmiye Hanım bu bakıştan etkilenmiş olacak ki, sözlerini bitirmiş bir edayla bize doğru yönelerek beklemeye başlamıştı. Fikri Sağlar'da rahatlamış gibiydi.

Demirel tekrar bize yönelerek söz başladı:

"Çocuklar kamu lojmanlarının özelleştirilmesi...."

Ve en müthiş final Nazmiye Hanım'dan geldi:

"Fikri, Sarı Öküz hastalanınca onu kestik ."

Artık ıssırılan dudaklar serbest kaldı ve büyük bir kahkaha koptu.

Fikri Sağlar başını öne eğmiş yüzündeki tebessümü saklamaya çalışıyor, Demirel'se sözün tekrar kendisine gelmesini bekliyordu. Birkaç dakika sonra herşey normale döndü ve Demirel görüşlerini açıkladı.

İslamköy'de yaşananlar ise Demirel'in hoşgörüsü sayesinde hafızalarımızda hoş bir anı olarak kaldı..

Yaver'i Tanımazsanız Ne Olur?

Ardı arkası kesilmeyen geziler ve biz bir bütün olmuştuk. Uçak saatleri ve otellerin isimleri artık ezberimizdeydi. Hangi şehirde nerede yemek yiyeceğimizi çok iyi biliyorduk. Önce uçak saatlerini sonra otelini ayarla daha sonra da Demirel'i izleyeceğin aracı.

Biz bütün bu sıkıntılarla boğuşurken, basın mensuplarına yardımcı olmak için görev yapan bazı yetkililer ise ortada görünmüyorlardı. Yetkili diyorum; zira basın merkezinde gecegündüz demeden çalışarak bizlere yardımcı olmaya çabalayan fedakar insanları bu kategoriye dahil etmek insafsızlık olurdu. Onlar bizim için her zaman özeldi ve öyle kaldılar. Bizimle birlikte güldüler, bizimle birlikte aç kaldılar, bizimle beraber yoruldular. Ortak bir kaderi paylaşmanın tüm fedakarlığını büyük bir özveriyle yerine getirdiler. Birlikte geçirdiğimiz güzel günleri düşünerek, kendilerine duyduğum saygıyı tekrarlamayı bir vazife olarak görüyorum.

Söz konusu kişilere ne bir şey sormak mümkündü ne anlatmak. Bazı arkadaşlarımızı arayarak,

"Seni işten attırırım" diye uyarmayı da alışkanlık haline getirmişlerdi o sıralar. Sürekli demokrasiden söz ediyor ama bir basın mensubu için en temel kural olan, "haber kaynağını gizleme" kriterini tanımıyorlardı. 'Eşitlik' kavramı ise onlar için fazla bir şey ifade etmiyordu. Yazılan her haber sonrası 'köstebek' arama yarışına başlıyorlardı.

Bu sıkıntıların arttığı bir dönemde bizler Demirel'e bir dilekçe yazarak gezilerinin bazılarına, bizleri de götürmesini istedik. Altında imzamız bulunan dilekçeyi gerekli yerlere verdikten sonra sonucu beklemeye koyulduk. Netice almasına aldık ama bir terslik vardı. Nasıl bir terslik derseniz; bizlere özel uçak ayarlanması fikri 'prensipte' benimsenmişti ama başka bir 'prensip' kararı daha çıkmıştı ki o da ZAMAN muhabirinin yani benim uçağa alınmamamdı.

İşin gerçeği böyle bir ambargo ile karşılaşacağımı tahmin ediyordum ama bu kadar da alenen beklemiyordum. Bizde haliyle "Bizi neden uçağa almıyorsunuz?" diye sorma nezaketsizliğinde(!) bulunduk. Aslında sormamamız gerekiyormuş ama dedim ya yaptık bir nezaketsizlik. Şimdi düşünüyorum da gerçekten ayıp etmişiz. Onların hikmetlerinden sual olunmazmış meğer! Biz kim, böyle bir talepte bulunmak kim? Süleyman Demirel basın özgürlüğü ve fırsat eşitliği konusunda hassas olsa da, başkaları hassas olmak zorunda değildi. Önce ben, sonra istihbarat şefi, haber müdürü, temsilci ve nihayetinde ise konu genel müdüre kadar gitti. Her seferinde verilen cevap şuydu;

"Bir aksilik oldu ve Edip'in ismi unutuldu. Malesef uçakta da yer kalmadı. Bir dahaki sefere bu olmayacak."

Biz de bekledik sabırla. Geziler geliyor geçiyor, her seferinde ismim ne hikmetse unutuluyor sonra da yer kalmıyordu. Aslında suç bizdeydi. Biz bastırdıkça onlar mazeret bulmak zorunda kalıyor, böylece onları zor duruma düşürüyorduk.

Günler ve aylar birbirini kovaladı. Basın mensupları için büyük uçak kaldırılır oldu. Kendi kendimize,

"Artık sorun kalmamıştır bizi de alırlar" diye düşündüğümüz sırada yine yer sıkıntısı çıktı karşımıza. Olacak iş değildi; yine uçak doluveriyordu birden bire. Yer yok dedikleri gezilerde, uçak 20 kişilik boş koltukla gidip gelse de bir bildikleri vardır diye düşünüyorduk sürekli.

Şimdi bunları niye mi anlattım dersiniz? Bana çok komik geldi de onldan! Hem de komedinin alası. Komik olması mutlaka insanları güldermesi anlamına gelmez ki? Bazı komik olaylar vardır ki hem güldürür hem düşündürür. Bu da düşündürücü bir komedi ya da şöyle diyelim trajikomedi.

Neyse biz asıl konuya gelelim isterseniz. İşte böyle ambargolu olduğumuz gezilerden birisi ve yine uçakta yer yoktu. Gezi tarihi oldukça önemli, gezinin mekanı ise hassastı. Uzun sözün kısası, Cumhurbaşkanlığı'nın uçağında yer olmasa da THY'nin tarifeli uçaklarında elbette yer bulunabilirdi. Allah'tan orada kuruma göre bilet kesmiyorlardı.

Demirel Meclis açılışında yaptığı konuşmada:

"Suriye PKK elebaşısını barındırmaya devam etmektedir. Sabrımız kalmamıştır. Durum böyle devam ederse müdahale hakkımızı saklı tuttuğumuzu tüm dünyaya duyururuz" ifadesini kullanınca ortalık birden karıştı. Bu açıklama rutin bir uyarının ötesinde bir anlam taşıyordu. Birden gündem değişti; gözler Suriye'ye çevrildi. Yıllar sonra ilk defa savaş konuşulmaya başlandı. Suriye sınırına askeri yığınaklar yapıldı, diplomatik girişimler hızlandı ve işin ciddiyetini Suriye'de anladı.

Demirel böyle bir tarihte Hatay'a gitmeye karar verdi. Hatta işin ciddiyetini anlatmak için Öcalan'ın doğum yeri Samandağ'ı da programına dahil etmişti. İşte gezinin yeri ve tarihi bundan dolayı stratejikti.

Gezi ağır bir hastalık geçirdiğim döneme rastlamıştı. Hatay'a da direk uçak olmadığı için önce Adana, oradan da kara yoluyla Hatay'a geçmek zorundaydım. Gecenin ilerleyen saatlerinde birkaç gazeteci arkadaşla birlikte Adana'ya indik ve bulduğumuz ilk araçla Hatay'a doğru yola çıktık. Hatay'a girdiğimizde saat bir hayli ilerlemiş hastalık ve yol yorgunluğu beni çok etkilemişti. Otele girip odamın anahtarını aldığımda Cumhurbaşkanlığı Basın Merkezi'nde görevli arkadaşlar ile bazı meslektaşlarımız otel lobisinde koyu bir sohbete dalmışlardı. Bir kişi hariç lobidekilerin tamamını tanıyordum. Bu kişiyi de gözüm bir yerden ısırıyor ama bir türlü çıkartamıyordum. Sohbet ilerledikçe tanıyamadığım kişi bana çok yakın davranıyor ve hatta şaka bile yapıyordu.

Ne kadar da hafızamı zorladıysam bir türlü hatırlayamadım. Yalnız bir gariplik vardı; son derece samimi olduğumuz Cumhurbaşkanlığı Basın Merkezi çalışanlarının tedirgin bir halleri vardı.

Tam bu karmaşa arasında konu Süleyman Bey'e Hatay'da soru sorup sormayacağımıza geldi. Gazetecilerin sohbetleri başka ne olabilir ki zaten. Bir meslektaş bana dönerek,

"Edip sen soru için izin iste ve ilk soruyu sor biz devamını getiririz" dedi.

Ben de soruya gerek kalmadan Süleyman Demirel'in beklenen mesajını vereceğine inandığımı söyledim. Ama işi şakaya döktüğümüzde ben biraz daha ileri gidip

"Ama isterseniz 'Efendim görev sürenizin dolduğu söyleniyor. Bu konuda bir değerlendirmeniz olacak mı?' diye sorayım" dedim.

Uzun süre güldük bu şakaya. Ben ipin ucunu kaçırmıştım ya artık;

“Bu soruyu sorayım sonra da Demirel’in yaveri beni yakamdan tutup en yüksek noktadan aşağıya atsın değil mi?” dediğimde bu şakaya gülenlerin sadece biriki kişiyle sınırlı olduğunu fark ettim. Basın Merkezi çalışanlarının yüzünün neden kızardığını da hala anlayabilmiş değildim.

İşte o anda sol tarafımda oturan ve bir türlü kim olduğunu çıkartamadığım sivil giyimli kişinin ayağıma vurarak,

"İyi ya bak yaver yanında oturuyor" demesiyle kendime geldim. Aslında kendimden geçtim desem daha iyi olur. Hayatımın en zor dönüşünü yaparak, sol tarafıma baktığımda çok fena bir pot kırdığımın farkına vardım. Karşımda kahkahalarla gülen ve bir taraftan da omzumu sıvazlayan kişi 9'uncu Cumhurbaşkanı Demirel'in 4 yaverinden birisi olan Salih Binbaşı'nın ta kendisiydi. Kendisini sürekli üniforma içinde görmeye alıştığımdan tarihi bir pot kırmıştım. Herkesle birlikte ben de gülüyordum ama ter içinde kalmıştım. Salih Binbaşı büyük bir olgunluk göstererek beni kahkahaları ile rahatlattı. Benim çok sıkıldığımı anlayınca da dinlenmek için odasına çıktı.

Sıra basın merkezinde görevli arkadaşların kahkahalarına gelmişti. Şimdi onların neden tutuk davrandıklarını anlayabiliyordum. İşin en komik tarafı, pot kıran tek kişinin ben olduğumu düşünürken, bazı meslektaşlarımında benzeri bir durumla karşılaştığını anladım. Hele hele Salih Binbaşı'nın odasına çıkmasıyla birlikte bazı meslektaşların birbirine bakarak;

"Valla biz de tanıyamamıştık. Senin olayından sonra farkına vardık. Biz bir pot kırdık mı peki?" diye sormaları kahkahaları daha da arttırdı. Meğer pot kırma konusunda tek değilmişim, ama kabak bizim başımıza patlamıştı.

O gece sabaha kadar uyuyamadım. Kırdığım pot aklıma geldikçe yüzüm kızarıyordu. Ertesi gün, tahmin ettiğim gibi Süleyman Bey çok sert konuştu. Nefes almaya bile vaktimiz olmadı. Haberlerimizi ucu ucuna yetiştirdik. Yemek yemeye bile vakit bulamadan hemen yola çıktık ve Adana'dan Ankara'ya kalkacak olan gece uçağına yetiştik. Eve girdiğimde yine gece yarısı olmuştu. Açlık ve yorgunluktan ziyade otel lobisinde yaşadıklarım aklımda bir türlü çıkmıyordu.

Kırdığım pot yanıma kâr kaldı.

Muhabbet Kuşunun Hüzünlü Serüveni

Geri döndüren gördün mü geçmişi?
Boşa soldurdun o nazlı gençliği
Bir avuç toprak için yor kendini
Dünyada ölümden başkası yalan.

Zaman kendine benzetmez herkesi
Hesapsız açar baharlar pembeyi
Açmadığın dalda sözün geçer mi?
Dünyada ölümden başkası yalan

Sitem etme, haberi yok dağların
Gözlerini ellerinle bağladın
Faydası yok geç kalınmış figanın
Dünyada ölümden başkası yalan...

Bu şarkının sözleri benim için çok şey ifade eder. Ne zaman dinlesem aklıma o gelir ve beni alır maziye götürür. Gözlerim dolar hüznümü saklarım herkesten; Kendime ait dünyamda, benliğimle ve anılarımla hesaplaşırım acımasızca. Hep 'keşke' derim. 'Keşke onu yanlız bırakmasaydım.'

Rahmetli Ahsen Çetiner ile yaptığımız bir gezide dinlemiştik bu şarkıyı. Eskişehir'den Ankara'ya dönüyorduk. Yorgunluk ve halsizlik hat safhadaydı. O önde ben ise arkada oturuyordum. Ankara'ya yaklaşık 40 km'lik bir yolumuz kalmıştı. Radyoda bu parça çalmaya başladığında bana dönerek,

"Ne kadar anlamlı bir şarkı değil mi? Gerçekten ölümden başkası yalan." demişti. Hüzünlendik bir süre; başımla sözlerini tasdikledikten sonra bir süre sessizlik oldu. İkimizde ölümü düşünüyorduk. Nereden bilebilirdim ölüme en yakın kişinin hemen önümde oturduğunu.

O ay Demirel'in programı oldukça yoğundu. Önce Bulgaristan'a gidecek hemen arkasından Malatya ve Erzurum'da temaslarda bulunacaktı. İzmir Caddesi'nde karşılaştık Ahsen Çetiner'le. Bulgaristan'a gideceğini vize işlemleriyle uğraştığını söyledi. Benim de gelmemi istiyordu fakat çok az bir zamanımız kalmıştı. İşlemlerimi yetiştirdiğim takdirde karayoluyla gitme konusunda prensipte anlaştık. Önce pasaport sonra vize işlemleri. Ahsen Çetiner ise rezarvasyonları ve akreditasyonu hallediyordu. Havayolunu tercih etmemiştik çünkü Demirel Bulgaristan'ın Varna şehrine gidecekti ve orada havaalanı yoktu. Sofya üzerinden gitmeye kalksak 4 saat karayolu gitmemiz gerekiyordu. İstanbul -Varna arası ise ortalama 8 saatti. Karayoluyla bölgeyi daha iyi görme imkanına sahip olacaktık

Tam bu sırada başka bir gelişme oldu ve STV'den muhabir arkadaşım Kasım Gürpınar'da bu geziye kendi aracıyla gitmeyi önerdi. Şüphesiz iyi bir teklifti. Fakat bilmem nedendir Ahsen Çetiner buna sıcak bakmadı ve otobüsle gitmeye kararlı olduğunu söyledi. Ne kadar ısrar ettiysem kabul ettiremedim. Huyunu bildiğim için ısrarımı edemedim. O da bizimle aynı saatte gündüz yola çıkacaktı. Gündüz yola çıkma isteğini de,

"Gece yolculuğundan çekiniyorum." diyerek açıkladı.

Zevkli fakat yorucu bir yolculuktan sonra, Varna'da Ahsen Çetiner ile buluştuk. O akşam saatlerinde Varna'da olmuş ve orada kalmış, biz ise Kırklareli'nde gecelemiştik. Varna, Karadeniz kıyısında küçük fakat şirin bir şehirdi. Sahilde dolaşırken karşılaştık kendisiyle. Neşeli ama bir o kadar da garip bir hali vardı. Kısa bir sohbetten sonra yanımızdaki kişinin gazetemiz Bulgaristan temsilcisi Salih Bey olduğunu öğrenince neşesi biraz daha arttı. Bir solukta geceyi nasıl aç geçirdiğini anlattı. Varna'yı bilmediğinden yiyecek bir şeyler bulamamıştı. Ama başka bir gariplik daha yaşamıştı kaldığı otelde. Önce anlatmak ister gibi oldu sonra vazgeçti. Tam bu sırada benim cep telefonumun çaldığını görünce hayretle:

"Senin cep telefonun çalışıyor mu?" diye sordu.

Ben de gayet sakin bir tavıra,

"Evet abi çalışıyor. Çalışmaması için bir neden yok" dedim

Sinirli sinir söylendikten sonra cebinden telefonunu çıkarak, "O zaman benim ki niye çalışmıyor?" diye sordu.

Gülmemek için kendimi zor tuttuyordum; zira bir süre önce yeni aldığı telefonunun özelliklerini anlata anlata bitirememişti. O'nun telefonu piyasadaki en iyi telefondu, bir çok özelliği vardı, kapağı özeldi, renkliydi son modeldi ama çalışmıyordu. İzin isteyerek telefonu aldım ve şebeke özelliklerini otomatik arama moduna getirdim. Ben de öyle yapmıştım çünkü. O da ne? telefonu bir türlü çalışmıyordu. Biraz uğraştıktan sonra anladık ki telefonu yurtdışı görüşmelere kapalıydı. Sinirlendi, bağırdı çağırdı ve bütün suçu telefon firmasındaki görevli bayana attı. Türkiye'ye döner dönmez onu gerekli yerlere şikayet edeceğini söyledi. Biz bir taraftan gülüyor bir taraftan da bunu sorun etmemesini, bizim telefonu kullanabileceğini söylüyorduk ama dinletemiyorduk.

Kıracağını söylese de kıyamadı telefonuna. Hışımla telefonu elimden aldıktan sonra benimle başka bir şey konuşmak istediğini söyledi.

"Hayrola abi önemli bir şey yok ya?" diye sordum

"Sorma" diyerek söze başladı:

"Sabah kalktım ve kahvaltı yapmak üzere aşağıya indim. Benden başka kimse yoktu kahvaltı salonunda. Tam kahvaltıya başlayacaktım ki bir de ne göreyim muhabbet ile papağan karışımı bir kuş sürekli tepemde uçuyor sonra da pencereye çarparak yere düşüyordu. Önce görmezlikten geldim sonra baktım ki kuş kendine zarar verecek. Sürekli cama çarparak yere düşüyordu. Sonunda dayanamadım ve onu yakalayıp bu acıdan kurtarmak istedim. Kahvaltıyı unuttum, kuşun peşinde koşmaya başladım. Ama bir türlü yakalayamıyordum. Dilini bilmediğim için de kimseye bir şey anlatamıyordum. Sonunda camı açarak elimdeki tabakla kuşu kovalamaya başladım. Kuş ta benden korkmuş gibi garip garip sesler çıkarıyordu. Nihayet kuş açık olan pencereden uçarak dışarıya çıktı. Bende sonra rahatladım ve kahvaltımın başına döndüm."

Anlattıkları buraya kadar normaldi. Yanlışlıkla içeri girmiş dışarıya çıkamayan bir kuşa yardımcı olmuş ve kendince iyi de yapmıştı. Bunda ne anormallik olduğunu sordum. Kafasını sallayarak sonrasını anlattı. Meğer o kuş otelin kadrolu papağanı değil miymiş! Hayvancağız kısa bir süre önce eşini kaybetmiş ve ondan dolayı öyle acayip uçuş teknikleri deniyormuş. Ahsen Çetiner tam kahvaltısına başlayacağı sırada otelin sahibi sinirli bir halde gelerek bağırıp çağırmaya başlamış. Bizim zavallı Ahsen Çetiner'de olup bitenlerden habersiz yaptığı işin iyi bir şey olduğunu anlatmaya çalışıyormuş. Yardımına dilimizi bilen birisi yetişmiş; Ahsen Çetiner ise yaptığı komik hatanın farkına varmış ama iş işten geçmiş. Otelin sahibi tutturmuş ille de kuşum diye. Hatta olayı öyle abartmış ki pasaportuna el koyarak,

"Ya papağanımı bulursun ya da pasaportunu vermem" demiş. Ahsen Çetiner'de çaresiz bizleri bulup yardım isteye gelmiş.

Bir yandan gülüyor bir yanda da bu garip olayın içinden nasıl çıkacağımızı düşünüyorduk. O da benim gülmeme sinirlenmiş;

"Gülmeyi bırak ta çabuk bir kuş dükkanı bul bana. Yoksa burada kalacağım pasaportum rehin kaldı" diye bağırıyordu. İşte Salih Bey'i gördüğünde yaşadığı mutluluk bundanmış. Biz güldükçe o sinirleniyor,

"Abi sanane kuştan adam gibi kahvaltını yapıp gelseydin" dedikçe daha da asabileşiyordu.

Uzun bir kahkaha maratonundan sonra otel sahibi ikna edilmiş fakat bu Ahsen Ağabey'e 50 dolara patlamıştı. Adam 50 dolar istedikçe Ahsen Ağabey daha da sinirleniyor adamın Türkçe bilmemesinden yararlanarak,

"Ulan sen 50 dolar etmezsin kuş nasıl 50 dolar eder" diye bağırıyordu. Sonunda uzun bir uğraştan sonra otel sahibi ikna edildi ve pasaportu kurtardık.

O günkü kahkaha kontenjanımızı doldurduğumuzda Demirel'de Varna'ya gelmişti. Gecenin ilerleyen saatlerinde işimizi bitirdik. Ahsen Ağabey'in bizimle döneceğini düşünüyorduk ama o otobüsle dönmeyi kafasına takmıştı. Biz hemen yola çıkmayıp Salih Bey ile birlikte Sofya'ya geçecek bir gece kaldıktan sonra Ankara'ya dönecektik. Bizim bu düşüncemiz Ahsen Ağabey'in kafasına yatmamış ama bir yandan da;

"Şimdi siz gittiğiniz yerde sıcacık Türk yemekleri yersiniz. Ne güzel" diye hayıflanıyordu.

Ne kadar ısrar ettiysek fikrinden vazgeçiremedik. Varna'da kalıp sabah otobüsle dönecekti. Biz de çaresiz Sofya'ya hareket ettik.

Ama nereden bilebilirdik ki bu onunla son yolculuğumuz, son mutluluğumuz ve son kahkahamız olacaktı. Aynı havayı bir daha teneffüs edemeyecek, birden sinirlenen mizacından yararlanarak onu kızdıramayacak, aynı masada yemek yiyemeyecektik.

Bir bilseydim onu yalnız başına bırakır mıydım hiç ? O beni hiç bırakmamıştı, bırakmazdı da. Gezilere otobüsle gittiğimi bildiğinden mutlaka aracına alırdı beni. Aynı Isparta'da, Eskişehir'de ya da Türkiye'nin bir çok yerinde olduğu gibi. Kimseye belli etmesem de yıllarca içimi kemirdi bu pişmanlık. Biraz daha ısrar etseydim son gezimizde onu yalnız bırakmamış olacaktım.

Ankara'ya döndüğümüzde o Malatya'ya gitti ben ise Erzurum'a. Birinden birini tercih etmem gerekiyordu. Erzurum'dan döndüğüm gece beni aradı ve Balıkesir'e birlikte gitmeyi teklif etti. Ben ise yorgun olduğum mazeretini öne sürdüm. İstihbarat şefimiz Zekai Özçınar'ın da iznini aldıktan sonra affımı istedim. Sitemkar bir ifadeyle telefonu kapadı. Onunla son görüşmemizdi bu. Daha dün gibi aklımda, Cumartesi akşamıydı. Sabah oldu ve işe gittim. Çalan telefonumu hiç açmamam gerektiğini sonradan anladım. Karşımdaki kişi Bulgaristan'a birlikte gittiğimiz Kasım Gürpınar'dı. Şaşkın bir ifadeyle Ahsen Çetiner'in bir trafik kazasına kurban gittini söyledi. İnanamadım bir süre. Ahsen Ağabey yoktu artık. Bulgaristan'da serbest bıraktığı muhabbet kuşu gibi aramızdan uçup gitmişti.

Birlikte yaşadığımızı tüm güzellikler bir film şeridi gibi geçti gözümün önünden. Eskişehir yolunda birlikte yediğimiz ballı gözlemeler aklıma geldi; "Yalan" isimli besteyi hatırladım birden. Her gezi sonrası tok sesiyle bana bağırarak,

"Nereye gidiyorsun gel şu haberi toparlayalım, başlığa neyi çıkarıyorsun" dediğini anımsadım. Ahsen Ağabey'in haberini toparlamak bana düşmüştü artık. Başlığa neyi çıkaracağıma yalnız karar verecektim. Başlık belliydi: "Ahsen Çetiner'i kaybettik"

Haberde başlık çıkarmak zordur. Başlık haberi özetlemelidir. Sanırım bu başlık her şeyi özetliyordu. Sırları, tasaları ve sıkıntılarıyla. Çankaya Köşkü'nün koridorlarında başlayan dostluğumuz Kocatepe Camii'nin önündeki musalla taşında sona ermişti. Yıllarca izlediği Demirel büyük bir çelenk göndermekle yetinmişti. O çelengin onuru yeterdi Ahsen Çetiner'e !

Geride, "Demirel" başlıklı yazdığı haberler, kanlı bir not defteri, yurt dışı görüşmelere kapalı cep telefonu, sürekli bozulan eski model mercedes marka otomobili ve hoş bir sedası kalmıştı Ahsen Çetiner'in.

Önce bizleri güldürüp sonra da hüzünlendiren Ahsen Çetiner'in yaşamından bir kesitti bu. Biliyordum ki, Ahsen Çetiner gençliğine yakışan tüm güzellikleri gülümseyerek teslim etmişti geçmişe.

Allah rahamet eylesin.

Aramızda Erkek Vardır Elbet!

Şubat'ı diğer aylardan farklı kılan, dört yılda bir 29 çekmesidir. Bu ay diğer önemli özelliğini de 1997 yılında aldı. FP-DYP koalisyon hükümeti döneminde yapılan bir Milli Güvenlik Kurulu (MGK) toplantısı bu tarihi daha bir önemli hale getirdi. 28 Şubat'ta Çankaya Köşkü'nde yapılan tarihi toplantı yaklaşık 10 saat sürdü ve önemli kararlar alındı. Alınan kararlar tarihe "28 Şubat süreci" olarak geçti. Demirel her ne kadar, "Takvimlerde 28 Şubat kararları diye bir takvim yok" dese de hiç de öyle olmadı. Bazı gazeteler alınan kararları "tarihi" olarak tanımladı, kimi yazarlar ise, "Demokrasi giderse geri gelir ama, laiklik giderse bir daha gelmez" demekte bir sakınca görmediler.

İşte bu tarihlerde Demirel Bolu'ya gidiyordu. Burada İzzet Baysal'a ait bir doğumevinin açılışını yapacaktı. Bizler yapacağı açılıştan çok neler söyleyeceğini merak ediyorduk. Açılış bitmiş doğumevinin anı defteri imzalanıyordu. Anlaşmamıza göre ben izin isteyecek ve ilk sorumu yöneltecektim. Diğer arkadaşlarda duruma göre birer soru soracaklardı.

Küçük bir odada sıkış tepiş soru sormaya hazırlanırken ben ilk hamlemi yaparak isteğimizi yönelttim. Başıyla onaylamasından sonra bir başka arkadaş hızlı davranarak benim sormam gereken soruyu sordu. Demirel uzun uzun soruya cevap verdi ve ikinci soru diğer bayan meslektaşımdan geldi. Üçüncü ve dördüncü soru birbirini izledi. Daha sonra onlar birer soru daha sordular.

Demirel'in formu ve neşesi yerindeydi; her sorumuza cevap veriyordu. Sorular hep aynı mealdeydi; yeni süreçte hükümeti kurmakla kimi görevlendirecekti. Zira Erbakan istifa etmiş, Çiller Başbakanlık için hazırlık yapıyordu. Bize verilen cevaplardan yeteri kadar tatmin olmuştuk ama Demirel'in durmaya niyeti yoktu. Soruların kesildiğini anlayınca bize dönerek;

"Evet başka soru yok mu?" diye sordu. Bizden ses çıkmayınca devam etti;

"Hepsi bu kadar mı? Bunun için mi yolumu kestiniz?" Salondaki gülüşmelerin ardından Süleyman Bey devam etti:

"Hem sizin aranızda hiç erkek yok mu bakalım?"

Şöyle bir sağıma baktım bir de soluma. Bu sözleri hiç üstüme alınmayayım diyordum ama nedense herkes bana bakıyordu. Demirel'i sürekli izleyen muhabirler arasında bayan meslektaşlarımın sayısı fazlaydı. Erkek muhabir sayısı benle birlikte topu topu iki kişiydi. Diğer arkadaşta orada olmadığına göre galiba üstüme alınmam gerekiyordu.

Ben kendi kendi kendime söylenirken Demirel,

"Aferim benim kızlarıma bakın nasıl çalışıyorlar. Erkekler hiç çalışmıyor!" dedi.

Artık hedefin kimliği açıktı; Bu arada meslek arkadaşlarımın bana yönelik kahkahaları bir hayli artmıştı. Mimiklerimle "Ne var ne yani. Niye bana bakarak gülüyorsunuz?' demeye çalışsam da susmuyorlardı bir türlü. Yapacak bir şeyim yoktu kendimi savunmak durumundaydım. Bayanların üstünlüğünün sayısal olduğunu ve erkek olarak çeşitli vesilelerle soru sorduğumu açıklamam gerekiyordu. Ne mümkün Milliyet Gazetesi'ndeki meslektaşım Serpil Çevikcan bir adım öne çıkarak beni gösterdi;

"Efendim erkek olarak Edip var!"

Odada sona eren kahkahalar yeniden başladı. Ne demekti şimdi

"Efendim Edip var." İyi ki söylemişti. Yoksa kimse anlayamayacaktı. Çok açıklayıcı bir ifadeydi bu. Demirel bana doğru döndü ve birşeyler söylemek ister gibi yaptı, sonra vazgeçerek kahkahalara o da katıldı. Herkesin size bakarak gülmesi hiç te hoş değil doğrusu. Belli ki Süleyman Bey bayan meslektaşlarımın çoğunluğundan beni fark edememişti.

Allah'tan başka bir arkadaşım devreye girerek,

"Efendim hükümet kurma görevini kime vereceğiniz konusunda bir ipucu verseniz" diye tutturdu.

Demirel masanın üzerinde duran ve içi çikolata dolu sepete yöneldi. İçinden aldığı bir çikolatayı soru soran arkadaşa uzatarak,

"İpucu mu istiyorsun? Al sana ipucu" diyerek ona uzattı. Kahkahalar yeniden başlamıştı. Bir çikolata da Serpil'e uzattı ve son olarak diğer bayan muhabir arkadaşa. Ben hariç herkesin ağzı tatlanmıştı. Sonra diğer tarafa dönerek,

"Evet çocuklar teşekkür ederim. Benden alacağınız bu kadar" dedi.

Ya ben ne olacaktım? Süleyman Bey bana doğru hiç bakmadan elini sepete uzattı ve içinden aldığı bir çikolatayı bana uzatarak;

"Sen de al !" dedi.

Tadım kaçmıştı ama en azından ağzım biraz tatlanacaktı. Elimi uzatarak çikolatayı aldım ve cebime koydum. Pek fazla kimse fark etmese de Demirel'in bu hareketini anlaması gerekenler anlamıştı. Belli ki zoraki bir çikolata ikramıydı bu. Olsun sonunda çikolatayı kapmıştık. Çikolata verdiği kişilere adıyla hitap etmesine rağmen bana gelince,

"Sen de al" demesi ise dikkatlerden kaçan diğer bir ayrıntıydı.

Benim de dert ettiğim şeye bakın değil mi?. Ne yani, sonuçta çikolatayı almiştık ya gerisi önemli miydi ki?

Ne dersiniz, fazla mı büyütüyorum her şeyi?

Müsaadenin Yükseği Üzerine

Satırlarım arasında "Demirel şu şehire gitti, bu ilçeye gitti" ifadelerini mütemadiyen kullandığımın farkındayım. Peki ama nasıl oluyordu bu geziler? Sizlere anlatıldığı kadar basit miydi? Süleyman Demirel bir sabah kalkıp,

"Haydi çocuklar hazırlanın şuraya gidiyoruz" mu diyordu? Tabi bu olay söylediğim kadar basit olmadığı gibi, tahmin ettiğinizden daha detaylı bir hazırlık yapılıyordu. Bizler için en basit görünen programlarda bile aynı prosedür izlendiğini söylemekte yarar görüyorum. Gelin şimdi birlikte bir gezi hazırlığına birlikte göz atalım:

Demirel'in programlarından birinci derecede yaveri ve ardından da özel kalem müdürü sorumluydu. Gerekli tüm detaylar bu ikili tarafından hazırlanarak kendisine sunulurdu. Demirel'in yaveri genelde "Kurmay Albay" rütbesinde olurken, özel kalem müdürü ise Dışişleri çıkışlı "elçi" statüsünde olurdu. Süleyman Bey, ziyaret etmek istediği yerlerin isimlerini ve muhtemel tarihlerini bildirir ve gerekli hazırlıklar başlardı.

İlk etapta taslak bir program hazırlanarak sunulur ve onay beklenirdi. Programlar yıllık olarak hazırlanır ve büyük bir aksilik olmadıkça bunların tarihleri ile oynanmazdı. Yurtiçi programlara onay verildikten sonra hazırlıklara başlanır ve şehrin valisi ile irtibat kurularak temaslarda bulunulacak noktalar belirlenirdi.

Geziden bir hafta önce ise öncü ekip yola çıkardı. Öncü ekipte, gezide kullanılacak makam aracı ve yedeği, bir ambulans ve korumaların kullanacakları ABD'den gelme özel jipler bulunurdu. Bunun yanında yaklaşık 15 kişilik koruma ekibi giderdi. Bu ekip içinde de terör, bomba ve suikast konularında eğitilmiş timler görev yapardı.

Bunun yanında bir de protokol görevlisi bulunurdu. Bu protokol görevlisi, tören yapılacak yerlerdeki oturma düzeni, yapılacak konuşmalar, Demirel'e hitap biçimi, verilecek çiçekler ve yapılacak ikramların düzenini sağlardı.

Basın görevlisi ve teknik elemanlar, konuşmanın yapılacağı ve basın mensuplarının duracağı yerler ile kürsünün konumunu tespit etmeye yönelik çalışma yaparlardı.

Korumalar, o ilin emniyeti ile irtibat kurarak en uygun güzergah, muhtemel suikast ve bombalı saldırı olabilecek yerleri belirler, kısacası güvenlikle ilgili tüm çalışmaları yürütürlerdi.

Yani Demirel'in bir ziyareti öncesi sizlerin göremeyeceği binlerce ayrıntı ele alınır, tüm hesaplar iki alternatifli düşünülürdü. Örneğin Demirel'in arabasının lastiğinin patlaması, bozulması, programın iptal edilmesi, yağmur yağması, rahatsızlanma olasılığı, kürsüden değil de yerinden konuşma yapmaya karar vermesi, halkı önüne çağırması ve onları selamlaması, eğer kış aylarıysa ayağının kayma ihtimali, paltosunun ve şapkasının muhafaza edileceği yerler, güneş gözlüğünü tutacak kişi, Cumhurbaşkanlığı Forsu'nu taşıyacak görevli ve daha bir çok ayrıntı önceden belirlenirdi. Zamanı gelip ziyaret gerçekleştiğinde ise her şey tıkır tıkır işlerdi.

Diyelim ki Demirel 8 ayrı noktaya gidecek; mevcut kadronun hepsine yetişmesi mümkün olmuyordu. İşte o zaman yukarıda saydığım kadrodan iki grup oluşturulurdu. Demirel bir noktada konuşurken diğer grup bir sonraki noktaya geçer ve bu değişim gezi sonuna kadar sürer giderdi. Ekip değişimi sırasında ise görevli personel, yemek, tuvalet ve benzer ihtiyaçlarını da karşılama imkanı bulurdu.

Bizlere gelince durum hiç te böyle değildir. Demirel'i iki ekiple izleme şansımız olmadığından tüm ihtiyaçlarımızı gezi sonuna saklamak zorunda kalırdık. Öğle yemeğini genelde akşam saatlerinde yerdik. Gözümüz kulağımız sürekli Demirel'in üzerinde olur ve bir şeyler atlama korkusunda sürekli tetikte beklerdik. Sürekli not alır, duyduklarımızı kurgular ve haber yazdırabileceğimiz bir fırsatı kollardık.

Demirel sıcak bir temmuz gününde tam 16 ayrı noktadan ibaret Adana-Mersin gezisine çıkmıştı. Önce Adana'ya gidilecek oradan da Mersin'e geçildikten sonra gece burada kalınacaktı. Programın detaylarından çok Mersin'in sıcağıydı gözümüzü korkutan. İnanılmaz bir nem ve sıcak vardı. Kalemlerimiz sıcaktan akmış, üzerimizdeki kıyafetler terden sırılsıklam olmuştu. Demirel'i sürekli izleyen bizler diğer meslektaşlarımıza göre biraz daha şanslıydık. Ne de olsa "kondisyonumuz" yerindeydi.

Demirel'i ilk defa böyle bir gezide izleyen NTV muhabiri Ahmet Takan'da kondisyonu yeterli olmayan meslek büyüklerimizden birisiydi. Gittiğimiz her noktada rutin olarak uygulanan İstiklal Marşı, saygı duruşu, protokol konuşmaları ve koşuşturmaca onu çileden çıkarmaya yetmişti.

Programlar bitmek bilmiyor, Ahmet Takan her noktada biraz daha çıldırıyordu. Biz de sürekli kendisini,

"Abi bitmek üzere, az kaldı. Bak burası önemli burada konuşabilir" diyerek teselli ediyorduk. Ama nafile, her noktada ızdırabımız;

"Sayın Cumhurbaşkanım yüksek müsadelerinizle" diye başlayan cümlelerle bir kat daha artıyordu.

Sanıyorum son bir nokta kalmış, bizler açlıktan ve susuzluktan bitap düşmüştük. Bu kadar sıkıntının üstüne yazdırabileceğimiz pek fazla bir şey çıkmamıştı bu gezide. Ahmet Takan'ın sabrı da tükenmişti artık. Tören alanının yanında bize ayrılan yerleri bırakmış, ağaçların altında, bulduğumuz soğuk suyla serinlemeye çalışıyorduk. Tam biraz nefeslenecektik ki, saygı duruşu ve İstiklal Marşı için yeniden ayağa kalkmamız gerekti. Konuşmacılar arka arkaya kürsüye çıkıyor ve sözlerini bitirmek bilmiyorlardı. Tam bitti dediğimiz anda yeni bir konuşmacı mikrofana sıkı sıkı sarılıyor ve herkesin kendini dinlediği düşüncesiyle coşkulu sözler sarfediyordu.

Son konuşmacı da kürsüye çıkmış ama o da bir türlü sözlerini bağlayıp yerine oturamıyordu. Her cümlesini,

"Yüksek müsadelerinizle şunu da ifade etmek istiyorum" diyerek sürdürüyordu.

Konuşmacı büyük bir görevi yerine getirmenin gururu içinde herkese teşekkür edip tam yerine geçeceği sırada,

"Efendim yüksek müsadelerinizle şu konuya aktarmadan edemeyeceğim" deyince olanlar oldu.

Yanımdaki ağaca yaslanarak bitkin bir halde oturan Ahmet Takan daha fazla dayanamamış olacak ki yerinden fırlayarak,

"Yahu bana söyleyin ne olur! Ben bunun içinden çıkamadım; müsadenin yükseği nasıl olur? Müsade nasıl istenir, yüksek istenirse ne olur? Yüksek müsade olmadan olmaz mı?" diye bağırmaya başladı.

Demirel'i dinlemeye gelenlerin bir çoğu bu feryadı duymuş bir anda kahkahalar yükselmişti. Bizler bir taraftan Ahmet Takan'ın sakinleştirmeye çalışıyor, bir taraftan da Demirel'in bu feryadı duyup duymadığını merak ediyorduk. Protokol sırasında bir hareketlenme yoktu ama bize yakın olan dinleyiciler gülmekten kırılıyorlardı. Sinirleri boşalan polis ve korumalar da bu kahkahalara eşlik ediyorlardı. Ahmet Takan yerine oturmuş başını sinirli sinirli sallarken, asıl mesajı alması gereken konuşmacı sözlerini bağlıyordu;

"Sayın Cumhurbakanım buraya gelerek bizlere şeref verdiniz. Yüksek müsadelerinizle... "

Neyse ki Demirel yeni bir 'yüksek müsadeye' izin vermeden koşar adımlarla kürsüye geldi ve birkaç cümlelik konuşmasından sonra açılışı yaptı.

Tören sonrası Mersin'den ayrılıyorduk. Adana-Ankara tarifeli uçağına yetişmek üzere hareket edeceğimiz sırada bazı arkadaşlarımızın aramızda olmadığını fark ettik. Bir tanesi kimliğini kaybederek konvoydan koptuktan sonra, yoldan çevirdiği tezek yüklü bir pikabın üstünde bizleri selamlayarak gelirken, diğer birisi de tören alanına girişte bir asteğmenle tartıştığı için gözaltına alınmak üzereydi.

Açılış güzergahında dökülen meslektaşlarımızı teker teker toparladıktan sonra Adana'ya doğru yola çıktık. Tezek yüklü pikapla uzun yol alan arkadaşımız başından geçen olayları büyük bir zevkle anlatırken, bizler de yüksek müsade üzerine değerlendirmelerde bulunuyorduk. Gecenin ilerleyen saatlerinde Ankara'ya indiğimde gün boyunca yemek yemediğimin de farkına vardım.

Bir fırsatını bulup yüksek müsadeden faydalanarak karnımızı doyuramamıştık. Eve geldiğimde ise eşim Mine'ye ilk sözüm

"Yüksek müsadenle açım!" oldu.

Eşim buna bir anlam veremese de, başımızdan geçenleri anlatınca ne demek istediğimi anladı. Ama muziplik sırası bu sefer ondaydı. Yemek öncesi bir protokol konuşması isterim diye tutturmaz mı?

Çağır, Çağır da Bizi Ezsinler!

Süleyman Bey'in tüm gezilerini izlemek zorundaydık. Sadece Marmara Bölgesi'ni İstanbul büromuza bırakıyorduk. Bunun dışında kalan tüm noktalar bize aitti. Bu rahatlıkla Demirel'in İzmit'e yapacağı geziyi İstanbul ekibine bırakmıştım. Her zaman ki gibi büroda oturmuş gazetelere göz atıp, arşivimi düzenlerken gözüm bir ara televizyondan geçen,

"Flaş.. Flaş.. Süleyman Demirel'e suikast girişimi.." alt yazısına ilişti. Hemen ekran başına koştum. İlk anda çok saçma gelmişti bana. "Neden Demirel'e suikast düzenlesin ki?" diye düşündüm. Ama doğruydu. Demirel, İzmit'te bir açılış sırasında silahlı bir saldırıya uğramıştı.

Saldırıyı gerçekleştiren kişi bir kaç el ateş etmiş ve Demirel'in Koruma Müdürü Şükrü Çukurlu ile bir gazeteci yaralanmıştı. Süleyman Bey ise yara almadan kurtulmuştu saldırıdan. Ortalık karışmış, patlayan silah sesleriyle Demirel, kendisini korumak için göğsünü siper eden polisleri azarlayacak kadar şaşırmıştı.

Saldırı olayı günlerce tartışıldı. Her kafadan bir ses çıkıyordu. Neyse ki sonradan söz konusu kişinin her hangi bir örgüt adına hareket etmediği ve bireysel bir hareket olduğu ortaya çıktı. Süleyman Demirel, saldırının şokunu üzerinden hemen atmış ve bir şey olmamış gibi programlarını sürdürmeye karar vermişti. Demirel o akşam Ankara'ya döndü ve bu olayın büyütülmemesi gerektiğini açıkladı. Bu konuda ne kadar rahat olduğunu göstermek için de yapacağı gezileri ertelemeyeceğini duyurdu. Elimdeki ayrıntılı programa baktığımda saldırının hemen bir gün sonrasında Adana ve Tarsus'u kapsayan bir gezinin olduğunu fark ettim. Suikast girişiminin ardından hemen gerçekleşecek bu gezi oldukça önem kazanmıştı.

Ertesi sabah erkenden gazeteci arkadaşlarla birlikte Adana'ya uçtuk ve Demirel'i bekelemeye koyulduk. Şakir Paşa Havaalanın'da olağanüstü güvenlik önlemleri vardı; yakamızda asılı "Cumhurbaşkanlığı Basın" kartlarına rağmen aprona girişimize izin verilmiyordu. Neyse ki Süleyman Demirel'in koruma görevlilerinin yardımı sayesinde aprona girebildik. Demirel'i getiren GAP uçağının kapısı açıldığında önce meşhur şapkası göründü arkasından ise kendisi. Oldukça neşeli görüyordu ya da öyle olmaya çalışıyordu. Demirel Adana'ya tek başına gelmemiş Nazmiye Hanım'ı da yanına almıştı. Önde Demirel arkasından Nazmiye Hanım uçağın merdivenlerini yavaş yavaş indiler.

Süleyman Demirel'in çevresinde etten bir duvar örülmüştü. Yanına yaklaşmamız mümkün değildi. Adana'nın sıcağını herkez bilir. Kendisi bu sıcağa aldırmadan büyük bir neşe içinde programlarını sürdürüyordu. Adana'daki temaslar sona erdikten sonra Tarsus'a hareket ettik. Tarsus'da iki ilköğretim okulu açılacaktı ve sonra Ankara'ya dönülecekti. Demirel uzun zamandır Tarsus'a gitmemişti. Yollar, ellerinde bayrak olan binlerce öğrenciyle dolmuştu. Minik öğrenciler hep bir ağızdan "Baba .. baba" diye slogan atıyorlardı.

Demirel gördüğü ilgiden memnun olmuş, oturduğu yerden öğrencileri selamlıyordu. Nazmiye Hanım'da ise belirgin bir tedirginlik vardı. İzmit'te yaşanan tatsız olay onu derinden etkilemişti. Sürekli olarak Demirel'in kulağına doğru eğilerek bir şeyler fısıldıyordu. Protokol konuşmalarının ardında söz sırası Demirel'e gelmişti. Kürsü yerine oturduğu yerden hitap etmeye karar verdi. Herkes bunu güvenlik gerekçesiyle yaptığı düşünsede biz aynı kanıda değildik. Çünkü Demirel bire bir temasa önem verdiğinden konuşma yaptığı yerden herkesi görmeyi, herkesin de onu görmesini isterdi. Kürsünün bu imkanı sağlamadığını düşünüyordu şüphesiz.

Bütün korumalar ayağa kalkarak Demirel'in çevresini sardılar. Süleyman Bey bu durumdan rahatsız olmuştu. Yüzünü buruşturarak eliyle korumalara "çekilin" şeklinde bir işaret yaptı. Korumalar çaresiz geriye çekilmek zorunda kaldılar. Demirel bununla da yetinmemiş ve halka dönerek,

"Şöyle gelin ve önümü doldunu sizleri görmek istiyorum" demişti. İşte olanlar o anda oldu ve alanda bulunun yüzlerce insan protokolün oturduğu platforma doğru koşmaya başladı. Bizler halkın arasında kalmış ve ezilmek üzereydik. Herkes şaşkındı; emniyet müdürü ve korumalar ne yapacağını bilmiyordu. Çünkü alınan tüm güvenlik önlemleri boşa gitmişti. Her an İzmit'teki tatsız olay burada da yaşanabilir duruma gelmişti. Demirel dışında herkez tedirgindi.

Tedirgin olanlar arasında hiç şüphesiz Nazmiye Hanım'da vardı. Her hareketi ile tedirginliğini hissettiriyor ve sürekli Demrel'e bir şeyler söylüyordu. Ne dediğini tam olarak duyamamakla beraber Demirel'in

"Birşey olmaz merak etme" sözlerinden bir yorum yapabiliyorduk. Belli ki Demirel'i uyarıyor, o ise buna karşı çıkıyordu.

Tam Demirel konuşmaya başlayacaktı ki Nazmiye Hanım daha fazla dayanamayacak olacak espiriyi patlattı:

"Çağır çağır da bizi ezsinler!"

Nazmye Hanım'ın bu sözünü bizler ve Demirel dışında kimse duymamıştı. Espirili kişiliği ile tanınan Nazmiye Hanım kendi üslubu ile kızgınlığını dile getirmişti.

Süleyman Bey konuşmasını büyük bir coşku ile tanımladı. Saldırının şokunu üzerinden atmıştı. Bir fırsatın bulup;

"Efendim saldırı konusunda bir değerlendirmeniz olacak mı? Yeni bir saldırıdan çekinmiyor musunuz?" şeklindeki sorularımıza,

"Neden çekineyim. Bakın bir şeyim yok" diye karşılık verdi.

Görülen oydu ki, suikast girişimi kendisinin dışında herkesi etkilemişti. Demirel, halkı önüne çağırma huyunu hiç değiştirmedi. Halkı göremediğini düşündüğü her yerde onları hep önüne çağırdı.

Aslında haklıydı. "Demir'den korkan trene binmez" diye boşuna dememişler. Darbeler bile onu korkutamamıştı onu, 7.65 çapında Kırıkkale yapımı bir silahtan mı korkacaktı?

Acı Bir Tebessümün Hikayesi

9. Cumhurbaşkanı Demirel'in ifadesiyle, *"Bölücübaşı"*, gerçek adıyla Abdullah Öcalan başarılı bir operasyonla yakalanmış ve Türkiye'ye getirilmişti. Kimse beklemiyordu böyle bir gelişmeyi; Binlerce masum insanın canına mal olmuştu bu adam. Aynı sevgili arkadaşım Olgun Gökmen'in şehit olmasına neden olduğu gibi.

Askere gitmeden bir iki gün önce yüz yüze görüşmüştük son olarak. Uzun süre sohbet ettik ve gitti. Hepsi o kadar. 3 aylık acemiliğini tamamladıktan sonra beni aradı ve Ankara'da olduğunu söyledi. Ama bir türlü görüşemedik. Bingöl'e çıkmıştı kurası. Morali biraz bozuktu. 15 ayın nasıl biteceğini soruyordu bana çaresiz. Ben de her zaman ki şakacı tavrımla,

"Oo bak bir şey kalmamış 15 ay dediğin nedir?" diye takılıyordum. Bingöl'den de beni aradı. Sesi titriyordu.

"Burada her gün operasyon oluyormuş" diye tamamladı sözlerini.

Sevgili arkadaşımın sesini son kez duyuyordum. Telefonu bir daha açmamak üzere kapattı. İki gün sonra başka bir arkadaş beni arayarak, Olgun'un ismini gazetede okuduğunu ve şehit düştüğünü söyledi. Çıldırdım, elimdeki telefonu parçaladım ve dakikalarca ağladım. İnanmak istemedim, evini aradım annesi çıktı telefona. O anı hayatım boyunca unutamam. Annesi:

"Oğlum seni çok severdi dua et" diyebildi. Daha fazla konuşamadık. Teslimiyeti ve Yüce yaratıcısına olan samimiyeti beni derinden etkilemişti.

Ateş düştüğü yeri yakarmış gerçekten. Olgun'un şehit düşmesi Öcalan'a olan kinimi bir kata daha arttırmıştı. Öcalan'ın yakalanması herkes kadar beni de memnun etti. Ama hep sonrası düşündürüyordu beni. Acaba hükümet Öcalan'ı asabilecek miydi?

Kişisel görüşüm bunun hiç bir zaman gerçekleşmeyeceği yönündeydi. Hükümet "devletin ali menfaatlerini" gerekçe göstererek bir türlü yanaşmıyordu idama. Şehit aileleri ayaklanmış, bu karara bir anlam veremiyorlardı.

İşte bu günlerde bir grup şehit yakını Çankaya Köşkü'ne çıkarak Demirel'e dertlerini anlatmak istediler. Çankaya Köşkü'nde şehit yakınlarıyla Demirel arasında geçen diyaloğu yorumsuz size aktarıyorum. Size bırakıyorum bu konuşmanın değerlendirmesini. İşte yüreği yanan bir grup insan ile Demirel'in arasında geçen konuşma.

Bu konuşmada aradığınız her şeyi bulabilirsiniz; "Dün dündür bugün bugündür" sözünün gerçek anlamını, çaresizliği ve isyanı, yanan bir yüreğin tosladığı devletin yüksek menfaatlerini:

Şehit babası (Kırıkkale Şehit Aileleri Derneği Başkanı Mehmet Gencer):

- 3 siyasi parti liderinin 550 milletvekili kullanmasını demokrasiyle bağdaştıramıyoruz. 'Devletin yüksek menfaatleri için' denilenerek, çocuklarımız askere alındı ve şehit oldu. Şimdi de 'Devletin yüksek menfaatleri' denilerek Apo'nun idamı durduruluyor. Eğer Apo asılmazsa bize verilen Devlet Övünç Madalya'larını iade edeceğiz. Bu madalya bize ağır geliyor.

Demirel:

- Sizin acınız benim acımdır. Onlar milletin şehitleridir. Sizi çok iyi anlıyorum. Biraz sabır lazım. Şehitlerin ruhunu rahatsız etmemek lazım. Hukukun icapları yapılacaktır. Kimseye taviz veriyor değiliz. AB şartlarını kabul ettiysek, size ne oluyor diyemeyiz. Bu karar meclisin önüne gelecektir. Hiç telaşa gerek yoktur. Bu madalya devlet tarafından verilmiştir. Bunların sahipleri şehitlerdir. Bu tavrınız fevkalade üzüntü verir. Biraz sabır istiyoruz. Meclis verilmiş kararda infaz ülkeye ne getirir ne götürür ona bakar. Türkiye'nin hükümranlığında en ufak bir taviz yoktur.

Şehit babası:

- Efendim şim siz diyorsunuz ki; devletin yüksek menfaatlerinin gereği yapılıyor. Devleti yönetenler, bizim seçtiğimiz insanlara güvenin gereği yapılacak diyorsunuz..

Demirel:

- Öyle diyorum.
Şehit babası:
- Efendim biz devlete güvenmemiş olsaydık çocuklarımızı göndermezdik.
Demirel:
- Yapamazsın onu, oraya girmeyin hiç. Bakın birşey söyleyeyim; Çanakkaleye giden 250 bin kişininde anasıbabası vardı. Vatan için görev var dendiği zaman benden başlayarak herbirimize... Kimsenin iradesine bırakılmamış, o vatandaş olmanın anayasal şartı. Göndermem olur mu?
Şehit babası:
- Efendim sözümü tamamlamamıştım daha.
Demirel:
- Tamamla tamamla. Cümlenin başı iyi değil. Sonun nasıl geleceğini iyi biliyorum.
Şehit babası:
- Hayır efendim bizi çocuklarımızı devletin ve milletin güvenliği için gönderdik. Ama şimdi siz diyorsunuz ki; sabredin. Sabrın sonunda Apo asılmayacak biz bunu çok iyi biliyoruz.
Demirel:
- Dur bakalım canım sabredin dedik ya.. Sabrın sonu olur mu? bi sabredin.
Şehit babası:
- Efendim bu süre içinde idam yasalardan kaldırılacak. AİHM kararını verdiği zaman yasalarda idam cezası olmayacak ve Apo'da asılmayacak.
Demirel:
- Dur bakalım kardeşim bir dakika.. Yani herşeyi oldu bitti anlamında söylüyorsanız; Meclis'e güvenim var diyorsunuz o zaman bunları hepsini silip atıyorsunuz.
Şehit babası:
- Efendin idam dosyası meclise gelsin.
Demirel:
- Gelecektir kardeşim gelecektir.
Şehit Babası:
- Ama iki sene sonra gelecek.

Demirel:
- Ne biliyorsun iki sene sonra geleceğini.
Şehit babası:
- Efendim dosya bugün göndersinler.
Demirel:
- Onların da bir bildiği vardır canım müsade et yani. Ne söylüyoruz size, meclise gelmeden kimse birşey yapamaz. Hükümet, parlamento üstüne düşeni yapıyor. TC Anayasasına göre harfiyyen yapılması lazım gelenler yapılacaktır.
Şehit babası:
- Efendim 3 lideri bunu bekletmeye hakları var mı?
Demirel:
- Parlamento var. Parlamento getir buraya derse ve çoğunlu o istikamette düşünmüşse böyle hareket eder. Biraz sisteme inanın o zaman çok rahat olacaksınız.
Şehit babası:
- Peki efendim madalyalar konusundaki kararımızı size arzettik. Kabalık kabul etmeyin, özür diliyorum ama biz bu kararı uygulayacağız. Bu dosyanın meclise gelmesini bekliyoruz.
Demirel:
- O sizin bildiğiniz iş. Yani bana geldiniz 'baba' diye geldiniz. Ben de size diyorum ki; bakın endişe etmeyin. Şehitler milletin evlatlarıdır. O madalyaların size verilmesi ailevi bir münasebetinizin olmasındandır.
Şehit annesi:
- Sizleri yanımızda göremedik.
Demirel:
- Her zaman yanınızdayım, her zaman şehitlerin yanındayım.
Şehit babası:
- Peki efendim sizin meşhur bir sözünüzle cevap vereyim; Bize iki sene sonra, 'Dün dündür, bugün bugündür' denirse ne yapacağız.
Demirel:
- Dur bakalım iki seneye varacak mı?
Şehit babası:
- Biz varacak mıyız?

Demirel:

- Hayır hayır mesele iki seneye varacak mı? Ne olacak bilmiyorum.

Şehit babası:

- Aynı sözleri duyarsak ne olacak?

Demirel:

- O zaman bugün yapacaklarınızı, o gün yaparsınız.

Şehit babası:

- Bugün yapacağımızı bugün yapacağız.

Demirel:

- O gün yapacağını bugün yaparsan yanlıştır. O gün yapacağını o gün yap olur mu?

Şehit babası:

- (Diğer) Bu madalya oğlumun canının bedelidir. Oğlum 4 ay askerlik yaptı ve bu madalyayı haketti. Bir gün yapsada hak edecekti. Ama devletin verdiği madalyayı övüne övüne takamıyorum. Şehit annelerinin hepsi hüsran içinde . Şehit ailelerinin huzuru kalmadı. Artık bu Apo zatından tiksinti gelmiştir.

Demirel:

- Söylediklerinizi gayet iyi anladım. Acılarınız benim acımdır, milletin acısıdır. Sizi inciltecek birşeyin yapılmasına kesinlikle taraf olmam. Size tavsiyem biraz sabırdır.

Şehit babası:

- Nasıl sabredelim efendim? Bir oğlum vardı şehit verdim ocağım kapandı. Daha nasıl üzülmeyeyim. Bütün basın Apo'nun asılmamasını istiyor, bütün kalemler bunu yazıyor. Hakkari'de 11 şehit verildi iki satır yazı çıktı. Benim hakkım bu devlete helal değildir; ne zamana kadar, bu hain asılıncaya kadar. Benim hakkım helal değil. Beni bağışlayın.

Demirel Ben düşüncelerinizi aldım, ben de düşüncelerimi söyledim. Sizlere sabır tavsiye ediyorum.

Ve heyet boynu bükük Çankaya Köşkü'nü terkederken, yüreğimde bir acı hissettim: Rahmetli Olgun'un acısıydı bu ve binlerce Olgun'un.

Ruhunuz şadolsun..

Acemiliğin Kurbanı

Demirel'i izlemeye başladığımda muhabirlikte ikinci yılımı tamamlamıştım ama yine de tecrübeli sayılmazdım. Basın kartımı bile almamıştım. Hani "çömez" derler ya işte aynen öyle. Demirel'i izleyen arkadaşımız askere gittiği için "mecburiyetten" verilmiştim bu göreve. İsmini ve fotoğrafını sadece gazetelerde gördüğüm o efsane ismi şimdi yakından tanıma imkanına sahip olacaktım. Önemli bir görevin verildiğinin farkındaydım ama korkmuyor sadece çekiniyordum.

Bizim meslekte deneyimliler yeni muhabirlere çeşitli oyunlar oynayarak eğlenirlermiş. Babı Ali'de şefinin yeni muhabire,

"Bu gün cemre toprağa düşecekmiş. Makinanı al ve bekle, o fotoğrafı istiyorum" dediği çok konuşulur. Zavallı stajer muhabirin saatlerce elinde makine, gök yüzünü seyrettiğini keyifli keyifli anlatırlardı.

Bizim meslekte yapılan hatanın telafisi yoktur. Siz dikkatsiz olabilirsiniz ama okur her zaman dikkatlidir. Tüm yayın kurulunun gözünden kaçan küçük bir ayrıntı, Van'ın Gevaş ilçesinin yamaçlarında koyunlarını otlatan bir çobanın gözünden kaçmayabilir.

İşte böyle bir korkuyla başladım Çankaya'lı günlere. "İyi bir gazeteci hiç bir zaman teyp kullanmaz" sözünü gazetemizin o tarihteki Başyazarı Fehmi Koru'dan öğrenmiştim. Ama ben henüz iyi bir gazeteci değildim ve teyp kullanmamam da mümkün değildi. Karşınızdaki kişinin 50 yıllık deneyimle kelimeleri yoğuran bir politikacı olduğunu düşünürseniz, hata yapmanız içten bile değildi. Teyp kullanınca az hata yapacağımı düşünmüştüm o tarihlerde. Ama hata yapmamak için bunlar yeterli olmuyormuş meğer.

Bir sabah kalktığımda Dinar'da deprem olduğunu öğrendim. Anlatıldığı kadarıyla büyük bir felaketti. Yüzlerce insan enkaz altında kalmış ilçede can pazarı yaşanıyordu. Demirel sabah erkenden deprem bölgesine giderek incelemelerde bulundu. Ve o tarihten sonra Demirel onlarca kez Dinar'a gitti.

Sanıyorum depremin üzerinden 10 aya yakın bir zaman geçmişti. Süleyman Demirel yapımı tamamlanan deprem konutlarının anahtarlarını teslim edecekti. Sabah erken saatte yola çıkıp Dinar'a girdiğimizde güneşli bir hava karşıladı bizi. Demirel Dinar'a geldiğinde ise hemen törenlere geçildi. 9'uncu Cumhurbaşkanı Demirel, söz verildiği gibi konutların tamamlandığını söyledi ve büyük bir gururla depremzedelere konutların anahtarlarını teslim etti.

O dönemde RP-DYP koalisyon hükümeti vardı. Bayındırlık ve İskan Bakanı ise Cevat Ayhan'dı. Programın son durağında bir ilköğretim okulunun açılışı gerçekleştirilecekti. Hava sıcak olduğundan bir fırsatını bulup yeni açılacak okulun tuvaletine çıkarak serinlemek istedim. Tam elimi yüzümü yıkamıştım ki hemen arkamdan Demirel'in okula girdiğini fark ettim.

Ama bir gariplik vardı. Demirel'in yakınında hiçbir basın mensubu yoktu. Merdivenlerden aşağıya baktığımda korumalarının kapıları kapatarak kimsenin içeri girmesine müsade etmediğini gördüm. Kısa bir şaşkınlık sonrasında tekrar tuvalete doğru yöneldim. Sonra kendi kendime,

"Eğer olağanüstü birşey varsa herkesi atlatma şansını yakaladım" diye düşündüm. Demirel, benim bulunduğum kata çıktı ve doğruca kendisine gösterilen bir odaya girdi. Arkasından da onlarca koruma. Bir garip telaş yaşanıyordu ama ben buna bir anlam veremiyordum. Bu arada görünmemek için de elimden geleni yapıyordum. Korumaların beni farkedip dışarı çıkarmaları an meselesiydi.

Tam bu sırada okul içinde yabancı kimsenin olmadığını düşünen korumalar yüksek sesle telsizle konuşuyorlar "çok acele" anonsuyla ismini tam duyamadığım bir kişiyi çağırıyorlardı. Bir tedirginlik ve endişe hakimdi. Ne olmuş olabilirdi? Birden beynimde bir şimşek çaktı. Yoksa Demirel rahatsızlanmış mıydı? Eğer gerçekten böyleyse müthiş bir fırsat yakalamış olacaktım ve acemilik dönemimde rüştümü ispat edecektim. Kimse yoktu içerde, bir ben ve fotoğraf makinam.

Bu düşüncelerle boğuşurken birden okulun kapısının tekrar açıldığını hissettim. Takım elbiseli bir kişi koşar adımlarla merdivenleri tırmanıyor, bir taraftandan da elindeki çantayı açmaya çalışıyordu. Bu kesin Demirel'in özel doktoruydu ve bir terslik vardı. Artık bundan emindim. Demirel'in özel doktoru kan ter içinde kalmış bir halde önündeki son merdiveni atlamak isterken olanlar oldu ve ayağı takılarak boylu boyunca koridora uzandı. Heyecanım iki kat artmıştı. Doktorun elinden düşen çanta açılmış ve içindeki tıbbi malzeme ve haplar ortalığa saçılmıştı. Korumaların yardımı ile ayağa kalkan doktor, üstünübaşını toparladıktan sonra derin bir nefes alarak Demirel'in bulunduğu odaya girdi.

Ben de nefesimi tutmuş kapı aralığından olanları izliyor ve yapacağım haberi kurguluyor, hatta başlık bile çıkarıyordum: "Şok gelişme. Demirel rahatsızlandı..", "Süleyman Bey Dinar'da fenalaştı.. vs."

Artık şüphem kalmamıştı. Demirel rahatsızlanmıştı ve kimseyi yukarıya almıyorlardı. Korumaları koşturması da ondandı. Artık sessizce bekleyip bundan sonra olacakları gözleyecektim.

Acaba, Demirel'i arka kapıdan mı çıkaracaklardı? Yoksa helikopter mi çağıracaklardı? Ya da en yakın sağlık merkezine mi götüreceklerdi? Demirel ve özel doktoru dakikalardır içerdeydiler ve amansız bekleyiş hala sürüyordu. Bense kendimi sıkmaktan ter içinde kalmıştım. Tam o sırada Demirel'in bulunduğu odanın kapısı aralandı ve tüm korumalar o tarafa doğru koşturdu. Elinde bir peçete dışarı çıkan Demirel, göz pınarına biriken yaşları siliyor bir taraftan da ceketini ve kravatını düzeltiyordu. Gözleri kızarmıştı; bunu bulunduğum yerden rahatlıkla görebiliyordum. Doktorun yüzünde ise bir rahatlama vardı. Süleyman Bey, merdivenlerin başında bir süre daha bekledi ve elindeki peçete ile gözlerini bir kez daha sildi. Koruma Müdürü Şükrü Çukurlu'ya "hazırım" der gibi bir işaret yaptı ve merdivenleri inmeye başladı.

Sıkıntılı bekleyiş bitmiş ve korumalar bulunduğum katı terketmişlerdi. Koşar adımlarla aşağıya inerek diğer gazetecilerin ne yaptığına baktım. Hepsi bir kenara oturmuş şakalaşıyorlardı. Anlaşılan hiç kimsenin bir şeyden haberi yoktu.

İş tamamdı. Yapmam gereken biraz sakin olup en uygun yerde haber merkezini uyarmaktı. Tam bu sırada bir söylenti yayıldı. Güya Bayındırlık ve İskan Bakanı Cevat Ayhan'ın tansiyonu düşmüş ve Demirel'in doktoru onun yanına gitmişti. Kimse basit bir tansiyon düşmesiyle ilgilenmedi. Böyle bir şeyin olması mümkün değildi; çünkü tüm olayları gözümle görmüştüm. Demirel ilçeden ayrılırken tenha bir yerden gazeteyi arayarak olanları bir nefeste anlattım.

Ama işim burada bitmiyordu. Her ne kadar olayları gözümle görmüş olsam da bir şekilde bunu teyit etmem gerekiyordu. Bir saat sonra ilçede hiç bir basın mensubu kalmamıştı ama ben bekliyordum. Bir fırsatını bulup belediye başkanının odasına daldım. Biraz sohbetten sonra konuyu aktararak kendisinin bu konuda bir bilgisinin olup olmadığın sordum. Cevat Ayhan'ın tansiyonunu düşüp düşmediğini sordum. Bana

"Yok öyle birşey yok. Cevat Ayhan'la tören sonuna kadar beraberdik. Bu olay olsa haberim olurdu" dediğinde haberimin doğruluğuna iyice emin oldum. Olay kesindi; Demirel rahatsızlanmış kimseyi şüphelendirmemek için de Cevat Ayhan'ın tansiyonu düşmüş balonu atılıştı.

Tam belediye başkanının odasından çıkacağım sırada iki doktorun görev yerlerine dönmek için yetkililerden izin istediklerini farkettim. Doktorların yanına yaklaşarak neden burada olduklarını sordum. Verdikleri cevap benim şüphelerimi doğruluyordu:

"Bizler özel olarak çağrıldık. İki arkadaş beyin cerrahıyız. Bize sıkı sık Süleyman Demirel helikopterine binene kadar buradan ayrılmayın ve en yakın sağlık merkezini hazır tutun talimatı verildi."

Artık rahat bir nefes alabilirdim. Demirel'in rahatsızlanma ihtimali üzerinde duran yetkililer böyle bir yola başvurmuşlardı. Güzel bir akşam yemeğinden sonra gecenin ilerleyen saatlerinde Ankara'ya geldim.

Sabah olmuyordu bir türlü. Ne de olsa ilk atlatma haberimi yapmıştım. Ertesi sabah gazete bayisine koşarak birinci sayfadaki haberime gururla baktım;

"Demirel korkuttu. Cumhurbaşkanı Süleyman Demirel deprem konutlarının teslimi için gittiği Dinar'da rahatsızlandı. Demirel'e ilk müdahaleyi özel doktor yaptı vs." Haber böyle uzayıp gidiyordu. Haber merkezine geldiğimde diğer gazetelerin cumhurbaşkanlığı muhabirlerinin beni aradığını öğrendim.

Masama oturur oturmaz çalan telefonu kaldırdım. Karşımdaki kişi Milliyet Gazetesi'nin Cumhurbaşkanlığı Muhabiri Serpil Çevikcan'dı. Sitem dolu bir sesle,

"Sen ne yaptın böyle?" dedi. Ben de olanları kendisine anlattım ama o beni dinlemiyor, haberin yanlış olduğunu savunuyordu. İkna olmamış bir halde telefonu kapattı.

Suratımdaki o mutlu tebessüm öğlen saatlerine kadar sürdü. Çalan telefonun ucundaki kişi Çankaya Köşkü'nde görev yapan haber kaynaklarımdan birisiydi.

"Edip ne yaptın? Demirel hasta falan olmadı! Yanlış haber yazmışsın" dedi. Sesi o kadar kararlıydı ki büyük bir yanlış yaptığımı işte o zaman anladım ama iş işten geçmişti.

Bir nefeste bana orada yaşanan olayı anlattı:

Demirel uzun zamandır göz tansiyonundan şikayetçiymiş. Gözüne 8 saatlik arayla günde 3 kez özel bir damla damlatılması gerekiyormuş. Bu damla Demirel'in yükselen göz tansiyonunu düşürüyor ve rahatlatıyormuş. Nerede olursa olsun bir fırsatı bulunup bu damla doktor gözetiminde kullanılıyormuş. Dinar'da törenin uzaması sebebiyle damlanın saati geçmiş ve doktor o an bulunamadığından kısa bir süre panik yaşanmıştı. Görevinin ciddiyetini bilen doktor da acele etmek isterken ayağı takılmış ve yere düşmüştü.

Meğer Demirel'in gözündeki kızarıklığın ve sulanmanın sebebi de o damlalarmış. Yani Demirel'in rahatsızlandığı falan yokmuş. Bütün beyin hücrelerimin uyuştuğunu hissediyordum. Gözlerim kararıyor ve vücudumdan ter akıyordu. Titrek bir sesle,

"Peki o zaman neden beyin cerrahı iki doktoru hazır tuttunuz?" diyebildim. Kendisi bu uygulamanın rutin bir uygulama olduğunu ve her seyahatte uygulandığını söyledi.

Artık her şey bitmişti. Ters köşeye yatmış ve acemiliğimin kurbanı olmuştum. Telefonu kapattığımda uzun süre yerimden kalkamadım. Haber müdürünün odasına utangaç bir tavırla girip olayı anlatmak istedim ama yapamadım. Artık Çankaya'dan gelecek açıklamayı bekliyordum. Akşama kadar bekledim ama hiç bir açıklama gelmedi. Biraz daha rahatlamıştım.

Yıllar geçti ve ben bir daha bu hataya düşmedim. Demirel her gezisinin uygun bir yerinde doktorunu yanına çağırarak göz damlasını kullandı. Her acemi muhabirin başına gelenler benimde başıma gelmişti. Ama bu olay bana öyle bir ders oldu ki, bir daha benzeri hataya hiç bir zaman düşmedim.

Durduk yerde Süleyman Bey'i hasta ilan etmiştim. Eminim Demirel haberimi,

"Ne bu acemi muhabirlerden çektiğim" diyerek okumuştur..

Gitgel Isparta Kaç Saat

Isparta.. Isparta.. Isparta... Demirel'i ve gülleriyle ünlü göller bölgesinin o güzel şehri. Demirel anılarında Isparta'dan bir başka söz eder: Küçük yaşlarda köyünün ve Isparta'nın bozuk yollarına iç çeker, bir gün bu bölgeye refah ve mutluluk getireceği günleri hayal edermiş. 1930'lu ve 40'lı yıllarda sadece Isparta değil tüm Türkiye böyleymiş aslında.

Bu azimle başarı merdivenlerini hızla tırmanan Demirel, devlet hizmetinde bulunduğu 50 yıl süresince, Isparta'yı ve İslamköy'ü hiç ihmal etmedi. Günümüzde İsparta'nın her köşesinde 'Demirel mührü' rahatlıkla görülür. Yolları bozuk, binaları harap ve işşisizliğin kol gezdiği Isparta'nın yerinde şimdi son derece modern bir şehir oturuyor. Çift şerit yollarıyla, hastane, fabrika ve üniversitesiyle yeni bir şehir kurulmuş durumda. İslamköy'ün yolları bile bazı şehirlerde olmayacak güzellikte. Sadece İslamköy mü? Isparta'nın tüm ilçeleri Demirel'in cömertliğinden gerektiği kadar faydalanmışlardı.

Şevket Demirel'in yatırımlarının da bu bölgede yoğunlaşması Isparta'nın kalkınmasını hızlandırdı. Son olarak havaalanı eksikliği hissedildi. Bir kuş neslinin yok edilmesi pahasına kısa sürede havaalanı da yapıldı. THY haftada iki uçuş koydu Isparta'ya. Seferler, koltukları doldurulamayan uçaklarla gerçekleşse de kimse buna aldırış etmedi. Ne de olsa Baba'nın mekanıydı burlar. Sonra yanlış anlaşılırdı.

Havaalanı Burdur ile Isparta arasına yapılmıştı. Ama Burdun halkı bu durumdan memnun değildi. Çünkü, onların başka öncelikli ihtiyaçları vardı. 10 yıl önce temeli atılan çarşı çesmesi bile bitmemişti. Ne yapacaklardı onlar havaalanını? Ayrıca kırgındılar Demirel'e. Isparta'ya verilen değerin kendilerine verilmediğini düşünüyorlardı. Bir vesile ile çıktıkları Çankaya Köşkü'nde,

Demirel'i Burdur'a davet etmişlerdi. Birden istatistiklere bakmak geldi aklıma. Karşıma ilginç bir tablo çıktı: Burdur-İsparta arası yaklaşık iki saatlik yol olmasına rağmen Demirel, Burdur'a hiç gitmemişti.

En büyük şansları olan Isparta, Burdur için birden dezavantaj konumuna gelmişti. "Isparta'ya var da bize yok mu?" şarkısını avaz avaz söyleseler de değişimi bile değiştiren Demirel'in yolu nedendir bilinmez Burdur diyarına hiç düşmedi.

....

Demirel konuklarını Isparta'ya getirmekten mutluluk duyardı. Bu sefer ki konuğu ise Azerbaycan Devlet Başkanı Haydar Aliyev'di. Aliyev Demirel için, Demirel'de Aliyev için çok önemliydi. Hani derler ya 'kardeşten öte' diye, işte aynen öyle. Hele hele Azerbaycan'daki darbe girişiminden sonra Demirel-Aliyev ikilisinin yakınlığı daha da arttı. Birbirlerine kardeşim diye hitap eder duruma geldiler. Demirel'in görev süresinin dolmasına kısa bir zaman kala hafta da bir Türkiye'ye gelen Aliyev, siyasilere "Aman Demirel'i bırakmayın onun görev süresini uzatın" diyerek sevgisini dile getirdi.

Aliyev, nazik daveti kabul ederek Isparta'ya gelmeye karar vermişti. Gazeteciler için uçak kaldırılmış, haliyle bize yine uçakta yer kalmamıştı ! Demirel ve Aliyev Isparta'da ilk olarak Şevket Demirel tarafından yaptırılan kalp merkezinin açılışını gerçekleştirdiler.

Yorucu açılış programının son durağında, Süleyman Demirel Üniversitesi tarafından Aliyev'e fahri doktora verilecekti. Aynı üniversitenin bir yıl önce, bu kez Şevket Demirel'e doktora verdiğini hatırlatmakta yarar var. Yani üniversite fahri doktora vereceği isimleri iyi seçiyordu.

Açılışlar sonrası iki Cumhurbaşkanı; Süleyman Demirel Parkı'nın yanından geçen Süleyman Demirel Bulvarından hareketle, Süleyman Demirel Kültür Merkezi'nin önünden geçerek, Süleyman Demirel Üniversitesi'ne hareket ettiler. Süleyman Demirel Hatıra Ormanı'nın yanında bulunan Süleyman Demirel Tıp Fakültesi Araştırma Hastane'sinin inşaatında incelemede bulunarak,

Süleyman Demirel üst geçidinin altından ve Süleyman Demirel Botanik Parkı'nın yanından geçildikten sonra üniversiteye gelindiğinde hava kararmıştı. (Güzergahı abarttığımı düşünenler gidip Isparta'ya kendi gözleriyle görebilirler. Önünden geçtiğimiz Süleyman Demirel nalburcusunun adını ise yazmaya gerek görmedim!)

Üniversitede kürsüye önce Demirel çıktı. Çok güzel tasarlanmış salonda konuşuyor biz de gözlerimizi dinlendiriyorduk. TC'nin kuruluşundan başladı söze:

"İgneden ipliğe her şeyi ithal eden Türkiye, günümüzde kendi ayakları üzerinde durmayı başarmıştır. 1923 yılında 3 bin doktor varken şimdi 65 bin doktoru olan bir Türkiye.." Bunu öğretmen ve hemşire sayıları izledi. Daha sonra öğrenci sayısı.. Barajların ve sanayi tesislerinin durumu domates üretimi vs....

Sözlerini Isparta'ya yapılan yatırımlara getirdi:

"Eskiden Isparta'dan İslamköy'e 4 saatte giderdik. Şimdi öyle geniş yollar yaptık ki, Ankara'dan Isparta'ya karayolu ile 3.5 saatte gider duruma geldik" diyerek, sözlerini sürdürmek istediği sırada, salonun derinliklerinde bir ses yükseldi:

"Hayır efendim 6 saat !"

Herkes şaşırmış sesin nereden geldiğini bulmaya çalışırken, sözünün kesilmesinden rahatsız olan Demirel, bir süre durakladıktan sonra muhatabını görmeden:

"3 buçuk saat !" diye mırıldandı.

Muhalif sesin susacağı yoktu;

"Hayır efendim 6 saat... 6 saat"

Demirel'e sıra gelmişti:

"3 buçuk saat"

Bu arada salonda bulunanlar daha fazla dayanamamış kahkaha tufanı başlamıştı.

Demirel "3 buçuk saatte" gidilir diyor, muhatabı ısrarla aksini savunuyordu. Peki kimdi bu kişi. Hem Demirel'in sözünü kesecek kadar cesur, hem de aksini söyleyecek kadar inatçıydı. Fazla geçmeden bu kişinin sinirleri yıpranmış bir bayan olduğu anlaşıldı.

Demirel biraz daha sertleşerek,

"Otur bakayım otur 3 buçuk saatte gidilir. Sen bilmiyorsun!" dedi.

Muhalif ses bastırdı:

"Efendim 6 saatte gidiliyor ama!"

Demirel daha fazla dayanamayarak devam etti:

"Dur bakayım dinle önce. Ankara'ya 3 buçuk satte gidilir. 6 saatte giden yavaş gitmiştir. Sen yolda durup alışveriş yaparsan tabi 6 saatte gidersin!"

Demirel'in bu sözleri salondaki kahkahayı iki katına çıkardı. Artık herkes konudan kopmuş, yanındakinin omzuna yaslanarak kahkaha atıyordu.

Süleyman Demirel sözlerini sürdürürken bayan hala bağırıyor ve bir şeyler anlatmaya çalışıyordu. Demirel durumun ciddiyetini anlayarak,

"Kızım bak eğer konuşmak istiyorsan gel Ankara'ya, ben seni dinleyeceğim" dedi.

Bu davet üzerine sakinleşen bayan sessizce yerine oturdu.

Konuşma sırası Aliyev'e geldiğinde, muhalif bayan tekrar devreye girdi. Aliyev sözlerinin ortasına gelmişti ki aynı ses yine yükseldi:

"Efendim benim annem diyabetli onun için Azerbaycan'a diyabet hastanesi yaptıracağım. Bundan hiç endişeniz olmasın!"

Aliyev'de durumu anlamış olacak ki gülümseyerek,

"Biz de hepimiz size minnetar galırık" deyince salonda başka bir kahkaha daha koptu. Bu boşluktan yararlanan korumalar muhalif bayanı dışarı çıkarken yine bağırmaya devam ediyor, kuracağı hastanesinin özelliklerini anlatıyordu.

Aliyev söze bir girmiş pir girmişti. Tam sözlerini bağlayacağını düşünürken, yeni bir cümleye giriş yapıyordu. Yaklaşık 1 buçuk sattir konuşuyordu ama hiç yorulmuş bir hali yoktu. Allah'tan salonun ışıkları karartıldığından uyuklayanların sayısı belli olmuyordu. Aliyev, konuşmasını son bölümünde konuyu yine Demirel'e getirerek görev süresinin uzatılmasını istedi.

Aliyev 95 dakikalık muhteşem konuşmasını, "Yaşasın büyük Türkiye, yayaşın büyük Azerbaycan" diyerek bitirirken büyük alkış aldı. Bu büyük alkışa uykudan uyananlar da katılınca coşku daha da arttı. Aslında alkışın büyük kısmı konuşmanın bitmiş olmasındandı ama olsun yine de görülmeye değer bir tabloydu. İki Cumhurbaşkanı Ankara'ya doğru yola çıkarken bu sefer farklı bir güzergah kullandılar.

Merak etmeyin canım yeni güzergahın detaylarını vermeyeceğim size. Yola çıkmaya hazırlanırken meslektaşlarımız arasında Ankara'ya 3 buçuk saatte gidilip gidilmeyeceği konusunda iddialaşmalar başlamıştı bile. İddia hayata geçti ve yola çıkıldı. Başkalarını bilmem ama biz 5 buçuk satte girdik Ankara'ya. Bu yolu 3 buçuk satte giden olmadı mı dersiniz? Olmaz mı oldu tabi. Ama ellerinde radara yakalanmaktan kaynaklanan iki trafik cezasıyla birlikte kazandılar bahsi.

Tahminlerime göre, Demirel dünyanın her yerinde geçerli olan hız sınırı uygulamasını unutarak 3 buçuk saat demişti. Yoksa trafik canavarı ile mücadele için onlarca toplantıya katılan Demirel, böyle bir şey dermiydi?

Ne dersiniz denemeye değer mi?

Şimdi Neresini Çizelim

Süleyman Demirel'in hayatını ve söylediklerini bir bütün olarak ele almak mümkün değildir. Eğer böyle bir genellemeye gidilirse temel bir yanılgının içine düşmek kaçınılmaz olur. Demirel'in sözlerini ve tavırlarını zaman ve zemine göre değerlendirmek en doğrusudur. Bir köşe yazarı Demirel'in bu özelliğini,

"Söylediklerine muhalif cümleleri, yine onun söylediklerinde bulabilirsiniz" diyerek tanımlıyor. Söz konusu yazarın bu tesbitinde yanıldığını söylemek haksızlık olur. Zira; Başbakan olduğu dönemde başkanlık sistemini eleştiren Demirel, Cumhurbaşkanı olduktan sonra bu sistemin hararetli savunucusu olmuştur. Özal'ı çok gezdiği gerekçesiyle eleştirmiş, dünyada ayak basmadık ülke bırakmamıştır. 91 seçimlerinde emeklilik yaşını düşürmüş, Cumhurbaşkanı olduktan sonra emeklilik yaşının yükseltilmesi gerektiğini dile getirmiştir. Özal'ın görev süresinin uzatılmasını, "hanedanlık" olarak değerlendiren aynı Demirel, görev süresinin dolmasına kısa süre kala 5+5 formülüne karşı çıkmamıştır.

1978 yılında,

"İktidarı sola teslim edenler bunun vebalinden kurtulamaz" demiş, 1991 seçimlerinde içinde DEP'li milletvekillerinin bulunduğu SHP ile koalisyon yapmıştır. Yasaklı olduğu dönemde,

"Her olayın karşısına irtica diye çıkarsanız bu millete ters düşersiniz" demiş, 28 Şubat sürecinde muhafazakar kesimi oldukça kırıcı açıklamalar yapmıştır. Önce Özal'ın yetkilerini bypass etmiş, sonra da yetkilerinin arttırılmasını istemiştir.

Aynı Demirel, Türkiye'de il sayısının 100'e çıkarılmasının eyalet sistemi anlamına geleceğini söylemiş, sonra ise elinde plaka, ilçe ilçe gezmiştir. Yüzde 35 oyla Cumhurbaşkanı seçilmenin Çankaya'yı gasp etmek anlamına geleceğini dile getirmiş, daha az bir oyla Cumhurbaşkanlığı koltuğuna oturmuştur. ANAP çoğunluğunun seçtiği Cumhurbaşkanının gayrı meşru olacağını söylemiş, kendi görev süresi söz konusu olduğunda ise bunların hepsini unutmuştur. Önce Fethullah Gülen'in elinden *"Hoşgörü"* ödülünü alarak kendisini tebrik etmiş, sonra;

"Kendisini tanımam" demekte bir sakınca görmemiştir.

Örnekleri daha da çoğaltmak mümkündür. Demirel'deki bu değişimi kendisini çeşitli dönemlerde ziyaret edenler daha net olarak görebilmekteydi. AP döneminde gençlerin, "Nurcu Süleyman" diye slogan atmasını memnuniyetle karşılayan Demirel, Cumhurbaşkanı olduktan sonra bu insanlara "sakıncalı" olarak bakmıştır.

Bana anlatılanlarda bir hata yoksa Trajikomik olayımız meşhur Güniz sokakta geçiyor.

Demirel yasaklı olduğu dönemde sürekli heyetleri kabul ediyor ve onların hissiyatına tercüman olan çıkışlarda bulunuyordu. Daha fazla inanç özgürlüğü, baskıdan uzak, kimseye inançlarından dolayı farklı muamele yapılmayacak bir Türkiye tablosu çiziyordu. Yine bir heyet gelmiş ve bazı konularda Demirel'e sıkıntılarını aktarıyordu. Söz sırası kendine gelince projelerini bir bir sıraladıktan sonra,

"Bakın şu söylediklerime dikkat edin. Şunları şunları yapacağım. Bundan kimsenin şüphesi olmasın. Hatta bu söylediklerimin altını çizin ve başbakan olunca bunları bana hatırlatın" diyerek kendinden emin bir tablo çizer. Yıllar geçer Demirel başbakan olur. Demirel'i o gün ziyarete gidenler ellerinde altını çizkileri metine bakarken, yapılan icraatların bunun tam tersi olduğunu farkederler. Zorda olsa randevu almayı başarır ve makamına çıkarlar;

"Efendim Güniz Sokak'ta bize bir takım vaatlerde bulunmuş ve bunların altını çizin zamanı gelince bunları yapacağım, yapmazsam bana hatırlatın demiştiniz. Şimdi size bunları hatırlatmaya geldik" derler

Demirel bu altı çizili satırların kendisine hatırlatılmasından pek memnun olmaz daha doğrusu işi bu kadar ciddiye alacakların tahmin etmez.

Konuyu hemen toparlayıp konuşmaya başlar:

"O metin yanınızda mı?"

"Evet efendim yanımızda"

"Çıkarın o metni ve elinizi bir kalem alın. Aldı nız mı?"

"Aldık efendim"

"Tamam altını çizdiğiniz o satırların şimdi de üstüne bir çizgi çekin!"

İşte size bir Demirel klasiği. Siz siz olun, Demirel'in yanına geçmişte söylediği sözlerin yazılı olduğu bir metinle gitmeyin!

Madem Seviyorsunuz Toprak Verin

Süleyman Demirel'i önemli kılan özelliklerinden en önemlisi iyi bir hatip olmasıdır. Sürekli bu özelliği ile ön plana çıkan Demirel her zemin ve mekanda söyleyecek bir söz bulmuştur. En kritik sorulara verdiği ustaca cevaplarla kendisini köşeye sıkıntırmaya çalışan rakiplerini kündeye getirmeyi bilmiştir

Ne zaman, nerede, hangi hamleyi yapacağını bilemezsiniz. Sorduğunuz sorunun size tekrar soru olarak dönebileceğini hesap etmelisiniz her zaman.

Soru sorarken Demirel'den gelecek hamleye hazırlıklı değilseniz sonucuna da katlanmak zorunda kalırsınız. Demirel'e soru soran her meslektaşımın unutulması mümkün olmayan tecrübeleri olmuştur. Demirel'in dersini çok iyi çalışan bir siyasi lider olduğu unutulmamalıdır. Rakamlarla arası çok iyidir. Aynı anlama gelen bir cümleyi muhatabının kafasını karıştıracak çok farklı biçimlerde kullanabilir. İyi bir danışman ve arşiv kadrosu vardır. Araba kullanmasını bilmez ama hangi model aracın ne özellikleri var çok iyi bilir. Su kaynatan bir arabaya neler yapılacağını ustasından daha iyi anlatabilir. Bilgisayar kullanmaz ama piyasasını iyi bilir. Cep telefonu kullanmasa da Türkiye'de kaç abone olduğu ezberindedir. Ne zaman neye karşı çıktığını hiç unutmaz, şimdi niye savunduğu sorulduğunda verdiği cevapla hem o dönemde hem de şimdi söylediklerini haklı çıkarır.

Çoğu zaman olması gerekenleri söyler, hedef çizer. Çizdiği hedef hep daha iyisi ve ilerisidir. Hataların kimden değil neden kaynaklandığını dile getirir.

Demirel'in siyaset arenasında nasıl olupta bu kadar uzun süre başarılı olduğunu anlamak için bu özelliklerini dikkatle incelemek gerekir.

Burada anlatacaklarım Demirel'in hızlı düşünebilme ve hazır cevap olma özelliğiyle ilgili.

Uluslararası bir toplantı yapılıyordu ve konu oldukça hassastı. İkili ve bölgesel sorunlardan sonra konu dönüp dolaşıp PKK ve insan hakları ihlallerine geliyordu. Türk delegasyonu ülkede bir kürt sorunu olmadığını, sadece terör sorunu olduğunu anlatma çabası içindeydi. Tam bir beyin fırtınası yaşanıyor, heyetler arası görüşmelerin biri bitip bir diğeri başlıyordu.

Demirel fırsat buldukça basın mensuplarının yanına geliyor ve toplantıdan çıkan sonuçları değerlendiriyordu. Haliyle bizim sorularımızda PKK ve terör olayları çerçevesinde yoğunlaşıyordu. Demirel her zaman olduğu gibi önce bizim sorularımızı yanıtlayıp sırada bekleyen yabancı basın mensuplarının yanına gidiyordu.

Yabancı basın mensuplarının sorularının hepsi taraflıydı. PKK olayına bir bağımsızlık hareketi noktasından yaklaşıyor ve bu yönde sorular yöneltiyorlardı. Demirel bu sorulardan rahatsız olsa da bunu belli etmemeye çalışıyordu.

Bir gazeteci,

"Siz PKK'yı bir terör örgütü olarak mı tanımlıyorsunuz?" gibi garip bir soru sorunca Demirel;

"Peki onbinlerce insanı katledip, masum insanların kanına giren, 7 yaşındaki çocuk ile 70 yaşındaki ihtiyarı öldüren bir örgüte sen ne derdin?" diyerek mutatabına sertçe baktı. Gazeteci hiç beklemediği bu cevap karşısında susmakla yetindi.

Garip sorular bitmiyordu:

"Sayın Cumhurbaşkanı bu insanlara biraz toprak verseniz burada yaşasalar terör olayları da ortadan kalkar sanırım."

Artık kontrol Demirel'in eline geçmişti. Muhatabı basın mensubuna dönerek:

"Siz bu insanları bu kadar düşünüyor musunuz?" diye sordu.

Gazeteci'den 'yes' yanıtını aldıktan sonra devam etti:

"Madem bu kadar düşünüyorsunuz, siz daha zengin bir ülkesiniz. Hem topraklarınız da bizimkinden daha bereketli. Biraz siz toprak verin, biraz diğer komşunuz versin, biraz da diğeri. Böylece bu insanlara ülke kurabilemeleri için yeterli yer bulunmuş olabilir. Onlar da siz de mutlu bir şekilde yaşarsınız."

Yabancı meslektaş şaşkın şaşkın sağına soluna bakarken, Demirel yan gözle bizim kahkahalarımızı izliyordu. Süleyman Demirel'i tanımayan yabancı gazeteci baltayı taşa vurmuştu. Kıvrak zekası sayesinde aleyhine gibi görünen tüm soruları anında lehine çevirmişti. Bu cevaptan sonra kendisine yöneltilen sorular birden azaldı ve daha seviyeli olmaya başladı. Demirel ise, avcunda tuttuğu tesbihle oynuyor, soru-cevap faslınını bitmesini bekliyordu.

Sorular bitip yabancı meslektaşlarımız bulunduğumuz yerden ayrıldıklarında Demirel yanımıza gelerek,

"Evet çocuklar şimdilik bu kadar ama işimiz bitmedi. Hadi bakalım biraz daha mesai yapalım" dedi.

Gerçekten de program bununla sınırlı değildi. Aynı gün bir çok görüşme ve toplantı daha yapıldı. Demirel yorulmak bilmiyor beraberindeki danışmanlarla birlikte otelin bir odasından çıkıp diğerine giriyordu.

Bizlerse danışmanların peşinde toplantı da nelerin konuşulduğunu öğrenmeye çalışıyorduk. Demirel, Ankara'ya dönmek için havaalanına hareket ettiğinde, en yakın lokantanın yolunu tuttuk. Yoğun ve haber açısından oldukça verimli bir günü daha geride bırakmıştık.

Biz Neyse de ya Uçak Kaybolursa?

Demirel'in ne zaman nereye gideceğinin hiç belli olmadığını daha önce sizlere anlatmıştım. Aylık program günler öncesinden hazırlanmasına rağmen, onay vereceği ana kadar kesinlik kazanmazdı. Bu sebepten ,öncü ekibin yoldan döndüğüne çok rastlamışızdır.

Gezilerin en yoğun olduğu dönemler yaz ve ilkbahar aylarıydı. Yurt dışı gezilerde mevsim ayrımına dikkat edilmezken, diğer geziler genelde bu aylara göre ayarlanırdı. Demirel, her sene bir ay İstanbul Tuzla'da bulunan yazlığına gider ve orada yaz çalışmasını yürütürdü. Onun dışında uzun süreli Ankara'dan ayrıldığını hiç görmedim desem yalan olmaz.

Seyahatlerin en az olduğu dönem ise Ramazan ayıydı. Ramazan'da genelde program yapmaz ve kabul sayısını sıfıra indirirdi. Ramazan ayı süresince tek yoğun olan şey çeşitli heyetlere verdiği iftar yemekleriydi. Ramazan'da milletvekillerine, Diyanet İşleri Başkanlığı'nın üst düzey bürokratlarına, İslam ülkeleri büyükelçilerine ve Köşk personeline iftar yemeği verirdi. Onun dışında gözle görülür bir sakinlik yaşanırdı Çankaya koridorlarında. Bu yaptığım genellemeye 1999 yılını dahil etmiyorum tabiki. Demirel bu yılın Ramazan ayında geleneğini bozarak arka arkaya yurtiçi gezilerine çıktı.

Demirel bu tarihlerde, önce Artvin'e daha sonra Elazığ'a ve ardında da Mardin ve Şanlıurfa'ya gitmeye karar verdi. Hepsi de önemli programlardı. Artvin ve Şanlıurfa'da baraj, Mardin'de Havaalanı ile Valilik binasının açılışını gerçekleştirilecekti.

Söz konusu gezilerin tamamına uçak kaldırılmasına karar verildi. Tabi bildiğiniz gibi bu durum beni fazla ilgilendirmiyordu.

Allah'tan imdadıma söz konusu baraj ve havaalanının açılışını yapacak olan firmalar yetişti. Bu firmalar programların rahat izlenmesi amacıyla basın mensupları için özel uçak kaldırıyorlardı. Belki onlarda beni sakıncalı bulurlar diye yüreğim ağzıma gelse de Allah'tan onlar uçağa binmemde bir sakınca görmediler.

İlk durağımız Elazığ, mevsimlerden ise kıştı. Hava muhalefeti nedeniyle bizleri götürecek olan uçak bir saatlik bir rötarla havalandı Ankara'dan. Uçağımızın iniş için alçaldığı sırada pilot yine hava muhalefeti nedeniyle riske girmemek için yeniden havalanmamız gerektiğini anons etti. Yeni rotamızın ise Elazığ'a çok yakın olan Malatya olduğu aktarıldı. Yaklaşık yarım saatlik bir uçuş sonrası Malatya Havaalanı'na indik. Tören alanına gideceğimiz otobüsler Elazığ'da beklediğinden, bizleri bir iki polis karşıladı.

Gerekli yerlerle temas kuruldu ve yeni araçlar ayarlanarak açılacak olan baraja doğru yola çıkıldı. Oldukça geç kalmıştık. Yapacak fazla bir şey yoktu; çaresiz geçte kalsak tören alanına gidecektik. Saatler ilerliyor bizse törene yetişme umudumuzu kaybediyorduk. Buzlu ve karlı yollardan ilerlerken, bir taraftan da törenin bir saat ileriye alınması için gerekli makamlarla telefon diplomasisi kurmaya çalışıyorduk. 4 saatlik bir yolculuk sonrasında nihayet tören alanına gelmiştik. Otobüslerimizinden inmeye hazırlanırken Demirel'in makam aracının tören alanından ayrıldığını fark ettik. Kortuğumuz başımıza gelmiş ve tören sona ermişti. Kısacası saatlerdir boşu boşuna yol alıp rezil olmuştuk. Yapmamız gereken şey, 4 saatlik bir yolculuk daha yaptıktan sonra Malatya'ya dönmek ve oradan da Ankara'ya uçmaktı. Uçağımız hava muhalefeti nedeniyle Elazığ'a gelemiyordu bir türlü. Aksilikler bitmek bilmiyordu. Yolu yarıladığımızda iftar saati de gelmişti. Durduğumuz tesiste orucumuzu açmayı beklerken gelen kötü haberle irkildik. Rivayete göre biz yoldayken uçağımız Elazığ'a gitmişti. Bizler ise Malatya'ya doğru gidiyorduk. Her kafadan bir ses çıkıyor, Kimileri,

"Uçak mecbur bizi alacak Malatya'ya gidelim" derken, diğer bir grup Elazığ'a dönmemiz gerektiğini söylüyordu. Telefonla irtibat kurduğumuz her iki havaalanı yetkilileri de uçağın kendi bölgelerinde olmadığını söylüyorlardı. Bu durumdan aracımızın şöförü de rahatsız olmuş, daha fazla gidecek ne mazotu ne de parası olduğunu söylüyordu. Malatya ile Elazığ arasında bir yerlerde kaybolmuş durumdaydık.

Bize yardımcı olması gerekenlerde ortada yoktu. Çaresiz Malatya'ya doğru yolumuza devam ettik. Neye yanacağımızı bilmiyorduk; sabahtan beri saatlerce yol teptiğimize mi? yoksa koskoca uçağı kaybedip ortada kaldığımıza mı? Bu karmaşa arasında iki meslektaşımızı da yolda unuttuğumuzu öğrenince durumumuz iyice çıkmaza girdi. Çaresiz aracımızı durdurarak iki işgüzar arkadaşımızı beklemeye koyulduk.

Bir süre bekledikten sonra kaybolan arkadaşlarımızı bulduk ve gecenin ilerleyen saatlerinde Malayta Havalimanı'na ulaştık. Allah'tan uçağımız yerli yerinde bizi bekliyordu. Ankara'ya indiğimizde ise gece yarısı olmuştu.

Bir kaç saatlik bir uyku sonrası sabah erkenden bu sefer de Mardin'e gitmek üzere Esenboğa'nın yolunu tuttuk. Mardin programı da oldukça yoğundu. Ama bu gezinin tek güzel yanı iftarın Mardin'e yapılacak olmasıydı. Bu sayede aç kalmaktan kurtulmuş olacaktık. Bizim için ayrılan iftar sofrasına yöneldiğimizde yine aç kalacağımızı anlamakta geç kalmadık. Masaların tamamı bölge insanı tarafından doldurulmuş ve biz açıkta kalmıştık. Bir bardak suyla orucumuzu açtıktan sonra, "Ankara'ya dönünce karnımızı doyururuz" düşüncesiyle uçağa bindik. Uçağımız Ankara semalarına geldiğinde tok sesli pilotun anonsu tüm hayallerimizi suya düşürdü. Hava muhalefeti bizi bu kez Ankara'nın üstünde yakalamıştı. Pilot havanın kapalı olduğunu, Ankara'ya inmesinin mümkün olmadığın, İstanbul'a yöneldiğimizi söylediğinde,

"Her şeyde bir hayır vardır" düşüncesiyle kaderimize razı olduk. Uçağımız Atatürk Havaalanı'na indiğinde saatte 21:00'ı bulmuştu. Ne yapacağımızı bilmiyorduk. Sabah Gazetesi Muhabiri Fatih Atik ile birlikte kısa bir durum değerlendirmesi yaptık ve Ankara'ya kara yolu ile dönmeye karar verdik. Sabah erken saatte Ankara'da olamazsak Şanlıurfa gezisini izleyemeyecektik.

Esenler Otogarı'nda ilk bulduğumuz otobüse bindiğimizde saatler 23:00'ı gösteriyordu. Açlığımız dayanılmaz safhaya gelmişti ama yemek yemeye vaktimiz olmamıştı. Ankara'ya girdiğimizde sabahın dördü, eve geldiğimde sahur çıkmak üzereydi. Bir duş alıp ve bir bardak çay içtikten sonra çalan telefonla beni havaalanına götürecek aracın evin önünde beklediğini öğrendim. 20 saattir yoldaydım ve evde geçirdiğim yarım saat sonrasında, yine aç olarak bir başka geziye çıkıyordum. Eşim Mine, yüzüme şaşkın şaşkın bakarken oğlum Bahadır ise uykusunun en tatlı yerinde mutlu mutlu tebessüm ediyordu. Yaklaşık 48 saattir boğazımdan sıcak bir çorba geçmediğini düşünüyordum. Esenboğa VİP salonuna geldiğimde diğer meslektaşlar halimize gülüyor ve şaşkın gözlerle bizi izliyorlardı. Uçak sisten dolayı yine rötarlıydı ve bir saatlik bir gecikme olacaktı. İşte o bir saat hayatımın en tatlı uykusunu çektim deri koltuklar üzerinde.

Uyandığımda uçağa biniliyordu. Şanlıurfa sıcak, programda olabildiğince yoğundu. Ama neyse ki erken bitti ve o akşam işler yolunda gitti. Uçağımız vaktinde kalktı ve vaktinde Ankara'ya indi. İftar saati evimde olmanın mutluluğunu yaşarken son üç günümün nasıl geçtiğine ben bile inanamıyordum.

Telef olmak tabiri sanırım böyle durumlar için söylenmiş. Düşünüyorum da şimdiki aklım olsa kendimi bu kadar zorlamak yerine yapabileceğim kadarıyla yetinirdim.

Anasından Doğduğuna Pişman Etmek

Süleyman Demirel, ister aktif politika, isterse hayatının geri kalan bölümüne ilişkin 'startejik' kararları verdiği Güniz Sokak'taki evinde 'istirahatte' olsun, her zaman gündemde kalmayı ve tartışmaların merkezinde olmayı başarabilmiş bir siyasetçidir. Deneyimli bir siyasetçinin;

"Demirel önce bir tartışma başlatır ve daha sonra onun merkezine oturarak o tartışmayı çözen kişi konumuna geçirir kendini" yorumu ne derece doğrudur bilemiyoruz, ama gerçek olan birşey vardir ki; varlığı da yokluğu da hep tartışmalı dönemlere isabet etmiştir.

1999 yılının son günlerine gidelim. Diğer bir deyişle Demirel'in görev süresinin dolmasına aylar kaldığı o kritik sürecin başına. Demirel, hiç bir zaman,

"Yeniden Cumhurbaşkanı seçilmek istiyorum" demedi. Ama,

"Aday değilim, istemiyorum" dediğini de işiten olmadı. Bu konuda gerekli girişim Başbakan Bülent Ecevit'ten gelirken, Demirel sürekli,

"Ben bu tartışmanın dışındayım" dedi. Kendi ismiyle direk bağlantılı bir tartışmada "ben karışmam" tavrını takınması kimi kesimler tarafından oldukça yadırgandı. Zira bu tartışma hem Türkiye'de yeni bir kaosu başlatmış hem de ülke gündemini tıkanma noktasına getirmişti. Yine kimilerine göre pekala "aday değilim" açıklamasını yapıp sıkıntılı günleri ortadan kaldırabilirdi. Bu sayede de rahmetli Özal'a yöneltiği "saltanat" tanımlamasından kurtulabilirdi. Ama öyle yapmadı.

Her zaman "tartışmanın içinde ben yokum" diyen Demirel'e, kendisine yakın isimlerin bu konuda sürekli kulis yaptığı konuşuluyordu. Kendisine yakın isimler o tarihlerde yoğun bir mesai içine girmiş, ellerinden düşürmedikleri telefonla DYP ve meclis içinde Demirel'e yakın isimlerle yapıyorlardı. Milletvekillerine sürekli;

"Kendimiz için bir şey istiyorsak namerdiz. Asıl olan Türkiye'nin istikrarı" mealinden sözler sarfediliyordu.

Kronometre geriye doğru hızla ilerleyip süre kısaldıkça, Demirel'e yönelen sorularda hep bu mealde olmaya başlamıştı. Demirel 16 Mayıs sonrasına ilişkin ilk ciddi ipuçlarını kendine yakın olan yazarlara vermeye başladı. Hırvatistan'ın yeni seçilen Cumhurbaşkanının yemin törenine katılmak üzere Zagrep'e giderken bazı yazarları uçağına alan Demirel, ısrarlı sorular üzerine;

"Güniz Sokak beni bekliyor. Ama oraya dönersem de boş durmam" açıklamasını yaptı. Demirel'in 10 bin metrede söyledikleri gazetelere,

"Güniz Sokak'a dönersem hepinizi bellerim" yorumuyla yansıdı. Bu yazarlara bir yalanlama gönderilmediğini düşünürsek sanıyorum 'belleme' konusunda bir yorum hatası yoktu.

İşte böyle kritik bir dönemde Demirel'in ağzından çıkacak küçük bir 'cık' kelimesi bile büyük önem taşıyordu. Demirel istememişti ama Cumhurbaşkanlığı seçimi krize dönüşmüştü bile. Otobüste ve dolmuşta insanlar birbirlerine 'merhaba' demeden konuya,

"Sence Demirel'in görev süresi uzayacak mı?" diye giriyorlardı. Tüm bu gelişmeler yaşanırken daha önce Anayasa Mahkemesi'nden defalarca dönen ve 'ahlaki' bulunmayan Kıyak Emeklilik yeniden gündeme geliverdi. Uyanık bazı vekiller bir gece yarısı ansızın yasayı çıkartmış ve Demirel'in masasına göndermişlerdi bile.

Kamuoyu ve basın bu konuya olağanüstü tepki gösterdi. Bu yasaya imza atan milletvekillerinin boy boy 'sırıtan' fotoğrafları yayınlandı. Demirel'e sürekli,

"Daha önce olduğu gibi yine veto edin" baskıları yapılmaya başladı. Bu konu kendisine hatırlatılğında ise Demirel,

"Ben önüme gelen şeyi inceler ve en doğru kararı veririm. Tabiki kamuoyunun tepkisi dikkate alacağım. Ama bu ona uyacağım anlamına gelmez" yorumunda bulundu. Kafalar karışmıştı;

çünkü Demirel daha önce aynı yasa gündeme geldiğinde bu konudaki tavrını 'kamuoyu' yönünde kullanmıştı.

Ama günler geçip süre azaldıkça Demirel'in bir yol ayrımında olduğu farkedildi. Eğer bu yasayı imzalarsa kamuoyundan büyük tepki görecek, imzalamazsa görev süresinin uzatılmasını öngören Anayasa değişikliğine parmak kaldıracak olan milletvekillerinin olumsuz tavrıyla karşılaşma ihtimali doğacaktı. Beklenen gün geldi ve uzun bir açıklama sonrası Demirel,

"Devlete ek bir külfet getirmediği" kanaatine vararak yasayı onayladı.

Bu 'onay' hakkında yorum yapmayıp, bunu okurların kendi muhasebesine bıraktıktan sonra asıl konumuza dönmek istiyorum.

Bu tarihlerde Demirel kimi kabul etse ne ilginçtir ki hepsi ağız birliği etmişcesine,

"Efendim sizi Allah başımızdan eksik etmesin. Sizi bir 5 yılı daha başımızda görmek istiyoruz. Türkiye'nin istikrarı için size ihtiyacımız var..." mealinden sözler sarfediyorlardı. İltifatta bulunma konusundaki üstün meziyetleri ile bilinen bir dernek başkanının "ölümüne kadar seninleyiz" anlamına gelen;

"16 Mayısta ister Çankaya'da, İsten İslamköy'de, isterse Güniz Sokak'ta olun, sonuna kadar sizin yanınızda olacağız" sözlerini hafif boynunu bükerek söylemesi Demirel oldukça etkilemişti.

Parlementerler Birliği ise mütemadiyen Çankaya Köşkü'ne çıkar, Demirel'e bağlılığını bildirirdi. Türkiye'nin istikrarı ve geleceği için Demirel'in başında bulunacağı başkanlık sisteminin gereğine değinirlerdi. Aynı isimlerin Kıyak Emeklilik'in çıkmasından sonra Meclis locasından tuttukları tempolu alkışda hâlâ hafızalardadır.

Yine böyle bir kabul gününde Demirel'in de önemli konukları vardı. Veli Sarıtoprak ve ATO Başkanı Sinan Aygün o günkü ziyaretçiler arasındaydı. Sarıtoprak'ın sözleri Demirel'i etkilemişti etkilemesine ama yine de o suskun kalmayı tercih etmiş gibi görünüyordu.

Kabul bitti ve Demirel konuklarıyla birlikte fotoğraf çektirmek üzere "D Girişi" olarak adlandırılan kapıya yöneldi. Fotoğraf çektirme işlemi bittikten sonra Aygün'ün Demirel'in kulağına eğilerek bir şeyler söylediğini farkettim. Çok önemsemesem de oraya doğru yönelmeden edemedim. Biriki kamera daha vardı yanımızda. Bu sözlerin ardından Demirel önce yüzünü hafif buruşturarak Aygün'ün koluna girdi ve tarihi sözlerinden birini fısıldadı:

"Üzülmeyin çocuklar üzülmeyin. Ben bir işe girersem adamı anasından doğduğuna pişman ederim !!!"

Demirel, sözlerinin duyulmaması için öyle kısık söyle konuşmuştu ki bizler cümleyi zar zor duyabilmiştik. Ama emin değildik duyduklarımızdan. Zira, bir Cumhurbaşkanının ne kadar kızgın olursa olsun böyle bir üslup kullanmayacağını düşünüyorduk. Hemen kısa bir yardımlaşma sonucunda konuşmayı kaydeden bir kameranın görüntülerine izledik. Burada görüntü olduğu kadar ses te tam olarak anlaşılıyordu. Duyduklarımız doğruydu; Demirel, Aygün'ün sözleri üzerine öfkeleniyor ve böyle mırıldanıyordu.

Bu çıkış Çankaya koridorlarında yankılandı. Haber tez elden önce Basın Başdanışmanına daha sonra da bir not aracılığıyla Demirel'e iletildi:

"Efendim biraz önce söylediklerinizi kameralar kaydetmiş ve basın mensupları duymuş. Bilgilerinize..:"

Tabi bu durumda tek yapılacak konuşmanın muhatabı Sinan Aygün'ü bulup cümlenin başını ve sonunu öğrenmekti. Aslında konu açıktı: Aygün eleştirilerden duydukları rahatsızlığı dile getirmiş, Demirel'de kimsenin kendisini duymadığını düşünerek duygularını açık yüreklilikle dile getirmişti. Aygün'ü aramak için Köşk'ten ayrıldığım sırada bir yetkilinin devreye girdiğini öğrendim. Söz konusu yetkilinin üslubu ilginçti:

"Bakın çocuklar, beni patronlarınızı aramak zorunda bırakmayın. Akreditasyonunuzu iptal ederim. Tekzip gönderirim vs." Bir gazetecinin haber verme özgürlüğünün kısıtlanamayacağını bilen yetkilinin tavrı ise dikkat çekiciydi.

Sinan Aygün telefonu açtığında kopacak büyük fırtınadan habersizdi. Neler olacağını bilmiyordu şüphesiz. Konuyu kısaca özetleyip,

"Sinan Bey, ben cümlenin başını ve sonunu pekala doldurabilirdim. Çünkü konu ve Demirel'in söyledikleri açık. Sizden ricam konuşmayı aktarmanız" dediğimde, bu konuşmayı tam olarak hatırlamadığını söyledi. Israr ettim ama bana tek söylediği,

"Benim sesim duyuluyor mu?" oldu.

Akşam saatlerinde tüm haber merkezlerinde haberin yayına girip girmeyeceği tartışılıyordu. Elde görüntü ve ses olsa da bu haberi yayınlamak kolay değildi. Akşam haberlerinde iki özel televizyon görüntüyü verince biz de kullanmaya karar verdik. Haber günlerce konuşuldu ve bu seferde başka bir tartışma başladı. Kimilerine göre Demirel bunları kameralardan habersiz söylerken, kimilerine göre de "Aba altından sopa" göstermişti. Ben her iki durumda da bu sözlerin Demirel'e ve makamına zarar vereceğini savunanlardandım.

Bu haber yayınlandıktan sonra Çankaya Köşkü'ne giriş ve çıkışlarımıza sınırlama getirildi. Artık her zaman giriş yaptığımız D Kapısı'na yürüyerek gidemiyorduk. Hatta oradan girişimiz tamamen iptal edilmişti. Artık tam vaktinde nizamiye'de hazır bekleyip bizlere tahsis edilen araçlarla arka kapıdan alınıyorduk Daha sonraları öğrendik ki o görüntüleri çeken kameramana Çankaya'ya giriş yasağı konmuştu.

Sanırım bu gelişme,

"Demirel kameralardan haberdardı" diyenlerin iddialarını çürütmek için yeterlidir.

İçmek Lazım. Ama Son Kez Olsun!!!

Demirel'in yurtdışı gezileri her zaman zevkli olmuştur. Gezi başlayıp özel uçak Esenboğa'dan havalandıktan hemen sonra Demirel ayağa kalkar ve uçaktaki herkesin elini sıktıktan sonra, "Uğurlar olsun" derdi. İşte bu tokalaşma sırasında kendisinin ismen istediği yazarlar yolunu keserek Türkiye gündemine ilişkin çeşitli sorular yöneltirlerdi. Demirel ise eğer keyfi yerindeyse -ki genelde öyle olur- bu sorulara uzun uzun cevap verirdi. Bu ortamı yakalamak genelde mümkün olmayordu. Yaklaşık 15 dakika süren soru-cevap faslının ardından Demirel tokalaşmaya kaldığı yerden devam eder, sonra yerine otururdu. Demirel'in yerine oturmasıyla birlikte ise köşe yazarlarının görevi sona ermiş olurdu.

İşte böyle bir gezide yaşanıyor anlatacaklarım.

Demirel resmi temaslarda bulunmak üzere Moldova'ya gidiyordu. Söz konusu gezi 5 yıllık Çankaya muhabirliğim dönemimde Demirel'in uçağına binebildiğim ilk ve tek seyahatti. Bu kez bize de uçakta yer bulunmuş ve davet edilmiştik. Bu ender fırsatı çok iyi değerlendirmek zorundaydım. Gerçi davet edildiğimiz gezi bir günlüktü ama yine de kıymetini bilmeliydim. Nankörlük yapmak olmazdı.

Moldova'nın Başkenti Kişinev'e indiğimizde bizi sıcak bir hava karşıladı. Uçağın kapısında yerel giyisili iki kız çocuğu bekliyordu. Ellerinde ise bir barçak içecek bir parça da ekmek vardı. Uçağın merdivenlerinden inen Demirel kendisini bekleyen minikleri öptükten sonra ikram edilen ekmekten bir parça kopardı ve ağzına attı. Hepimiz dikkat kesilmiş Demirel'i izliyorduk. Aksilik ya Demirel ekmeği biraz büyük koparmıştı. Ekmeği ağzında bir türlü döndüremiyor ve yutkunamıyordu. Baktı olacak gibi değil, eline tutuşturulan içeceğin yardımıyla yutkunduktan sonra rahat bir nefes aldı.

Kişinev, büyük binaları kadar insanlarının fakirliği ile dikkat çekiyordu. Yollar çok güzel, binalar görkemli ama insanların yüzü soğuktu. Programa göre önce ikili görüşmeler olacak, daha sonra da Gagağuzya olarak adlandırılan Türk kökenli vatandaşların yaşadığı özerk bölgeye gidilecekti. Gagağuz'lar yıllar önce buraya yerleşmiş önce adetlerini, sonra dillerini ve son olarak ta dinlerini değiştirmişledi. Hayatımda ilk kez uzun sakallı Türk papazını da burada gördüm.

Çoşkulu bir karşılama bekliyordu bizi Gagağuzya'da. İnsanların kıyafetleri ve evleri çok kötü durumdaydı. Aylık gelirlerinin 15-20 dolar arasında olduğunu öğrenince şaşkınlığım daha da arttı. Nasıl yaşadıklarını sorduğum bir Gagağuz Türkü, çat pat Türkçesiyle,

"Eğer evimizde yeteri kadar şarap ve ekmek varsa sorun yok demektir" diye cevap verdi.

Bölgeye girişte Demirel'i yine bir parça ekmek bekliyordu. Süleyman Bey bu sefer tecrübeli davrandı ve ekmeği küçük kopardı. Tabi bu sayede içeceğe gerek duymadı.

Program, bir Türk firması tarafından yapımına başlanan içme suyu projesinin temel atma töreniydi. Bölgede içme suyu yoktu. Su çok derinden ve acı çıkıyordu. Yani burada su altından daha değerliydi.

Temel atma töreni sonrasında konuklara yemek verilecekti. Bizler bu arada haber yazdırmak için telefon peşinde koştururken, Demirel konuşmasını sürdürüyordu.

Telefonla Türkiye ile irtibat kurmak imkansızdı. Tam bu arada bir köşe yazarı yanıma yaklaşarak telefonu kullanmak istedi. Kibarca hatların düşmediğini anlattım. O ise ısrarla

"Olsun ben bir deneyeyim" diyordu. Peki deyip telefonu uzattım. Tam odadan çıkacağım sırada arkamdan seslendi. Döndüğümde bana ne dese beğenirsiniz?

"Tamam da nasıl aranacağımı söylemedin !"

"Nasıl yani?" diyerek devam ettim:

"Farklı birşey yok. Önce iki sıfır sonra Türkiye'nin kodu sonra Ankara'nın kodu ve nihayet arayacağınız numara." Yazarımız devam etti:

"Tamam tamam da Türkiye'nin ve kodu kaçtı?" Ne dersiniz benle kafamı buluyordu yoksa kafayı mı bulmuştu. Söz konusu yazarın bunu bilmeme ihtimali olmadığına göre sanırım benle kafa buluyordu.

Demirel konuşmasını tamamlayıp yemek masasına oturduğunda protokolde bulunan bir Gagağuz Türkü elinde kadehi kaldırarak,

"Sayın Cumhurbaşkanım siz bizim de babamızsınız. Sizi burada görmekten büyük mutluluk duyduk. Gagağuz Türkleri adınına kadeh kaldırıyorum" dedi.

Demirel,

"Teşekkür ederim. Güzel şeyler söylediniz içmek lazım" diyerek davete uydu.

Süleyman Demirel tam yemeğe başlayacaktı ki bu sefer masanın diğer köşesinde bulunan bir başkası ayağa kalkarak,

"Efendim ben de o mutluluğu paylaşıyor ve kadehimi kaldırıyorum!" davetinde bulundu.

Demirel zoraki bir tebessümle,

"Teşekkür ederim. Teşekkür ederim. İçmek lazım... içelim" diyerek yine davete uydu.

Artık yemek vakti gelmişti ama fondipler sürüyordu.

Başka bir Gağağuz Türkü bu kez başka bir gerekçeyle ayağa kalktı.

"Bize her türlü desteği veren Moldova Cumhurbaşkanı için kadeh kaldırmak istiyorum"

Demirel'in canı sıkılmıştı ama yapacak birşey yoktu:

"İçmek lazım.. İçelim"

Demirel son bir umutla kaşığına sarıldığı sırada başka bir kişi yine elindeki kadehle fırladı. Onunda kadeh kaldırmak için kendine göre bir gerekçesi vardı.

Süleyman Bey bu işkencenin daha fazla sürmeyeceğini anlamış olacak ki espiriyi patlattı:

"Teşekkür ederim. İçmek lazım ama son kez içelim!" Bizler bir köşede gülmekten kırılırken espiriyi anlayanlarda bize katılıyordu.

Yemeğin sonunu beklemeden bir umut diyerek telefonlara koştuk. Ama değişen birşey yoktu. Asıl değişiklik ise dışarıda yaşanıyordu. Çünkü yemek bitmiş heyet çoktan gitmişti. Sağa koştuk, sola koştuk ama olan olmuş 'Baba' bizi unutmuştu. Dağ başında kala kalmıştık. Şirket yöneticileri yardımımıza yetişerek kırıkdökük bir aracı bize tahsis ettiler. Şoföre hızlı gitmemiz gerektiğini anlattık O da bizi dinlerek, gaza bastıkça bastı. Her gaza basışta arabının bir parçası sallanıp yere düşüyordu. Biraz ilerledikten sonra şöför birden yavaşlamaya başladı.

Neden yavaşladığını sorduğumuz şöför sinirli bir ifade ile,

"Buradaki işareti gördünüz mü? Biraz ilerde bir kasaba var. Ben kasabaya bu hızla giremem" dedi. İşin gerçeği dökülen arabasıyla bize medeniyet dersi vermişti. Türkiye'de kaç kişinin insan hayatı konusunda bu kadar hassas olduğunu düşündüm birden. Kasabadan çıktık ve aracımız yeniden hızlandı.

Dünyanın çok gerisinden geliyorlardı ama insana verilen değer açısından Türkiye'nin 50 sene önündeydiler. Çevremizde ne bir trafik polisi ne de bir radar vardı. Buna reğmen kurallara harfiyyen uyuyordu. Ne dersiniz bu da bir komedi değil mi?

Baget'i Kime Sallamalı

9'uncu Cumhurbaşkanı Süleyman Demirel, siyasi yaşamı boyunca sadece keskin zekasının ürünü usta manevralarıyla değil, birbirinden ilginç argümanları sayesinde kendisinden sürekli sözedilir duruma gelmiştir. Demirel, dinleyenlerin dikkatinin dağıldığını hissettiği anda yaptığı espirilerle monoton bir konuşmayı tam tersine çevirme kabiliyetine sahipti. Bu başarısı bazen gafa dönüşse bile istifini hiç bozmadan durumu kurtarabilirdi. Bazen konuyu dağıtsada sonunda cümlesini istediği gibi bağlayabilirdi.

Demirel tarihe geçen veya çok tartışılan sözlerini, genelde kitlesel törenler sırasında kullanmıştır. Uzun süre tartışılan;

"İşte Çağdaş Türkiye tablosu" sözü bunun en güzel örneğidir. Laik-antilaik tartışmalarının yaşandığı günlerde bir konsere katılmıştı. Spor salonunu dolduran binlerce kişi meşhur *"9. Senfoni"*yi dinlemek için sabırsızlanırken Demirel salona girmişti. Tam bu sırada salonda bulunanlar;

"Türkiye Laiktir Laik Kalacak" şeklinde slogan atmaya başladılar. Demirel slogandan çok etkilenmiş olacak ki, çok tartışılan cümlesi döküldü dudaklarından:

"İşte çağdaş Türkiye tablosu !"

Demirel'in çağdaş olmayı, *9'uncu senfoniyi* dinlemeye gelenlerle sınırlandırması tepki çekti. Kimileri Beethoven dinlemeyenlerin, adını bilmeyenlerin ve hatta hoşlanmayanların antilaik olup olmayacağını tartıştı günlerce.

İşte sözünü etmek istediğim Demirel profili bu. Ne zaman nerede nasıl çıkış yapacağı hiç belli olmazdı. Tabi ne zaman pot kıracağı da.

Olayımız Atatürk Kapalı Spor Salonu'nda geçiyor. Merak etmeyin bu sefer salonu dolduranlar *9'uncu Senfoni*'yi dinlemek için değil, okullarının düzenlediği eğlenceye katılmak için gelmişlerdi. İşte ondan kimsenin slogan atma hevesi yoktu.

Ankara Üniversitesi öğrencileri salonu hınca hınç doldurmuş, büyük bir mutluluk içinde yönetmenliğini ünlü orkestra şefi Hikmet Şimşek'in yaptığı konseri dinliyorlardı. Demirel'in salona girmesiyle birlikte coşku daha da arttı. Demirel'in neşesi her halinden belli oluyordu. Kendisine ayrılan yere otururken, orkestra şefi Şimşek'in övgü dolu sözleri karşısında daha da keyiflendi.

Törenin hemen başında Ankara Üniversitesi'nden *"Bulem"* isimli bir öğrenci söz alarak kısa fakat güzel bir konuşma yaptı. Göndermeleri ve mesajı iyiydi. Demirel konuşmayı büyük bir dikkatle dinledi. Konuşmanın ardından sahneye Hikmet Şimşek ve orkestra'sı yeniden çıktı. Aldığı büyük alkış ihtiyar delikanlıyı yeniden hayata bağlamış gibiydi. Dur durak bilmeden elindeki "Baget"i salladı durdu.

Konser bittiğinde sahneye çıkma sırası Demirel'e gelmişti. Oturduğu yerden konuşma yapmak yerine, salonun tam ortasına kadar gelmeyi tercih etti. Her zaman yaptığı gibi sağ elini cebine soktu, mikrofonu sıkıca kavradı, kendini dinlemeye hazır meraklı yüzlere dönerek sözlerine girdi;

"Burada olmaktan fevkalade büyük mutluluk duyuyorum. Biraz önce arkadaşınız burada güzel bir konuşma yaptı..."

Demirel'in cebinden çıkardığı küçük bir kağıt parçasına bakarak birşeyler okumaya çalıştığı farkediliyordu. Konuşma yapan öğrencinin adını not almış onu bulmaya çalışıyordu. Nihayet not aldığı kağıdı bularak oraya yazdıklarını okumaya başladı:

"Arkadaşınız *"Bulum !"* çok güzel şeyler..."

Bu arada salonda kopan büyük kahkaha sözlerinin kesilmesine neden oldu. Bütün salon *"Bulem"* olan ismin *"Bulum"* haline gelmesine gülüyordu. Demirel kahkahaları duyuyor, bir anlam veremiyor olacaktı ki sözlerini sürdürdü:

"Çok güzel şeyler söyledi. Hepsinin altına imzamı atıyorum. Bulum!..."

Salonda kopan ikinci kahkaha tufanı ilkinden daha yüksek oldu. Demirel ısrarla *"Bulem"* isimli öğrenciye *"Bulum"* diye hitap ediyordu. Belli ki ismi yanlış not almıştı. Bizler bir köşede, orkestra üyeleri başka köşede, öğrenciler ise tirbünde gülmekten kırılıyordu. Demirel bir yalnışlık olduğunun farkına varmış kırdığı potu düzeltmeye çalışıyordu. Konuşmasının tam sonunda bir kez daha "Bulum" diyerek sözlerini bağladı.

Süleyman Demirel tam yerine geçeceği sırada saheneye yine Hikmet Şimşek çıktı. Uzun bir girizgahtan sonra sanat ve sanatçıya verdiği destekten dolayı kendisine teşekkür etti. Sözlerinin sonunda Şimşek,

"Efendim izin verirseniz bu konserde kullanmış olduğu bu *'Baget'*i size hediye etmek istiyorum" dedi.

Bu jest karşısında oldukça şaşıran Demirel, mikrofonu eline alarak yeni bir kahkaha tufanına neden olacak sözlerine başladı:

"Çok teşekkür ederim. Şimdi ben bu aleti ! (baget demek istiyor) sallasam olmaz!" Bu arada salonu dolduran binlerce öğrenci gülmekten morarmış bir surat ifadesiyle dinlemeye devam ediyorlardı. Demirel daha sonra orkestra üyelerine dönerek sözlerini sürdürdü:

"Bu aleti size sallasam da olmaz. Çünkü ben müzisyen değilim!" Orkestra üyeleri gülmemek için kendilerini sıkıyor, Demirel'in başka yöne dönmesini bekliyorlardı. Süleyman Bey başka yöne döndü ve devam etti:

"En iyisi ben bunu salonu dolduran sizlere sallayayım. Çünkü Biz siyasetçiyiz. Halkı yönetiriz ancak. Onun için ben de halka doğru sallıyorum !"

Film kopmuş, öğrencilerin bir kısmı gülme krizine girerken diğer bir kısmı oturdukların yerden aşağıya doğru düşmeye başlamışlardı. Bazıları ise yanında bulunan arkadaşının omzuna kapanmış kahkahalarını gizlemeye çalışıyordu.

Demirel nihayet elindeki "Baget"i kendi ifadesiyle "Alet"i yanındaki korumalara vererek kürsüden indi.

O günden sonra ne Hikmek Şimşek'i ne de *"Baget"*i bir daha unutamadım. Bir de *"Bulum"*u tabiki.

Okey Süleyman

Dile kolay; bir ömür paylaşmak koşulsuz ve kuralsız. Acısıyla tatlısıyla ve hatta darbesiyle. Bıkıp usanmadan, kaybolan yılların acımasızlığına birlikte omuz vermek. En çok ihtiyaç duyduğu zamanda yanında olup "Sıkma canını bu da geçer" diyebilmek.

Gün batıp akşam olduğunda biriken dertlerini paylaşmak. Bir gece ansızın kapı çalınıp "Gidiyoruz" dendiğinde biten ümitleri yeniden yeşertebilmek. Umutla başlayan her günün sabahında kıravatanı düzeltip "Haydi uğurlar ola" diyerek uğurlayabilmek. 50 yıl aynı yastığa baş koyup, her geçen gün karmaşık duygulara yelken açmak. İslamköy'ün kekik kokan ovalarını düşleyip ondan ayrı kalmanın acısını duymak. Ya da çocukluk arkadaşının artık hayatta olmadığını uluslararası bir toplantı sırasında öğrenmek. Hıçkıra hıçkıra ağlamak istediği zamanlarda çevresindekilere gülücük dağıtmak zorunda kalmak. Ve birlikte geçen bir ömrün içindeki küçük mutlulukları yakalayabilmek...

Demirel çiftinin mutlu dünyasını hiç bir olumsuzluk bozamadı. İniş ve çıkışlarla dolu yarım asır süren birliktelik boyunca bir çok zorluğa göğüs gerdiler. Yıldıramadı onları darbeler ve muhtıralar. Çankaya Köşkü'ne nasıl ele ele çıktılarsa yine öyle indiler. Bir sabah ayrıldıkları Güniz Sokak'a gün batımında gül yağmuru altında geri döndüler. Zaman ve mekan değişti ama onlar değişmedi.

9'uncu Cumhurbaşkanı Demirel ve Nazmiye Hanım Çankaya'lı yıllarda pek fazla görüşemediler. Demirel'in yoğun temposu onları sürekli ayrı bıraktı. Bazı önemli geziler ve devlet başkanı seviyesindeki kabuller sırasında kısa süreli de olsa bir araya gelebildiler. Nazmiye Hanım işte öyle zamanlarda ayrı geçen saatlerin tadını çıkarmak istercesine Demirel'in koluna sıkı sıkı girerdi.

Kimi zaman birbirlerine kırgın olsalarda bunu belli etmez mutlu bir aile tablosu çizerlerdi.

....

Çankaya Köşkü'nde 'Rezidans' olarak adlandırılan bina Cumhurbaşkanının ikamet ettiği yerin adıdır. Rezidans, çok özel misafirlerin karşılanması için ender olarak kullanılırdı. Demirel döneminde Rezidans sadece iki önemli konuğu karşılamak için kullanıldı. Biri ABD Başkanı Bill Clinton'un eşi Hillary ve kızları, diğeri ise Azerbaycan Devlet Başkanı Haydar Aliyev'di.

Her iki konuk için de rezidans'ta karşılama töreni yapıldı. İşte size anlatacağım tebessüm dolu bu olay da Haydar Aliyev'i karşılama töreninde yaşandı. Demirel çiftinin hoşgörüsüne sığınarak aktarıyorum yaşananları.

Hava güzel, asırlık ağaçların yaprakları ise yemyeşildi. Hafiften esen rüzgarın sesine kuşlar eşlik ediyor, bizse Demirel çiftinin dışarı çıkmasını bekliyorduk. Azerbaycan Devlet Başkanı için tüm hazırlıklar tamamdı. Koruma ve protokol görevlileri yerlerini almış, konuklarını bekliyorlardı. Demirel çiftinin yanımıza gelmesi uzun sürmedi. Demirel koyu takım elbisesinin yakasına iliştirdiği rozetini düzeltirken, Nazmiye Hanım ise elinde tuttuğu güneş gözlüğünü takmaya çalışıyordu. Demirel her zamanki gibi bize doğru döndükten sonra;

"Günaydın çocuklar, nasılsınız?" diyerek yerini aldı. Nazmiye Hanım ise bizi başıyla selamladıktan sonra Demirel'den iki adım ileriye giderek durdu. Demirel el işareti ile Nazmiye Hanım'ı yanına çağırdı. Kendine yönelik çağrının farkına varan Nazmiye Hanım, duymamış gibi yaparak korumasına birşeyler fısıldadı.

Süleyman Bey işaretinin anlaşılmamış olacağını düşünmüş olacak ki bu sefer biraz mırıldanır bir sesle;

"Nazmiye Hanım şöyle yanıma gel" dedi.

Bir terslik olduğu belliydi. Nazmiye Hanım Süleyman Bey'in davetini duymasına rağmen oralı olmuyor, açıkça tavır koyuyordu. Demirel bu tavırdan rahatsız olumuş, olup bitenleri bizlere hissettirmemeye çalışıyordu. Sırtını bize dönerek bu kez el işaretiyle Nazmiye Hanım'ı yanına çağrdı.

Nafile, Nazmiye Hanım hiç oralı olmuyor ve davete icabet etmiyordu. Demirel fısıltı halindeki sözlerini sürdürdü:

"Nazmiye Hanım yanıma gel. Bak çocuklar bizi küs sanacak!"

Süleyman Bey'in bu sözleri hepimizi güldürmüştü. Belli etmemeye çalışsak ta bu halimizi gören Nazmiye Hanım katı tutumundan vazgeçerek Demirel'e doğru döndü ve gülümser bir ifade ile sözleri şöyle tamamladı:

"Okey Süleyman. Okey geliyorum !"

Nazmiye Hanım'ın şakası kısa süreli bu gerginliği tamamen ortadan kaldırmıştı. Artık ikiside gülümsüyor belki de küçük bir şakanın mutluluğunu paylaşıyorlardı. Nazmiye Hanım Demirel'in yanına geldi ve konuklarını birlikte karşıladılar.

Demirel çifti arasındaki tatlı söz düellosu anlattıklarımla sınırlı değildi mutlaka. İşte size tatlı bir anı daha:

90'lı yılların sonunda tüm Türkiye'de nüfus sayımı vardı. Her Türk vatandaşının olduğu gibi Demirel çiftinini de kapısını sayım memuru çalacaktı. Renkli kişiliği ile bilinen 9'uncu Cumhurbaşkanı Demirel'de kapısını sayım memurlarından önce basın mensuplarına açmıştı.

Rezidans'ta tüm hazırlıklar yapıldıktan sonra sayım işlemi başladı. Memur oldukça heyecanlıydı. Zira karşısındaki kişi Türkiye Cumhuriyeti'nin 9'uncu Cumhurbaşkanı ve eşiydi. İlk soruyu titrek bir sesle Demirel'e yöneletti:

"Efendim nüfus cüzdanınızı alabilir miyim?"

Bu normal bir soruydu. Çünkü sayım memurları muhataplarının nüfus cüzdanlarını aldıktan sonra gerekli bilgileri ellerindeki formlara dolduracaklardı. Demirel bir süre duraksadı ve devam etti:

"Nüfus cüzdanım mı? Yok yanımda !"

Demirel'in bu yanıtı başta sayım memuru olmak üzere herkesi şaşırtmıştı. Nasıl olurda Cumhurbaşkanı'nın nüfus cüzdanı yanında olmaz dı? Bizler bir köşede kıs kıs gülerden titrek sesli sayım memuru devam etti:

"Efendim peki başka bir kimlik yok mu?"

Demirel biraz sinirlenmiş gibiydi

"Yok. Söyledim ya yanımda değil."

Belli ki Demirel hazırlıksız yakalanmış, kendisinden böyle bir belgenin isteneceğini ihtimal vermemişti. İşin doğrusu bizler bir köşede gülmeye devam ederken Cumhurbaşkanından kimlik istenmesine de bir anlam veremiyorduk. Zira buraya gelen görevliler önceden gerekli hazırlıkları yapıp formalite bir iki soru sormaları gerekiyordu.

Memurun anlamsız ısrarı -biraz da heyecanından olsa gereksürüyordu:

"Ama efendim o zaman sizi sayamam!"

Demirel sinirlenmeye başlamıştı ama belli etmiyordu.

"Yok işte! Beni TC'nin Cumhurbaşkanı olarak yaz. Sen sor ne öğrenmek istiyorsan ben söyleyeyim."

Çevredekilerin uyarıları ile sayım memuru nihayet inadından vazgeçip Demirel'e sorularını sıralamaya başladı: Doğum tarihi ve yeriniz. Anne adı, baba adı vs..

Sıra Nazmiye Hanım'a gelmişti. Sayım memuru Allah'tan bu kez kimlik isterim diye tutturmadı. Demirel hemen devreye girerek;

"Nazmiye Hanım'a ait bilgileri de bana sor ben söylerim" dedi.

Sayım memuru ilk soruyu yönetti:

"Hanımefendinin doğum tarihi ve yeri?"

Demirel tam cevap vermişti ki Nazmiye Hanım yüz ifadesini değiştirerek Demirel'e "Ne dedin?" anlamına gelen bir işaret yaptı. Demirel istifini bozmadan devam etmek istedi ama Nazmiye Hanım mırıldanarak devam etti:

"Ooo ne diyorsun sen?"

Bu cevap hepimizi kahkahaya boğmaya yetmişti. Çünkü Demirel'in verdiği tarih Nazmiye Hanım'ın doğum tarihiydi ve tartışmasız bir rakamdı. Nazmiye Hanım'ın neden itiraz ettiğini anlayamamıştık. Belli ki şaka yapmış ve kendisini olduğundan büyük gösterdiği imasında bulunmuştu. Bizler bu şaka karşısında kahkahalarla gülerken Nazmiye Hanım devam ediyordu:

"Baksanıza çocuklar, benim yaşım kaç gösteriyor!"

Yemek ve Göbek

Aktif siyaset yaptığı yıllarda Demirel'in kilo sorunu pek olmadı. Yakaladığı performans sayesinde, aldığı kiloları kısa sürede vererek formunu korumayı başardı. 50 yıllık siyasi yaşamında karşılaştığı bazı zorlukların kendisini 'zorunlu rejime' tabi tuttuğunu da düşünürsek, Demirel aldığı kalorileri harcamakta zorluk çekmedi.

Samimi Anadolu insanı, Süleyman Demirel'i hiç aç bırakmadı. Yıllarca "Baba" sloganıyla baş tacı yaptıkları Demirel'e ürünlerinin en hasını gönderdiler. Evlatları bir tarafa, Demirel ise diğer tarafa. Her sene hiç aksatmadan mahsüllerinin en lezzetli ve bereketli kısmını ikiye ayırdılar. Bir kısmı kendilerine ve evlatlarına, diğer kısmını ise Demirel çiftine gönderdiler.

Demirel'in kahvaltı masasındaki gıda maddelerinin hiç birinin dışarıdan alınmadığını söylemek mümkündür. Yurdun dört bir köşesinden neler gelmiyordu ki Demirel'e; Adana'da kapruz, Kars'tan peynir, Erzurum'dan bal, Isparta'dan pekmez, Giresun'dan fındık, Gaziantep'ten fıstık, Urfa'dan isot, Malatya'dan kayısı, Sivas'tan ceviz, Afyon'dan haşhaş, Antalya'dan cezerye, Mersin'den muz, Burdur'dan yumurta, Kayseri'den sucuk, pastırma ve daha neler neler..

İşte Demirel, aktif politika yıllarında ve Cumhurbaşkanlığı koltuğunda oturduğu yedi yıl boyunca yukarıda saydığım ürünlerin hiç birine para ödemedi. Güniz Sokak'a gelen çift sarılı yumurtaların önünü Çankaya Köşkü'nün kalın duvarları bile kesemedi. Demirel Çankaya Köşkü'ne gelen hediyeleri büyük bir mutlulukla kabul etti, bir kısmını basın mensuplarına dağıttı, diğer kısımın ise doğruca konutuna gönderdi.

Bu kadar çok gıda maddesi gelir de Demirel nasıl rejim yapardı? Özel Doktoru Prof. Dr. Osman Müftüoğlu,

"Efendim kaloriye biraz dikkat etsek" uyarısında bulunsa da,

Demiel Cumhurbaşkanlığı döneminde buna pek aldırmadı. Kilosu da ister istemez normallerin biraz(!) üstüne çıktı. Yürüyüş yapma merakının olmadığını da düşünürsek, bu fazlalıkların atılması da haliye kolay olmadı. O kilolarını hiç dert etmedi, kiloları da onu. Birazcık göz tansiyonu zorladı kendisini ama o da kısa sürede çözüme kavuşturuldu.

İşte Demirel'in kiloları üzerinde kurulu bir anı:

Isparta en güzel günlerini yaşıyordu. Rengarenk açan çiçekler şehrin havasını değiştirmişti. Tomurcuklanmış yapraklar yaza merhaba derken, yemyeşil ovaların üstünde oynaşan kuzular, neşeli hareketleriyle güneşin tadını çıkartıyorlardı.

İki tarafı kavak ağaçlarıyla kaplı İslamköy yol ayrımından gelindiğinde yüzlerce araçlık konvoy yavaşladı. Polis eskortunun hemen arkasındaki siyah makam aracının camı yarıya indi. Demirel, herşeyden habersiz oynaşan kuzuları seyretti bir süre. Derin bir nefes çekerek verdiği talimatla konvoyu yeniden harekete geçirdi. "Hemşehrilerimi bekletmemeliyim" diye düşündü.

Demirel ve Nazmiye Hanım hemşehrilerinin kendilerini yalnız bırakmamasına çok sevinmişlerdi. Büyük çınar ağacının gölgesinde, kendileri için ayrılmış köy kahvesinin eski sandalyelerine oturdular. Biraz soluklanmışlardı ki koca bir bardak ayranı görünce neşeleri bir kata daha arttı. Kaymaklı ve bol köpüklü İslamköy ayranını ne kadar da özlemişlerdi. Çankaya Köşkü'nün garsonlarının hiç biri bu kadar lezzetli yapamıyordu ayranı. Ayran ikramının bitmesiyle birlikte doğup büyüdükleri eve doğru yola koyuldular. İlk durak, Demirel'in doğduğu iki katlı duvarları çatlamış kerpiçten evdi.

Yorgun görünüyordu evin duvarları; belki de iki tarflı yaslandığı evler olmasa çoktan bırakacaktı kendini. Evin en asil yeri ise kapısıydı. Ceviz ağacından yapılmıştı besbelli. İki taraflı açılan büyük kapının menteşeleri biraz paslanmış olsa da, evin duvarlarına göre daha diri duruyordu.

Demirel, asırlık kapının büyük tokmağına uzattı elini. Hafitçe bastırıp açmak istedi ama kapı hiç oralı olmadı. İkinci denemesinde biraz daha sert bastırdı asırlık kapı tokmadığına. O da ne? Kapı açılmamakta ısrarlıydı. İşi inada bindirmişti belki de!

Demirel tokmağa yüklendikçe kapı şöyle bir esniyor ama açılmıyordu. Vali ve korumalar şaşkın bu inatlaşmayı seyrediyor, hiç kimsenin aklına kapının açılmasına yardım etmek gelmiyordu.

Süleyman Demirel oldukça sinirlenmişti. Yıllar sonra baba ocağına geliyor ama kapı açılmıyordu. Demirel'in kapıyı açışını görüntülemek isteyen bizlerse gülüp gülmeme konusunda kararsız kalmış bir haldeydik. Mahçup bir halde olup bitenleri izliyorduk. Demirel kapıyla inatlaşmanın yarar getirmeyeceğini anlamış olmalı ki çaresiz arkasına dönerek sert bir ifadeyle,

"Bu kapı niye açılmıyor bileniniz var mı?" diye sordu.

Herkes birbirinin yüzüne baksada tüm bakışlar dönemin Isparta Valisi Ertuğrul Dokuzoğlu'nun üzerinde yoğunlaşıyordu. Vali şaşkınlığını üzerinden atarak bir adım öne çıktı. Kapı tokmağıyla mücadele sırası ona gelmişti. Bir kere de o denedi şansını. Olacak gibi değildi açılmıyordu kapı. Sonraları arkadan titrek bir ses yükseldi:

"Efendim sanırım kapı kilitli !"

Bu titrek ses büyük bir kahkahaya neden oldu. Bir kişi hariç herkes gülüyordu. Gülmeyen kişinin Demirel olduğu anlaşıldığında kahkahalar kısa sürdü. Peki anahtar kimdeydi? Anahtar bir türlü bulunamıyor Demirel'in sabrı da tükeniyordu. Neyse ki anahtar bulundu ve kapı açıldı. Demirel'in bozulan morali düzelmeye başlamıştı. Yıllardır kullanılmayan basamaklar her bir adımda gıcırdıyor bu ses bütün odada yankılanıyordu.

Üst katta, ahşap rafların üzerinde duran dantel işlemeler odaya mistik bir hava veriyordu. Hüzünlenen Demirel bir süre sessizce bekledi. Nazmiye Hanım'ın yanına gelmesiyle bizlere doğru dönerek evi anlatmaya başladı:

"Çocuklar şurada gördüğünüz soba var ya, işte bizler küçükken hepimiz çevresine doluşur ısınmaya çalışırdık. Çok güzel günlerdi. Babam eve geldiğinde yemeği karşı köşede yerdik...."

Demirel'ın bize anlattıklarını Nazmiye Hanım dikkatle dinliyor bazen de başıyla onaylıyordu. Süleyman Bey devam etti:

"Rahmetli annemin yemekleri çok güzel olurdu. Hele hele gözlemelerini hiç unutamam..."

Bu sözler üzerine Nazmiye Hanım ani bir dönüş yaptı. Sağ elindeki mendilini diğer eline aldıktan sonra Demirel'in ceketinin üstünden göbeğini göstererek günün espirisini patlattı:

"Belli oluyor çok yedirdiği. Belli oluyor!"

Nazmiye Hanım'ın bu espirisi herkesi dakikalarca güldürdü. Demirel'de bu tatlı şakaya ortak olmak istercesine eğilerek göbeğinin son durumuna baktı. Nazmiye Hanım ise Demirel'in göbeği üzerine yaptığı şakasını sürdürüyordu:

"Bakarmısınız şuna !"

Türkler'in 'Büzüldüğü' Yer

Demirel'in hayatında basının ayrı bir yeri vardır. Konuya basın açısından bakacak olursak aynı şeyleri söyleyebiliriz. Her nerede olursa olsun 'Süleyman Demirel' ismi sürekli basında kendine yer buldu. Şapkasını alıp gitti haber oldu, şapkasını kaptırdı yine haber oldu. Eleştirse de, eleştirilse de gündeme oturdu.

İyi bir gazete okuru olan Demirel, kendisiyle ilgili haber ve yazıları en küçük ayrıntısına kadar arşiv yapmasıyla bilinir. Tüm gazete ve televizyonların yanında Demirel'in hiçbir zaman ihmal etmediği iki kurum vardır: Anadolu Ajansı ve TRT.

Demirel nereye giderse gitsin, ne yaparsa yapsın bu iki kurumun muhabirlerini hep yanına görmek istemiştir. Aktif siyaset yaptığı sırada bu iki kurumun muhabirini uçağına almayı adet haline getiren Demirel, bu alışkanlığını Cumhurbaşkanlığı koltuğuna oturduktan sonra da sürdürdü. Çünkü biliyordu ki mesajlarının halka ulaşmasında en etkili iki kurum AA ve TRT idi.

Zira TRT ve AA devlet kurumu olmaları sebebiyle izledikleri etkinlikleri tüm ayrıntılarıyla abonelerine ve seyircilerine duyurmak zorundaydılar. Yani Demirel "Tavukları Koruma ve Yaşatma Derneği"nin genel kuruluna katılarak,

"Yumura yemek eyidir!" dese, AA ve TRT bunu aynen vermek zorundaydı.

Bundan dolayı sözkonusu kurumlar Cumhurbaşkanlığı döneminde Demirel'i iki hatta üç muhabirle izlemek zorunda kalıyorlardı. Bu kurumların zamana karşı da bir yarışları söz konusuydu. Kabuller ve geziler sırasında bir muhabir haberi yazdırırken diğeri yeni konuşmaları takip ederdi.

Demirel akşam olup televizyonun karşısına geçtiğinde önce TRT'yi açar ve kendiyle ilgili haberleri büyük bir zevkle seyrettikten sonra AA'nın geçtiği haberlere göz atardı. İyi bir okur olan Demirel'in AA'nın haberlerine baktıktan sonra bazı zamanlar,

"Galiba mesajım iyi anlaşılmamış" diyerek yetkilere fırça attığı da bilinen diğer bir ayrıntıdır.

İşte bu saydığım sebeplerden dolayı AA ve TRT muhabirleri kendilerine Demirel'in uçağında sürekli yer bulabilmişlerdir. Demirel kendisini sürekli izleyen bu muhabirleri yakından tanır hatta çok özel konuşmalarını onların yanında yapmakta bir sakınca görmezdi. Bilirdi ki diğer gazetelerin manşetlerine taşıyacakları bir haber bu muhabirlerin önüne düşse bile, kendilerine söylenen dışında bir şey yazamazlardı.

....

Yorucu bir gezinin tam ortasındaydı Demirel. Konuyu çok iyi seçmiş Türklerin Anadolu'ya geldiği noktayı anlatmak için biraz fazla detaya kaçmıştı. Türkler'in Orta Asya'dan göçüşüyle başlamıştı sözlerine. Orhan Gazi ve Osman Gazi'nin hayatı, Malazgirt, Sırp Sındığı, İstanbul'un Fethi, Mısır Seferi, Preveze Deniz Zaferi derken nihayet İstiklal Savaşı'na kadar geldi. Demirel sözlerini, *"Düşman işgalleri sonrasında Türkler Anadolu'da büzüldü kaldı!"* diyerek sürdürdü.

Konuşma faslı bitmiş, "yolcu yolunda gerek" diyen Demirel kendisini Ankara'ya götürecek olan GAP uçağının deri koltuklarına oturmadan ceketini çıkartıp kravatını gevşetmişti.

Demirel bu tür davranışlarını genelde çok samimi olduğu insanların yanında sergilerdi. Yoksa günlük hayatta ceketini çıkarttığını gören yoktu. GAP uçağında da yabancı bulunmuyordu zaten: Yaveri, Özel Kalem Müdürü, Koruma Müdürü, AA ve TRT muhabirleri. Uçak yeni havalanmıştı havalanmasına ama TRT ve AA muhabirlerinin işi de yeni başlamıştı. Demirel'in konuşmalarının hızlı bir şekilde deşifre edilip haber haline getirilmesi gerekiyordu. Bu iş içinde uçağın cihazlarına zarar vermeyen seyyar bir telefon kullanılıyordu. Hem uçağın görültüsü hemde telefonun kapsama alanıyla ilgili sorunlarından dolayı muhabirler zaman zaman bağırarak konuşmak zorunda kalıyorlar, Demirel'de bu durumu hoş karşılıyordu.

AA'nın bir dönem Cumhurbaşkanlığı muhabiri iki bayan arkadaştı. Gezilere dönüşümlü olarak gider ve hep birbirlerinin haberlerini yazarlardı. Yani birisi gezideyse, diğeri haber merkezinde elinde telefon bu haberi yazardı.

Gezi sırası kendinde olan bayan muhabir, haberini yazdırmakta çok zorlanıyordu. Konu çok detaylı, telefon hatları ise berbattı.

Tüm zorluklara rağmen haberi yazdırmaya başladı:

"Cumhurbaşkanı Demirel'in dün gitttiği...... Alo... Alo... sesim gelmiyor mu? Yeniden aramayı deneyeceğim..."

Ve birkaç denemeden sonra nihayet gerekli bağlantı sağlandı. Haber yazdırma işi bitmek üzereydi. Bu arada Demirel kendisine ikram edilen meyve suyunu keyifle yudumluyor bir taraftan da haber yazdıran muhabirleri dinliyordu.

Bayan meslektaş son cümlelerini yazdırmaya başladı:

"... Demirel sonra olarak şöyle dedi: "Düşman işgalleri sonrasında Türkler Anadolu'da büzüldü (yani sıkıştı)!"

Tam bu sırada telefonda yine bir parazitlenme oldu. Masa başında oturan diğer muhabir ise cümlenin sonunu alamamış avazı çıktığı kadar bağırıyordu.

"Son kısmı anlayamadım tekrar söylesene. 'Türkler Anadolu'da üzüldü mü?' Uçakta bulunan muhabir arkadaş bir harf değişikliğinden ortaya çıkan büyük yanlışlığı düzeltmek için çırpınsa da karşı tarafa sesini duyuramıyordu. Olacak gibi değildi. "büzülmek" kelimesi karşı tarafa farklı bir anlam yüklenmiş olarak gidiyordu ki, bu hata birkaç kişinin mesleğinin sonu olabilirdi.

Masa başındaki muhabir ise aslında cümleyi anlamış fakat muziplik olsun diye oyunu sürdürüyordu:

"Tekrar kodlar mısın anlayamıyorum!"

Ve bundan sonra uçak ile haber merkezi arasında şöyle bir konuşma geçer:

Uçak : "Beni duyabiliyor musun? Tekrar söylüyorum: Türkler Anadolu'da büzüldü"

H. Merkezi: "Son kelimeyi tam anlayamıyorum kodlar mısın? Baş harfi Ü'mü?

Uçak: "Hayır Ü değil!. Kodluyorum: Balıkesir'in B'si, Üzüm'ün Ü'sü, Zonguldak'ın Z'si, Üzüm'ün Ü'sü, Laleli'nin L'si, Diyarbakır'ın D'si, Üzüm'ün Ü'sü.. Anladın mı şimdi? "Büzüldü"

(Haberi alan muhabir muzipliği sürdürmekte kararlıdır)

H. Merkezi: "Tamam.. Tamam.. Cümleyi anladım. Yanlız son kelimenin baş harfi üzümün Ü'sü mü anlayamıyorum?"

Uçak: "Ya deli etme beni üzümün Ü'sü değil Balıkesir'in B'si dedim ya!"

Bu konuşmayı yapılırken Demirel'de koltuğunda olup bitenleri dinliyordu. Uçaktaki muhabir ise durumun farkına varmış yüzü kıpkırmızı kesilmişti.

Daha fazla dayanamayan Demirel yerinden kalkarak muhabir arkadaşın yanına geldi. Elini omzuna koyduktan sonra uçaktaki herkesi kahkahalara boğan şu cüleyi sarfetti.

"Rahat ol kızım rahat ol. Güzelce yazdır haberini ben yokum gibi davran. Güzelce anlat arkadaşına sonra yanlış yazmasın!"

Demirel'in bu sözleri masa başındaki muhabirin kulağına kadar gitmiş olsa da o hala muzipliğini sürdürüyordu:

"Tamam anladim son kelimenin ilk harfi üzümün Ü'sü değil mi?"

Eminim ki o geziden sonra Demirel, bir daha Türkler'in Anadolu'ya sıkışıp kalmalarını "büzülmek" kelimesiyle anlatmaya kalkmadı.

Bu anıyı anlatan arkadaşıma da teşekkür etmek istiyorum. İyi konu seçmiş doğrusu...

Çin Seddi Kime Yapıldı

Gezmeyi ve seyahat etmeyi seven Süleyman Demirel, çok sayıda ülkeye gitmesine rağmen Çin Halk Cumhuriyeti'ni bir türlü görememişti. Özellikle Çin Seddi'ne duyduğu merakı sürekli dile getirirken, bu hayalini Cumhurbaşkanlığı'nın üçüncü yılında gerçekleştirebildi.

Takvimler 24 Mayıs 1995'i gösterdiğinde Cumhurbaşkanlığı için kiralanan Airbus 310 tipi büyük uçak, Esenboğa Havalimanı'nın VİP apronundan pist başına doğru harekete geçmişti. Uçağın havalanmasıyla birlikte saatlerce sürecek bir yolculuk başlamıştı. Kimler yoktu uçakta; basın mensupları, işadamları, siyasetçiler, korumalar ve köşk personeli.

Demirel'i taşıyan uçak Pekin'e indiğinde herkes ayakta duramayacak kadar yorgundu. Bir süre istirahat edildi ve resmi temaslara geçildi. Resmi temasların hemen ardından güzel bir gezi bekliyordu heyeti.

İlk durak *"Son İmparator"* isimli filme konu olmuş *"Yasak Şehir"*di. Yasak Şehir, son Çin İmparatoru'nun sürgün edildiği bölgenin adıydı. Son imparator Pui, yaşamının tamamını bu şehirde geçirmeye zorlanmış, sürgün edilmişti. Bu şehirden ne dışarı çıkabiliyor ne de başkaları içeri girebiliyordu. İşte bu sebepten "Yasak Şehir" adı verilmişti buraya.

Yasak ifadesi Demirel için hiçte yabancı değildi. O'da ömrünün sonuna kadar olmasa da bir süreliğine mecburi ikamete tabi tutulmuştu. Demirel'in Yasak Şehri gezerken karmaşık duygular içinde olduğu belli oluyordu.

Gezinin ikinci günü ise Kahramanlar Anıtı'na gidildi. Buradaki tören sonrası ise gezinin keyifli bölümüne geçildi. Zira dünyanın 7 harikasında biri olarak gösterilen Çin Seddi'ni gezmeye gelmişti sıra.

Çin Seddi'ni hayranlık dolu gözlerle izliyordu Demirel ve Nazmiye Hanım. Hemen arkalarında ise dönemin Başbakan Yardımcısı Erdal İnönü vardı. Demirel bir süre ilerleyip Çin Seddi'nin ortasında bir yerde durup yanındaki tercümandan bilgi almaya başlamıştı.

İnönü bir ara söze girerek;

"Efendim burası uzaydan görülebilen insanoğlunun yaptığı tek eserdir" dedi.

Tercüman tekrar konuşmaya başladı:

"Efendim Çin Seddi uzayıp gidiyor. Daha toprak altından çıkarılayaman çok kısmı bulunuyor vs...."

Demirel'in tercümanı dinlerken çevresindekileri güldürecek bir hareket içine gireceği belli oluyordu. Mimiklerinden bu anlaşılıyordu. İşin en ilginç yanı ise, Çin Seddi'nin Türkler'in akınlarından korunmak için yapılmış olmasıydı. Şimdi ise Türkiye Cumhuriyeti'nin Cumhurbaşkanı burayı geziyordu.

Demirel, heyecanlı tercümanın sözünü keserek sordu:

"Peki söyler misiniz buranın yapılış amacı nedir?"

Demirel sorunun cevabını pekala biliyordu. Ama bir 'cin'lik düşündüğü belliydi. Acemi tercüman renkten renge girerek cevap vermeye çalıştı:

"Efendim burası çeşitli saldırılara karşı oluşturulmuştur! O tarihlerde Çin'e dört koldan saldırı vardı !"

Tercüman ter içinde kalsa da durumu kurtarmış olmaktan mutluydu. Ama Demirel hiç mutlu değildi. Çünkü tercümana istediğini söyletememişti. Tercümanın çok şansı yoktu. Süleyman Bey devam etti:

"Peki tamam anladım da nasıl saldırılar?"

Tercüman titrek bir sesle cevap verdi:

"Efendim dış düşmanlar. Yani Çin'i islita etmek isteyenler!"

Baba artık kontrolü eline geçirmiş rakibiyle oynuyordu:

"Kim di bu düşmanlar?"

Tercüman hala kıvırmaya çalışıyordu:

"Efendim dışarıdan gelen düşmanlar!"

Bu sırada heyette bulunan Çin'li bazı yetkililer renkten renge girerken, Türk delegasyonu ise kahkahalarla bu diyaloğu takip ediyordu. Çünkü Demirel bu sorunun cevabını bildiği halde ısrarını sürdürüyor "Türkler" cevabını almaya çalışıyordu.

Demirel devam etti:

"Söyle söyle kim di bu düşmanlar!"

Tercümanın dayanacak hali kalmamıştı. Demirel bir soru daha sorsa belki de kendini Çin Seddi'nin metrelerce yükseklikteki surlarından aşağıya atacaktı. Çaresiz titreyen bir sesle cevap verdi:

"Efendim Türkler'di !"

Tercümanın bu cevabından sonra büyük bir kahkaha atan Demirel ellerini açarak,

"Tamam işte. Söyle bunu bize, rahat söyle çekinme!"

Demirel'in bu şakasını anlayan Çin'li yetkililer rahat bir nefes alırken talihsiz tercüman da bir kenerda terini siliyordu.

Demirel Çin Seddi'nin merdivenlerinden inerken mırıldanıyordu:

"Savunma çok önemli bir şeydir. Bakın insanlara neler yaptırıyor!"

Demirel'in Çin gezisi sadece bu olayla hafızalarda kalmadı. Hafızalarda kalan diğer konu ise heyette bulunanların bu ülkede yaptıkları alışverişti. Zira iddiaya göre kimileri olayı epey abartarak sanki Türkiye'de yokmuş gibi buzdolabı ve çamaşır makinası gibi şeyler almışlardı. Durum böyle olunca uçağın havalanması ve inmesi de olay olmuştu. Hatta bazı televizyonlar Esenboğa Havalimanı'ndan canlı yayın yaparak kimin neler getirdiğini öğrenmeye çalışmışlardı.

Bu gelişmeler sonrası canı iyice sıkılan Demirel, o geziden sonra istisnaları saymazsak uçağına bir daha muhabir almadı.

Cadı Baba

Dünya'nın neresine giderseniz gidin mutlaka bir Türk'e rastlarsınız. Dünya çoğrafyasının herhangi bir noktasında, hiç umulmadık zaman ve zeminde bir Türk'le karşılaşmanız kuvvetle muhtemeldir. Kimisi eğitim, kimisi iş, kimisi de macera olsun diye gitmiştir bu ülkeye.

Bunun dışında bir de Osmanlı'nın muhteşem coğrafyasının doğal bir sonucu olarak buralarda yaşayan Türkler çıkar karşınıza. Aynı Bulgaristan'da, Yunanistan'da, Makedonya'da, Suriye'de Moldova'da Yemen'de, Kırım'da ve hatta Polonya'da olduğu gibi.

16 Mayıs 1993'te Çankaya Köşkü'ne çıkan Demirel'in ilk yurt dışı gezisi Polonya olacaktı. İki ülke arasındaki ilişkiler çok yönlü olmamasına rağmen Demirel'in Cumhurbaşkanı sıfatıyla ilk gezisini bu ülkeye yapacak olması programı önemli hale getirmişti.

Çok sayıda gazeteci günler öncesinde Polanya'ya gitmişti. Herkesi şaşırtan olay ise az sayıdaki Türk'ün kendilerine gösterdikleri sevgiydi. Gözlerinde ve gönüllerinde Türkiye sevdası vardı. Yüzlerinin rengi bile değişmiş ama dilleri ve dinleri değişmemişti. Türkiye'yi ve Türk insanını soruyorlardı ısrarla. Demirel'in ne zaman geleceğini merak ediyorlardı.

Demirel Polanya'da ilk gününü resmi temaslara ayırmıştı. Gezinin ikinci gününde *'Eski Kent'* olarak adlandırılan bir bölge gezildi ve yemeğe geçildi. Tam yemeğe başlanacağı sırada küçük bir kalabalığın, heyetin olduğu tarafa doğru geldiği görüldü. Uzaktan kim oldukları tam olarak anlaşılamayan yaklaşık 50 kişilik grubun ellerinde ise çeşitli pankartlar vardı.

Grup yaklaşıp ellerindeki pankartlar okunduğunda, gelenlerin Polonya'da yaşayan Türkler olduğu anlaşıldı. Demirel'in duygulandığı her halinden belli oluyordu.

Gelenlerin hepsinde Demirel'i görme heyecanını taşıyordu. Ellerinde, "Baba Hoşgeldin", "Baba Seni Seviyoruz", "Baba Bizi Unutmadın" yazılı pankartları kaldırarak bir süre slogan attılar.

Türk delegasyonu bu durumdan çok mutlu olmuştu. Demirel tam kendisine sevgi gösterisinde bulunanların yanına gidecekti ki Polonya polisinde bir hareketliliğin yaşandığı gözlendi.

Sakin sakin bir köşede bekleyen Polonya polisi, gruba yönelerek ellerinde tuttukları pankartları indireye başlamıştı. Kimse ne olduğunu anlamadan Türklerin ellerinde tuttukları pankartlar yerde sürünmeye başladı. Demirel bu duruma oldukça bozulmuş, Türk delegasyonu şaşkınlığını atarak olaya müdahale etmek için harekete geçmişti.

Elçilik görevlilileri ısrarla uygulamanın yanlış olduğunu anlatıyor, Polonya'lı yetkililer ise doğru bir uygulama yaptıklarını savunuyorlardı. Bu hararetli tartışma bir süre sonra yerini kahkahalara bıraktığında kimse ne olduğunu anlamamıştı. Tartışmalar bitmiş iki taraf yetkilileri gülüseyerek yerlerine geçiyorlardı. Polonya polisi de saldırgan tutumunu bırakmış, Türkler'den özür diler bir tavırla pankartların yeniden açılmasına yardımcı oluyordu.

Elçilikten bir görevlinin kulağına eğilerek bir şeyler fısıldadığı Demirel'in de gülmeye başlaması herkesi iyice meraklandırmıştı.

Meğer "*Baba*" kelimesi Polonya dilinde "*Cadı*" anlamına geliyormuş. Türkiye'de "Baba" olarak tanındığını bilmeyen Polonya polisi bu pankartları görünce Demirel'e hakaret edildiğini sanmış.

"Baba" bir anda "Cadı" olmuştu. Düşünüyorum da benzeri bir durum Türkiye'de olsa acaba neler yaşanırdı?

20 Sorti ve Sonrası

Özal'ın ve Demirel'in hayatında Orta Asya'nın ayrı bir yeri vardı. Ne ilginçtir ki, 8. Cumhurbaşkanı Merhum Turgut Özal'da, 9. Cumhurbaşkanı Süleyman Demirel'de son gezilerini Orta Asya'ya yapmışlardı. Merhum Özal çıktığı bir Orta Asya gezisi ardından hayatını kaybetmişti. Demirel'de son gezisini Azerbaycan'a gerçekleştirmişti.

Sovyetler Birliği'nin dağılmasından sonra Türkiye'nin Avrasya üzerindeki etkinliği arttı. Rahmetli Özal Cumhurbaşkanlığı boyunca bu ülke devlet başkanlarıyla iyi ilişkiler kurmaya gayret etti. Her gittiği Orta Asya gezisine işadamlarını da götürerek yatırım yollarını açtı. Özellikle petrol ve doğalgaz rezervlerinin Türkiye için iyi bir açılım olduğunu düşünerek özellikle iki ülkeye daha fazla ilgi gösterdi.

Gidenler çok iyi bilirler ki işadamlarımız bu ülkelerde büyük yatırımlar yaptılar. Ve her kim ne derse desin bu kapıyı da açan da Merhum Cumhurbaşkanı Turgut Özal oldu.

Demirel önceleri çok eleştirse de, Çankaya Köşkü'ne çıktıktan sonra gezilerinin büyük bölümünü bu ülkelere gerçekleştirmeye başladı. Hele hele Azerbaycan Devlet Başkanı Aliyev ve Türkmenistan Devlet Başkanı Türkmenbaşı ile ilişkileri çok ileri seviyelere geldi. Bakü-Ceyhan Petrol Boru Hattı projesinin hayata geçirilebilmesi için mücadele verildiği dönemde bu iki liderin Türkiye'ye geliş aralıkları sıklaşmaya başladı.

Zamanla kişisel dostluklar öyle bir seviyeye geldi ki, karşılıklı şakalaşmalar ve sanatçı transferleri bile başlamış oldu. Türkmenbaşı, Türkiye'den giden bir sanatçıyla aynı masaya oturup defalarca fondip yapmış ve bu konu basında uzun süre yeralmıştı. Zira Türkmenbaşı'nın fondip merakı herkes tarafından malumdu. Ülkesine kim gelse defalarca fondip yapar, masadan kalkmadan da o kişiyi Türkmenistan vatandaşı ilan ederdi.

Demirel'de Türkmenbaşı'nın yemek masasına defalarca oturmuş ve sorti maratonuna katılmıştı. İşte bu anımızda Türmenbaşı'nın yemek masasında Demirel'in başına gelenlenle ilgili.

....

Yol boyunca dizilen Türk Koleji öğrencileri, ellerinde tuttukları Türkiye ve Türkmenistan bayraklarını neşe içinde sallıyorlardı. Türkmenistan caddeleri milli bayramlar dışında böyle bir coşku görmemişti. Müzik eşliğindeki yöresel dans gösterileri ayrı bir neşe katmıştı tören alanına. Demirel ve Türkmenbaşı halkı selamladıktan sonra kendileri için ayrılan yere oturdular. Program oldukça yoğundu. Türk işadamları tarafından yaptırılan çok sayıda tesis açılacak, bir o kadarının da temeli atıldıktan sonra Demirel onuruna verilen akşam yemeğine geçilecekti.

Türkmenbaşı mükemmel bir yemek programı hazırlamıştı. Yemek henüz yeni başlamıştı ki Türkmenbaşı ayağa kalkarak ilk sortiyi yaptı;

"Kadehimi pek hörmetli gardaşım Demirel için galdirirem!"

Türkmenbaşı bu sözlerinin ardından elindeki kadehi bir dikişte içti. Gözler Demirel'e çevrilmişti ki o da davete uyarak içkisini bir nefeste bitirdi. Türkmenbaşı'nın keyfi yerine gelmişti. Aradan 10 dakika geçmeden ikinci sorti için çağrıda bulundu. Demirel bu işe biraz şaşırsa da belli etmeyerek ikinci kadehi indirdi miğdesine.

Demirel önüne gelen nefis yemeklerden bir parça almıştı ki Türkmenbaşı yeniden sahneye çıktı:

"Hörmetli gardaşım senin için tekrar kadeh kaldırıyorum."

Türkmenbaşı yine bir nefeste elindeki kadehi boşaltmıştı. Demirel çaresiz üçüncü sortiye ortak oldu.

Demirel'in önündeki kadeh boşaldıktan hemen sonra dolduruluyor, bunu gözleyen Türkmenbaşı mütemadiyen ayaga kalkarak davetini tekrarlıyordu.

Dayanılacak gibi değildi. Yemeğe başlayalı daha yarım saat olmuştu ama Demirel 10 kez kadeh kaldırmak zorunda kalmıştı. Türkmenbaşı'nın sayısız sortilere alışkın bünyesi bu durumdan etkilenmemekle beraber, Demirel'deki renk değişimi herkes tarafından farkediliyordu. Türk delegasyonu bu durumu gülümseyerek izliyor ama bir şey yapamıyordu. Belki de Demirel işi onur meselesi yapmış, "bakalım kim daha dayanıklı göreceğiz" dercesine davete büyük bir neşeyle iştirak ediyordu. Ama Türkmenbaşı'nın dur durak bileceği yoktu. İçilen içki miktarı Demirel'i rahatsız etmeye başlamıştı bile.

Yaklaşık 15'inci sortiden sonra Türkmenbaşı Demirel'deki değişimin farkına varmıştı. Kulağına eğilerek,

"Gardaşım ne yapıyorsun biraz yavaş gitsen. Sonra rahatsız olursun!" uyarısında bulundu.

Bu duruma şaşıran Demirel Türkmenbaşı'na dönerek,

"Yok canım niye rahatsız olayım. Sen davet ediyorsun ben içiyorum. Hem sen rahatsız olmazsan ben niye olayım." dedi.

Demirel'in sözleri üzerine büyük bir kahkaha atan Türkmenbaşı'nın bu tavrı merak konusu olmuştu.

Türkmenbaşı Demirel'e dönerek sırrını açıkladı:

- "Ama gardaşım ben içki içmiyorum ki içtiğim sadece elma suyu! Sen de öyle yap iyi oluyor"

Demirel bir süre şaşkınlık geçirse de kendini çabuk toparlayarak kahkahalara eşlik etti. Meğer Demirel yavaş yavaş şarhoş olurken uyanık Türkmenbaşı elma suyuyla idare ediyormuş.

Bu olay Süleyman Demirel'in içine oturmuş olacak ki, yıllar sonra tekrar gittiği Türkmenistan'da yemek masasına otururken ilk işi Türkmenbaşı'nı uyarmak olmuş. Türkmenbaşı'da elma suyunu bir tarafa bırakarak eşit şartlarda sortilere eşlik etmiş.

Gezi dönüşünde gazetecilerin sorularını cevaplandıran Demirel, kondisyonunun yerinde olduğunu ve bu sefer ki yemekte 20 sorti yaptığını anlatıyordu gururla. İşin en ilginç tarafı ise, kimsenin Türkiye için hayati önem taşıyan Türrkmen Gazı'yla ilgilendiği yoktu. Kimse merak edip de onu sormuyordu. Herkesin tek öğrenmek istediği Demirel'in kaç sorti yaptığı, sarhoş olup olmadığı ve bünyesinin kaç sortiye dayandığıydı.

Ertesi gün gazeteler ilk haber olarak Demirel ile Türkmenbaşı'nın sorti macerasını verdiler. Bir satır da Türkmen gazı projesinden bahsettiler. Ne acıdır ki aylar sonra Türkmenistan Devlet Başkanı bu sefer sortilerini Rusya Devlet Başkanı Putin ile yapmaya başladı. Muhtemelen de 20'ci sortiden sonra Türkmen doğalgazını Rusya'ya satmaya karar verdi. Görülen oydu ki Demirel sorti yarışında sınıfta kalmıştı ya da sortiler işe yaramamıştı.

Demirel hayatı boyunca önemli sortilere imza attı: Bu sortiler genellikle hasımlarına ve siyasi rakiplerine karşıydı. Hiç acımadı onlara; kimi zaman kedinin fareyle oynadığı gibi oynadı, kimi zamansa hiç vakit kaybetmedi sonuca varmak için. Demirel'in son sortisini Türkmenbaşı'nın yemek masasında yaptığını düşünüyorsanız yanılıyorsunuz.

Demirel son sortisini, Çankaya Köşkü'ne çıktıktan sonra mazisini unutarak yapmıştı belkide. Ya yemek masasında olanlar mı?

O sadece bir akşamlık fasıldı !

Gördün mü? Gördün mü?

Süleyman Demirel'in kabullerinde yaşanan çeşitlilikten daha önce defalarca sözetmiştim. Heyet kabul etmeyi 'devlet işi' olarak gören Demirel, istisnalar hariç kimsenin randevu talebini geri çevirmemişti. Bu istisnaların kimler olduğuna burada değinmeyeceğim. Fakat arşivime şöyle bir göz attığımda karşıma ilginç kişi ve kuruluşların çıktığının da altını çizmeliyim.

Gelen heyetler belli bir protokol kuralına bağlı olarak alınırlardı Elçi Kabul Salonu'na. Protokol görevlileri giriş ve çıkışları belli bir düzen içinde sağlamaya çalışsalar da, kapıda Demirel'i gören bazı heyet üyeleri protokolu falan unuturlardı. Kimisi Demirel'in elini öpmek için önündekini iterken bir diğeri tokalaşma karesinin iyi çıkması için yapıştığı Demirel'in elini dakikalarca sıırtarak sıkardı. Kimisi yazdığı şiiri şair edasıyla okurken, kimisi de beraberinde getiridiği meyve-sebze sepetini Demirel'in eline tutuşturmaya çalışırdı.

İşte böyle bir renk cümbüşü içinde başlardı günlük kabuller. Herkes oturduktan sonra Demirel yerine oturur, kendisine getirilen hediyeleri korumalarınını yardımıyla alırdı.

Yine böyle kabullerin yoğun olduğu bir günde Süleyman Demirel'i, görme özürlü vatandaşlarımız ziyaret etmişti. Heyet üyelerinin yerini almalarıyla birlikte koyu bir sohbet başladı. Görme özürlüler sıkıntılarını anlatıp yardım talebinde bulundular. İş bulamamaktan, hükümetten yeteri kadar ilgi görememekten ve kendileriyle ilgili bir bakanlık bulunmamasından şikayetçiydiler.

Demirel sabırla dinledi ve her zamanki gibi rakamlarla girdi konuşmaya. Türkiye'deki özürlü sayısı, özürlü okullarının durumu vs. Ve klasik cümlesi olan, "Konuyu yetkililere ileteceğim" ifadesiyle finali yaptı. Artık görüşme bitmiş heyet üyeleri Elçi Kabul'den ayrılmaya hazırlanıyorlardı. Demirel tam yerinden kalkacağı sırada ani bir hareketle heyet başkanına döndü. Şu an ismini tam olarak hatırlayamadığım bir şehirde yapılan görme özürlüler eğitim okulunu anlatmaya başladı:

"Bakın orada yardımseverlerin yardımıyla fevkalade güzel bir yer yaptık. Ben gezdim çok güzel olmuş. Eğer biz bu tesisleri Türkiye'nin her tarafına dağıtabilirsek Türkiye'de görme özürlülerin sorunları bitmiş olur."

Demirel sözlerini bitirmiş gibi yaptı fakat muhatabının omzuna dokunarak şu anlamlı soruyu sordu:

"Bu bahsettiğim yere gittin mi? GÖRDÜNÜZ MÜ? Nasıl güzel değil mi?"

Demirel'in bu sorusu, içine hüzün çöken Elçi Kabul'un havasını birden değiştirmişti. Gülmemek için kendimizi zor tutuyor, görme özürlü birisine Demirel'in "Gördün mü? Gördün mü?" diye sormasını aramızda değerlendiriyorduk. Fakat asıl cevap muhataptan gelince büyük bir kahkaha koptu:

"GÖRDÜM efendim GÖRDÜM . Çok güzel olmuş. Gerçekten çok harika yapılmış !"

Demirel'in bizim bulunduğumuz taraftan gelen kahkahalara çok anlam veremediği belliydi. Önce bize doğru dönerek ciddiyetin yeniden sağlanmasını sağladı. Sonra bir şey yokmuş gibi muhatabına dönerek sohbetine kaldığı yerden de devam etti:

"Çok güzel. Bu sizin GÖRDÜĞÜNÜZLE kalmasın Türkiye'nin her tarafındaki görme özürlü kardeşlerimizi buraya götürün ve hepsine GÖSTERİN. Herkesin GÖRMESİNDE yarar var!."

Bizim bulunduğumuz tarafta biraz önce sağlanan ciddiyet, tahmin ettiğiniz gibi yeniden bozulmuştu. İkinci kahkaha birincisinden daha gür çıktı. Demirel'de artık bizim neden güldüğümüzü anlamıştı. Bir süre önüne baktı ve sonra kendisi de gülümsemeye başladı.

Heyet üyeleri Demirel'le tokalaşarak Çankaya Köşkü'nü terkederken biz 'hâlâ', "Gördün mü? Gördün mü?" espirisiyle uğraşıyorduk.

Demirel'in kabulleri sürüyordu. Ne ilginçtir ki bir sonraki heyet üyeleri arasında görme özürlü bir sanatçı da bulunuyordu. Metin Şentürk'te bir vesile ile Çankaya Köşkü'ne gelmişti. Demirel, önceki kabulde başına gelenlerden sonra Şentürk'le olan diyaloğunu daha dikkatli sürdürüyordu.

"Sizi zevkle izliyorum. Çok güzel söylüyorsunuz. Neşenizden bir şey kaybetmemiş olmanız çok güzel. Bu herkese örnek olmalı."

Demirel'in kelimelerini özenle seçtiğinin farkına varan Şentürk fırsatı kaçırmadan espiriyi patlattı:

"Efendim bende sizi ve performansınızı zevkle izliyorum. Sizdeki enerji ve çalışma azmi GÖZLERİMİ kamaştırıyor !"

Bu güzel şakaya Demirel'inde ortak olmasıyla yoğun geçen bir günü daha mutlu bir şekilde bitirmiş oluyorduk.

Sayende 'Baba' Sayende!!!

Hummalı bir çalışma vardı köy meydanında. Günler öncesinden başlayan çalışmalar bitmek üzereydi. Herşeyin tam olması gerekiyordu. Eksik hiç bir şey kalmamalıydı. Yediden yetmişe herkes sağa sola koşuşturuyor, bir şeyler yapmaya çalışıyordu. Büyükşehir Belediyesi'nden gelen iş makinaları harıl harıl çalışıyor, köylüler ise ellerine geçirdikleri kazma kürekleri büyük bir coşkuyla indirip kaldırıyorlardı. Kadınlar, ellerindeki bez parçalarıyla hem sohbet ediyor hem de kapı pencere demeden her yeri siliyorlardı. Bu koşturmada içinde en mutlu olanlar ise çocuklardı şüphesiz. Hem eğleniyor hem de büyüklerine yardım ediyorlardı. Hayatlarında göremeyecekleri kadar balon gelmişti köylerine. Rüyalarında bile bu kadar renkli balonu birarada görmemişlerdi. Onların görevleri şişirilmiş binlerce balonu uygun yerlere yerleştirmekti. Biraz uzun boylu, güneş gözlüklü ve elinde telsiz olan kravatlı adam sürekli çocuklara talimat yağdırıyordu:

"Bakın çocuklar sakın patlatmayın balonları. Patlatırsanız kulaklarınızdan asarım sizi. Eğer bu balonları söylediğim yerlere güzelce yerleştirirseniz, tören sonrasında bunların hepsini size vereceğim!"

Çocuklar ise son derece memnun kalmışlardı bu tekliften. İçlerinden bazıları muziplik yapıp bir iki balonu patlatmasına, uzun boylu adamın avaz avaz bağırmasına ve güneşin altında enselerinin yanmasına rağmen keyifli bir gün geçiriyordu köy halkı.

Saatler 14:00'ı gösterdiğinde hazırlıklar hemen hemen tamam gibiydi. İş makinaları köy sokaklarından teker teker çekiliyordu. Kadınlar da ellerindeki bezleri bırakmış kendilerine çekidüzen veriyorlardı. Köy muhtarı kaymakamın yanından hiç ayrılmıyor, başıyla sürekli söylediklerini onaylıyordu. Kaymakamın çalan telefonu misafirlerin bir iki saate kadar köyde olacağını haber veriyordu. Muhtara dönerek;

"Hemen koş köylüye haber ver. Herkes işini bıraksın vakit geldi. Vali Bey aradı yola çıkıyorlarmış. Görkemli bir karşılama yapmalıyız" dedi.

Muhtar aldığı talimatla köylülerin olduğu tarafa koşarak bağırmaya başladı:

"Hadi herkes toplansıııın!"

Köy'ün hemen girişine bir sıra halinde önce çocuklar dizildi, ellerinde bayraklarla. Göreve yeni başlayan ilkokul öğretmeni çocuklara nasıl bağıracakların tembihliyordu:

"Sakın karıştırmayın. Hep beraber başlayacaksınız. Benim işaretimi bekleyin."

Çocukların hemen arkasına ise köylüyer sıralandı. Kaymakam'da onlara yapacaklarını anlatıyordu:

"Bakın siz de benim hareketimi bekleyin misafirler gelirken hep bir ağızdan size söylediğim şekilde bağıracaksınız."

Köy muhtarı ise en önde kurbanlık koçların başında bekliyordu. Kasap bıçağını biliyor, bir taraftanda yolu gözlüyordu.

Kaymakam rahatlamıştı. Herşey tamamdı hiç bir sorun yoktu artık. Derin bir nefes alıp yüksekçe bir kaya parçasının üstüne oturarak beklemeye başladı. Saatine baktı bir iki nefeslik zamanı vardı. Sigara paketini çıkardı bir tane yaktı. Tam bir nefes çekecekti ki büyük bir eksikliğin farkına vardı. O da ne? Köyün girişine asılması gereken devasa pankartın yerinden yeller esiyordu. Olacak gibi değildi. Ok gibi fırladı yerinden. Bu telaşı gören köylüler dumurumu hemen farkettiler. Biraz önce parkeden iş makinası büyük bir gürültüyle yeniden çalıştı. İki genç ani bir hareketle iş makinasının üstüne çıkıp köylülerin uzattığı pankartın ucundan tuttu. İpleri sıkıca bağladılar direğe. İş makinası tekrar yerine döndü. Herkes eski düzenini aldı. Büyük bir eksiklik son anda farkedilmiş ve düzeltilmişti. Köy muhtarı büyük gururla pankartın karşısına geçti. Şöyle bir baktı; biraz eğrilik vardı. Ama önemli olan pankartın asılmasıydı. Hata olup olmadığını kontrol etmek için son bir kez okudu pankartı:

"Hoşgeldin BABA, Herşey Senin Sayende!"

....

Çeşitli etkinliklerde bulunmak üzere yine Isparta'ya gelmiştik. İslamköy'ün yakınlarında bulunan bir köyün başı, dağdan yuvarlarar kayalarla derde girmişti. Kabus dolu günler geçiren köy halkı, Demirel'in durumdan haberdar olmasıyla rahat bir nefes almıştı. Dönemin valisine köyün yerinin en kısa zamanda değiştirilmesi talimatını vermişti.

Öğrendiğimize göre kayalık bir alana kurulu olan köy, yapılan çalışmalar sonrasında daha düz bir bölgeye kaydırılmıştı. Bu sayede köylülerin kabusu haline gelen heyelan artık yaşanmayacaktı.

Demirel, Isparta gezisinin ikici gününde bu köye gidecek ve açılışını yapacaktı. Köylüyerin, Demirel'in köye girişindeki coşkusu görülmeye değerdi doğrusu. Araç konvoyuyla birlikte ortalığı bir toz bulutu kaplamış, yerde sıralanmış koçlar birer birer kurban ediliyordu. Davul ve zurnanın sesi "Baba !.. Baba!..:" sloganları ile karışıyordu.

Tören başlamış, köylüleri, yeni evlerine taşınma heyecanı sarmıştı. Konuşmacılar teker teker kürsüye geliyor, halka önceden tembihlendiği üzere kendilerine öğretilen sloganları tekrarlıyorlardı.

Demirel kürsüye çıktığında ise büyük bir coşku yaşandı köy meydanında. Mutluluğu gözlerinden okunan Demirel söz girdi:

"Sevgili hemşehrilerim. Sizi böyle mutlu görmek beni de mutlu etti. Yeni köyünüz ve evleriniz hepinize hayırlı olsun!"

Köy meydanından kopan alkış tufanını, atılan sloganlar izlemeye başlamıştı.

"Sayende Baba, herşey senin sayende... Sağol.. Varol.. vs"

Demirel konuşmasını sürdürüyor, her cümlesinin başında hemşehrilerinin sloganları ile mutlu oluyordu.

Konuşmasının ortalarına gelmiş, köyün yerinin neden değiştiğini anlatmaya başlamıştı:

"Köyün daha önce kurulu olduğu yerde dağlardan kopan kayalar üstünüze, başınıza ve kafanıza düşüyordu. Şimdi burada...:"

Demirel daha sözlerini tamamlamamıştı ki, atmaları gereken sloganlar önceden ezberletilen köylüler hep birlikte bağrımaya başladılar....

"Sayende Baba sayende. Her şey senin sayende!"

Demirel ne olup bittiğini önce anlayamasa da ,"Kafanıza kaya düştü" sözlerinin arkasından gelen, "Sayende Baba" sloganlarına bozulmuştu doğrusu. Olayı dışarıdan izleyen bizler ve korumalar bir köşede gülmekten kırılırken Demirel sözlerini devam ettirdi:

"O kayaların kafanıza düşmesini engellemek için...."

Tam bu sırada köylüler yine duramamıştı..

"Baba senin sayende!"

Bizim attığımız kahkahalar kulağına kadar gitmiş olacak ki daha fazla dayanamayan Demirel espiriyi patlatarak,

"Durun be kardeşim durun. Birazcık sabredin güzel hemşehrilerim. Lafımı bir bitireyim. Taş benim sayemde mi düştü kafanıza" dedi.

Demirel'in bu sözleri üzerine gülme sırası köylülere gelmişti. Meydanda toplananlar yaptıkları hatayı anlamış, Demirel'in nüktesi sayesinde hallerine gülmeye başlamışladı.

Neyse ki Demirel sözlerini tamamlayıp köyün açılışını gerçekleştirdi. Baba'nın sayesinde kafasına kaya dökülen köylüler (!) ise yine Baba sayesinde bu ızdıraptan kurtulmuşlardı.

Tuvalet Skandalı

9. Cumhurbaşkanı Süleyman Demirel, Nazmiye Hanım ve korumalar arasında özel bir iletişim vardı. Yakın koruma ekibi 24 saat Demirel çiftinin yanında olduğundan acı-tatlı bir çok anıya da ortak oluyorlardı. Demirel'i düşmekten ve silahlı saldırıdan kurtaran korumalar, kimi zaman herkesin gözü önünde en ağır azarı işitirlerdi. Gecegündüz demeden sürekli Demirel'in güvenliği için görev yapan korumaların ner zaman tetikle olmaları gerekiyordu.

Demirel çıktığı kürsüden inerken, ayağı her an kayabilir, birisi üstüne atlayabilir, halkın arasında kalabilir ve hatta güneş gözlüğünü kaybedebilirdi. İşte bu gibi durumlarda özel eğitimli yakın korumalar devreye girer ve sorunu bertaraf ederlerdi. Uçakta, konutta, Çankaya'da arabada ve hatta lavaboda bile korumalar olurdu yanında. Bu korumalar zaman zaman azarlansalar ve hatta hırpalansalar da hiç aldırış etmeden görevlerine devam ederlerdi. İzmit'te uğradığı silahlı saldırı sonrası kendisini olay yerinden uzaklaştıran korumaların Demirel tarafından nasıl azarlandığı hala hafızalardadır.

Bunun gibi nice tatsızlıklarla karşılaşırlardı korumalar. Bir koruma gazetecinin önüne mi geçti? Baba'dan fırçayı yerdi hemen. Başka birisi dinleyicilerin görüş açısını mı kapatıyor. O da hemen nasibini alırdı azardan.

Korumaların diğer bir özelliği ise 'ketum' olmalarıydı. Zira bizim açımızdan orijinal olabilecek bir çok güzel konunun detaylarını bilmelerine rağmen renk vermez, 'üç maymun'u oynalardı. Şimdi düşünüyorum da belki de haklıydılar.

Demirel döneminde sayıları 350'yi bulan korumaların çok rahat oldukları da söylenemezdi aslında. Belirgin bir şekilde 'ikinci sınıf' uygulaması yapılırdı bu insanlara. Nasıl mı? Örneğin Çankaya Köşkü o tarihlerde tüm personeline yılda üç kez (iki bayram ve yılbaşı) ikramiye veriyordu. Köşk bünyesinde geçici görevle çalışanlar bile bu ikramiyeden yararlanabiliyorlardı. Ama nedendir bilinmez korumalar bu uygulamadan muaf tutuluyordu. Yani 'ellere var, size yok' deniliyordu bir anlamda. Yıllar geçmesine rağmen hiç bir koruma da çıkıp, 'biz üvey evlat mıyız? bizi neden dışlıyorsunuz?' demedi, belki de diyemedi.

Ben bu konuyu öğrendiğimde doğal olarak haber yaptım. Tabi bu durumda korumaların mağduriyetinin giderileceğini düşünmüştüm. Ama hiç te düşündüğüm gibi olmadı. Ne mi oldu? Ne olacak, bu haberden mutlu olması gereken bazı isimler, benimle samimiyeti bulunan memurları toplayarak sorguya çekti:

"Bu haberi kim sızdırdı? Bulun bana sızdıranı !"

Allah'tan benim yüzümden kimsenin başı yanmadı. Ama korumaların sıkıntısı Demirel'in son gününe kadar sürdü. Hatta iddiaya göre Demirel'in son gün akşam verdiği veda resepsiyonuna korumalar alınmak istenmemiş önce. Neyse ki araya girilmiş ve 7 yılını Demirel'i korumaya veren bu insanları salona alınma 'lütfu' gösterilmiş.

İşte size korumalar ve başlarına gelen iki ilginç olay. Birisi Demirel, diğeri ise Nazmiye Nanım kaynaklı:

Demirel klasik yurt gezilerinden birisine çıkmıştı. Açılışlar, toplantılar, temel atmalar ve paneller arka arkaya devam ediyordu. Korumalar sıcaktan ve izdihamdan bunalmış, nöbetleşe çalışarak rahatlamaya çalışıyorlardı. Akşam saatlerinde bir toplantı başlamış, Demirel konuşma sırasının kendisine gelmesini bekliyordu. Bu sırada koruma müdüründen bir anons duyuldu. Koruma müdürü, konuşma sonrası Demirel'in lavaboya gideceğini ve bu konuda gerekli önlemlerin alınmasını istiyordu.

Gerekli önlem ise belliydi: WC'nin giriş çıkışları kontrol altına alınacak, içeriye kimse alınmayacaktı. Görevliler tarafından temizlik yapıldıktan sonra bomba uzmanlarının kontrolünden geçecekti.

Kısa sürede yukarıda sıralananlar yapılmıştı. Demirel sözlerini bağlayarak hızlı adımlarla törenin yapıldığı salondan ayrıldı ve kendisine gösterilen istikamete doğru yöneldi. Demirel kimsenin alınmadığı ya da öyle sanıldığı tuvalete girdi. Kimsenin olmadığını düşünen Demirel, bu rahatlıkla bir taraftan ceketini çıkartıyor, bir taraftan da tuvalete girmek için hazırlık yapıyordu. İçeride son olarak koruma müdürü kalmıştı. Demirel ona da dışarı çıkmasını söyledi.

Buraya kadar herşey normal gidiyordu. Demirel'de karşısındaki tuvalete yönelmişti. O da ne! Demirel'in girmek için hamle yaptığı tuvaletin kapısı aniden açılıverdi. Kapı açıldığıyla kalmamış, Demirel, pantolununu çeken bir şahısla burun buruna gelmişti. Baba şaşkın şaşkın muhatabına baktı, muhatabı da O'na.

Tuvaletin kapısında, Cumhurbaşkanı'nı gören şaşkın vatandaş, kıpkırmızı kesilmiş, yukarı çekmeye çalıştığı pantolununa takılarak düşmek tehlikesi geçirmişti. Demirel karşısına çıkan davetsiz misafire şaşkın şaşkın bakıyordu. Talihsiz vatandaş son bir hamleyle kendini dışarı atarken, koruma ekibi de donakalmıştı.

Herkes şaşkındı. Talihsiz vatandaşın yaşadığı şok yetmemiş gibi, şimdi de korumaların kolları arasında kalmıştı. Titrek bir sesle, miğdesinin bozuk olduğunu ve yaklaşık 45 dakikadır içeride olduğunu anlattı bir nefeste. Gözleri de dolu dolu olunca suçsuzluğu anlaşılmıştı.

Olay belliydi: Tuvaletlerden bir tanesi kontrol edilmemişti. Şans bu ya Demirel'de 5 tuvalet arasında onu tercih etmişti.

Koruma müdürü bir taraftan polisleri fırçalıyor bir taraftan da, "Yandık hepimiz!" diye söyleniyordu.

Yapacak bir şey yoktu. Bekleyip göreceklerdi. Dakikalar geçmek bilmiyor, Baba içeriden bir türlü çıkmıyordu. Neyse ki açılan musluk sesi Baba'nın çıkmak üzere olduğu haberini veriyordu. Demirel ellerini yıkadı, gömleğini ve kravatını düzeltip kapıyı araladı. Tüm bakışlar üzerine kilitlenmişti. Korumalar boynu bükük, başlarına geleceğe razı bir halde bekliyorlardı.

Demirel ceketini işaret etti. Bir koruma hemen koşarak ceketini tuttu. Hiç bir şey olmamış gibi davranıyordu. Dikkatle ceketinin düğmelerini ilikledi. Korumalar biraz rahatlamışlardı. Demirel bir iki adım attı. Tam kapıdan çıkacağı sırada korumalara dönerek beklenen çıkışını yaptı:

"Sizin yapacağınız korumanın...."

Demirel, asık bir suratla makam aracına binerken, korumalar bir taraftan gülüyor, bir taraftan da başlarına gelen bu talihsiz olayı konuşuyorlardı. Bu kişi ya kötü niyetli birisi olsaydı ? Sanırım Demirel'in tepkisi daha farklı olurdu.

İtiraf etmeliyim ki bu olayı yıllar sonra bir koruma arkadaştan öğrendim. Bunu rahatlıkla söyleyebilirim. Çünkü biliyorum ki, şimdilerde kimse kimseyi haber sızdırmakla suçlamıyor.

Çikolatalar Bozuk Çıkarsa

Aktaracağım ikinci olayda ise yine korumalarla ilgili. Fakat bu kez baş aktör Nazmiye Hanım. Demirel çiftinin o tarihlerde sık sık Tuzla'ya gittiğini dile getirmiştim.

Demirel çifti buradaki evlerini yazlık olarak kullanır, her yıl bir aylarını burada geçirirlerdi. Tuzla ziyareti de uzun sürdüğünden çok sayıda koruma İstanbul'a götürülür, dönüşümlü olarak görev yaparlardı.

Yine bir grup koruma öncü olarak İstanbul'a gitmişti ve hazırlık yapıyorlardı. Demirel çiftinin de gelmesiyle Tuzla'daki evde yoğun bir temizlik başlamıştı. Nazmiye Hanım, korumalara nelerin alınması gerektiğini söylüyor, uzun zamandır kullanılmayan malzemelerin atılmasını istiyordu. Demirel çiftine gelen büyük miktardaki gıda maddesinin bozulduğu da bu sırada anlaşılmıştı.

Nazmiye Hanım işlerin bitmesiyle birlikte korumaları yanına çağırmıştı. Bilmeyenler için hatırlatmak isterim, korumalarla yakından ilgilenir, çeşitli yiyecek ve içeceği kendi elleriyle ikram edecek kadar samimi davranırdı.

Nazmiye Hanım, yanına gelen korumalara dönerek,

"Çocuklar burada çok miktarda içecek ve çikolata var. Biz bunları bitiremeyiz. Alın arkadaşlarınıza dağıtın" dedi.

Korumalar, kendilerine gösterilen odaya girdiklerinde yıllardır tüketilmeyen içeceklerin bozulduğunun farkına varmışlardı. İçecekleri çöpe atmaktan başka çareleri yoktu. Çünkü hepsi içilemeyecek derecede bozulmuştu.

Korumalar görev yerlerine dönüyorlardı ki, Nazmiye Hanım'ın kendilerini yeniden çağırdığı talimatını aldılar. Tüm korumaları bir korku sarmıştı, Acaba Nazmiye Hanım içecekleri çöpe attıklarını görmüş müydü? Neyse ki korktukları başlarına gelmedi. Davet yine bir ikramla ilgiliydi. Nazmiye Hanım bu kez de yaklaşık 10 kutuluk bir çikolata paketini korumalara verdikten sonra:

"Çocuklar bunu da aranızda paylaşın" dedi.

Korumalar aşağıya indiklerinde ise çikolotaların son kullanma tarihinin iki yıl önce olduğunu farketmişlerdi. Hiç biri yeme cesaretini gösteremiyor, çöpe atma riskine de giremiyorlardı. Bu sırada bir polisin aklına iyi bir fikir geldi.

Arkadaşlarına dönerek,

"Tamam arkadaşlar bu çukulataları Çevik Kuvvet'in elemanlarına dağıtalım" dedi..Bu muzip fikir kabul görünce 10 kutuluk çikolata paketi kapının önünde bekleyen polis otobüsüne gönderildi. Çok sayıda polis kendilerine yapılan bu ikramdan duydukları memnuniyetle 10 kutu çikolatayı 10 dakikada tüketmişlerdi.

Demirel'in yakın korumaları yaptıkları muzipliği arkadaşlarına anlatırken, neler olacağından habersiz eğleniyorlardı. Aradan bir saat geçmişti ki Çevik'ten sorumlu başkomser, bembeyaz bir surat ifadesiyle koşarak korumaların yanına geldi.

Nefes nefese;

"Ne yaptınız siz ! Bütün polisler otobüsün içinde horul horul uyuyor. Hiç birini uyandıramıyorum !" diyebildi.

Korumalar arasında büyük bir kahkaha koparken, başkomser şaşkın şaşkın bakınıyordu. Anlaşılan tarihi geçmiş çikolatalar bütün polisleri uyutmuştu.

Görevli başkomser olup biteni dinlerken bir taraftan gülüyor bir taraftan da şakaya katılıyordu:

"İnsan biraz da bana ayırır. Kaç gündür uykusuzum. Bu sayede biraz uyurdum"

Neyse ki olay, polislerin bir iki saat sonra uyanmaları ile tatlıya bağlanmıştı. Bu arada diğer bir korumanın,

"Hadi gelin içecekleri de getirip dağıtalım" önerisi neyse ki kabul görmemişti.

Bineanaleyh Dünyayı Gezeriz

Süleyman Demirel, Cumhurbaşkanı sıfatıyla görev yaptığı 16 Mayıs 1993-16 Mayıs 2000 tarihleri arasında 2 bin 512 gün boyunca hiç durmadı. Sürekli açılış yaptı, temel attı, gezilere gitti, toplantı, panel ve konferanslara katıldı. Kendisiyle görüşme talebinde bulunanları kabul etti, dertlerini dinledi. Söz konusu bu etkinlikler günlük olarak kayıt altına alındı. Her yıl sonunda da bu rakamlar Demirel tarafından kamuoyuna duyuruldu.

Demirel 7 sene boyunca ne yaptı diye merak ediyorsanız bu satırları dikkatle okumanızı tavsiye ederim o zaman.

Süleyman Demirel hep rakamlarla övündü: Katettiği kilometreleri gururla aktardı bizlere. İşte rakamlara olan bu düşkünlüğü sayesinde kırılması güç rekorlara da imza attı. 7 yılda toplam 1 milyon 052 bin 473 km yol katetti ve 124 bin 880 vatandaşı kabul ederek görüştü. Farklı bir yaklaşımla Demirel; yılda 150 bin, ayda 12 bin 500, günde ise 400 km yol gitti. Gezilerinin büyük bölümünü uçakla yaptığını düşünürsek ortalama gününün iki saati hep uçakta geçti.

Görev süresi boyunca 124 bin 880 kişiyi kabul eden Demirel, her yıl 18 bin, her ay bin 500, her gün ise ortalama 50 kişiyle görüştü.

Demirel'in sevdiğini bildiğim için rakamlarla oynamaya devam etmek istiyorum. Size vermiş olduğum kilometrelerin daha iyi anlaşılır hale getirmek için şu örneği vereyim. Demirel katettiği kilometre itibariyle Türkiye'nin bir ucundan diğer uçuna yaklaşık olarak 500 kez gidip gelmiş oluyor. Başka bir ifadeyle Demirel 7 senede dünyanın çevresinde tam 23 tur attı.

Katettiği kilometreleri bir tarafa bırakıp, başka neler yapmış onlara bakalım:

Genelkurmay Başkanıyla Rekor Görüşme

Görevde kaldığı süre zarfında 8 hükümet değişikliğini onayladı. En fazla Genelkurmay Başkanı ile görüştü. İkili, 7 yılı boyunca toplam 227 kez biraraya geldi. Sırasıyla; TBMM Başkanıyla 146, Başbakanla 303, Başbakan Yardımcısıyla 8, Siyasi parti liderleriyle 227 kez görüştü.

20 Kez Anıtkabir'e giden Demirel, 86 Milli Güvenlik Kurulu Toplantısı'na da başkanlık yaptı.

637 Kanun Onayladı

9'uncu Cumhurbaşkanı Demirel 637 Kanun, 105 Kanun Hükmünde Kararname, 9 bin 457 Bakanlar Kurulu Kararı ve 261 Bakanlar Kurulu Ataması onayladı. Ayrıca 100 Rektör, 10 Anayasa Mahkemesi Üyesi, 3 Yargıtay, 10 Danıştay, 14 Hakimler ve Savcılar Yüksek Kurulu, 28 Askeri Yargı ve 42 Yök üyesini seçti. Demirel ayrıca 95 af kararı imzaladı.

60 Ülkeye Gitti

Toplam 60 ülkeye resmi ziyarette bulundu ve 96 devlet başkanını Çankaya Köşkü'nde ağırladı. Gittiği ülkeler ise şunlar:

Polonya, İsviçre, Romanya, Mısır, Ukrayna, Moldova, Bosna-Hersek, Hırvatistan, İran, Ürdün, Macaristan, Türkmenistan, Gürcistan, Fas, Portekiz, Hindistan, Danimarka, Pakistan, Arjantin, Şili, Brezilya, Çin Halk Cumhuriyeti, HonKong, Endonezya, Kazakistan, Kıbrıs, Bulgaristan, Arnavutluk, Makedonya, Kırgızistan, Tacikistan, Moğolistan, ABD, Azerbaycan, Fransa, İsrail, Filistin, Özbekistan, İtalya, Rusya, Almanya, Bangladeş, Slovenya, Hollanda, Litvanya, Estonya, Letonya, İspanya, Kuveyt, Omman, Birleşik Arap Emirlikleri, Tunus, Avusturya, Cezayir, Filipinler, Katar, Bahreyn ve Kosova"

Bir Çekimden Diğerine Koştu

9'uncu Cumhurbaşkanı, bir mülakattan diğerine koşarken ortalama iki günde bir basının karşısına geçti. Bin 6 mülakat ve tv çekimi, 769 sosyal, 143 sanatsal ve 32 sportif etkinliğe imza attı. Demirel ayrıca, bin 74 tesis açtı, 379 tesisin de temelini attı. 2 bin 271 toplantıda konuşma yaptı ve 68 üniversiteyi ziyaret etti.

Demirel ayrıca 2 bin 236 devlet adamıyla görüştü, 424 büyükelçiyi kabul etti.

Dert 'Baba'sı

Dert 'Baba'sı olarak bilinen Demirel, görev yaptığı sürece çok sayıda kişisel ve kurumsal taleple karşılaştı. 7 sene boyunda 127 bin 450'i kişisel, 26 bin 626'sı muhtelif kurumlardan olmak üzere toplam 154 bin 76 müracacat yapıldı. 4 güvenlik toplantısı, 1 Bakanlar Kurulu, 99 önemli koordinasyon toplantısına da başkanlık yaptı.

Yıl Yıl Gezi Profili

1993

6 bin 308 kişiyi kabul etti

14'ü üst düzey devlet adamı olmak üzere 138 yabancı devlet adamı ile görüştü. Polanya'ya gitti.

Çok sayıda il ve ilçeye ziyarette bulundu. 98 ayrı noktada konuşma yaptı.

1994

9 bin 562 kişiyi kabul etti.

Gürcistan, İsrail, Mısır, Azerbaycan, KKTC, Arnavutluk, Türkmenistan, Özbekistan, Bulgaristan, Polonya, Filistin, Romanya, Pakistan, Kırgızistan, Kazakistan devlet başkanlarını ağırladı. İsviçre, Romanya, Mısır, Ukrayna, Moldova, Hırvatistan, İran, Ürdün, Macaristan, Türkmenistan, Gürcistan, Fas ve Portekiz'e ziyarette bulundu.

1995

19 bin 800 kişiyi kabul etti.

222 bin 134 km yol katetti.

9 devlet başkanını Türkiye'de ağırladı.

23 ülkeyi ziyaret etti. 38 şehir gezdi.

1996

19 bin 860 kişiyi kabul etti.

155 bin 522 km mesafe katetti.

Fransa, Portekiz, İsrail, Mısır, Filistin, ABD, Romanya, Özbekistan, İran, Türkmenistan, Bosna-Hersek, İtalya, Rusya, Almanya ve Kazakistan'a ziyarette bulundu.

1997
21 bin 952 kişiyi kabul etti.
147 bin 619 km yol katetti.
82 il ve ilçeye gitti.
Pakistan, Bangladeş, Slovenya, Polonya, Türkmenistan, Fransa, Hollanda, Litvanya, Estonya, Letonya, İspanya, Gürcistan, Kırgızistan, Macaristan, Mısır, Hırvatistan, Bulgaristan, Kuveyt, Romanya, Oman, BAE ve İran'a gitti.
27 eğitim tesisi, 23 sağlık tesisi, 44 sanayi tesisi açılışı yaptı 505 konuşma yaptı.

1998
23 bin 147 kişiyi kabul etti.
155 bin 270 kilometre yol katetti.
73 il ve ilçe ziyareti gerçekleştirdi.
Fransa, İspanya, Tunus, Azerbaycan, Kazakistan, Ukrayna, Moldova, Arnavutluk, KKTC, Makedonya, Türkmenistan, Kırgızistan, Avusturya ve Romanya'ya gitti.
321 açılış, 96 temel atma törenelerine katıldı.

1999
17 bin 478 kişiyi kabul etti
168 bin kilometre yol katetti.
56 il ve ilçe ziyareti gerçekleştirdi.
Cezayir, Ürdün, Filipinler, Bangaladeş, Romanya, Özbekistan, Bulgaristan, Katar, Bahreyn, Arnavutluk, Makedonya, ABD, Fransa, Moldova, İsrail, Filistin, Fas, Mısır, Bosna-Hersek, Kosova, Azerbaycan, Ukrayna ve Hırvatistan'a gitti.
47 eğitim tesisi açılışı ve 6 temel atma, 18 sağlık tesisi açılışı ve 5 temel atma ve 16 sanayi tetisi açılışı, 5 sanayi tesisi temel atma törenlerin katıldı.
405 yerde konuşma yaptı

Ya Sağlık Durumu

Her şey güzel hoş ta, Demirel bu yoğun tempoya nasıl ayak uyduruyordu. Gençlerin bile telef olduğu bu maratondan Demirel'in hep birinci çıkmasının ardında şüphesiz mükemmel bir sağlık ekibi vardı. Zira Demirel'in özel doktoru Prof. Dr. Osman Müftüoğlu her sabah Çankaya Köşkü'ne giderek rutin tetkiklerini yapardı. Her sabah kalp grafiği çekilir, tansiyonu ve şekeri ölçülürdü.

Bunun yanında, 24 saat görev yapan sağlık ekibi olası bir rahatsızlanma için tetikte beklerdi. Demirel'in Cumhurbaşkanı olduğu dönemde bir tatbikat yapılmış ve yedi saniye gibi kısa bir sürede Demirel'e müdahale edilmişti.

Demirel Cumhurbaşkanı olduğu yıllarda hergün saat 06:00'da kalkıyor, traş olup duş aldıktan sonra günlük gazeteleri okuyordu. Televizyondaki yabancı haber ajanslarını dinliyor, saat 08:00'dan sonra kahvaltı sofrasına geçiyordu. Kahvaltısını 45 adet siyah zeytin, küçük bir parça beyaz peynir, bir dilim köy ekmeği, bir fincan şekersiz nescafe ve suda eritilmiş bir tablet aspirin ve yarım greyfurt ile tamamlıyordu. Öğle yemeklerini Nazmiye Hanım ile birlikte yiyen Demirel, bir saatlik öğle uykusunu ise hiç ihmal etmiyordu. Demirel'in yatış saati ise yaklaşık 01:00'i buluyordu.

Süleyman Bey'in yaşantısında herhangi bir ciddi sağlık sorunu olmadı. Bir iki ağır grip hepsi o kadar. Ancak, 12 Eylül 1980 İhtilali ile birlikte, strese bağlı olarak kan şekerinde yükselme baş göstermişti.

Doktorunun ağzından Demirel'in sağlık raporu ise şöyle: "Stresi çok kolay ve iyi tolere edebilen bir yapıya sahip bulunuyor. Yani, karşılaştığı stresi absorbe edip, bunu bünyesi içerisinde çok süratle eritebilen bir kişi. Stresli olduğu zaman daha kapalı bir hale bürünüyor. Strese neden olan sorunla baş başa kalıp, kısa sürede o konuyu kendi iç dünyasında halledebiliyor.

Stres ortamında nadiren de olsa Demirel'in alnında bir kızarıklık oluşuyor. Stres nedeninin üzerine gidildiğinde ise, "Bırak da biraz vites değiştirelim" diyerek kaldığı yerden devam ediyor. Yaklaşık 5-6 saatlik bir uykuyla idare edebiliyor. Yorgunluğunu başka bir yoğunlukla üzerinden atıyor ve gerçekten yorulsa bile bunu hiç bir zaman hissettirmiyor."

Gazetelerde "hasta ve yorgun" haberleri çıktığı zaman bunun aksini ispatlamak için temposunu daha da arttıran Demirel, bir günde, diabet, göz tansiyonu ve vitaminden oluşan yaklaşık 7 hap almak zorunda kalıyordu. Bunun dışında gözüne günde üç kez damla damlatılıyordu.

Demirel'in sağlık durumuna ilişkin bu güne kadar hiç duyulmamış bir olayı da burada anlatmak istiyorum:

1994 yılının son aylarında Demirel'in özel doktoru Prof. Dr. Osman Müftüoğlu acil olarak Çankaya Köşkü'ne çağrılır. Müftüoğlu biraz şaşkın biraz da endişeli bir halde yola çıkar. Demirel, Türkmenistan Devlet Başkanı onuruna verien öğle yemeğinden sonra rahatsızlanmıştır. Müftüoğlu yaptığı ilk muayene sonrasında Demirel'in tansiyonunun çok düştüğünü anlar.

Demirel'e bundan sonraki programını iptal edip edemeyeceği sorulur. Yanıt olumsuzdur. Müftüoğlu, bir buçuk saat içerisinde elinden geldiği kadar Demirel'i rahatlatmaya çalışır.

Demirel, bu tedavi sonucunda biraz olsun rahatlar ve Türkmenistan Devlet Başkanı'nı uğurlamak üzere helikoptere biner. Helikopterde Demirel, dönemin Dışişleri Bakanı Hikmet Çetin ve Müftüoğlu vardır. Demirel uçuş boyunca hiç konuşmaz ve dışarıyı seyreder.

Türkmenistan Devlet Başkanı'nın uğurlanmasından sonra Demirel helikoptere bindiğinde iyice yorgun düşmüştür. Ve Demirel hayatında ilk defa bir helikopter yolculuğunu uyuyarak geçirir.

Bunları Biliyor muydunuz?

Sıra da Demirel'le ilgili Bazı Küçük Anekdotlar Var..

Demirel'in:

82 darbesinden sonra beraberindeki bir gurup partili ile birlikte Yassıada'ya teslim olmaya giderken sürekli olarak, "Duralım gözleme yiyelim, ayran içelim" dediğini ve bir partilinin, "Efendim geç kalıyoruz" uyarısı üzerine ise, "Ne yani geç galdınız almıyoruz mu diyecekler?" dediğini,

Ehliyeti olmadığını ve araba kullanmasını bilmediğini, cep telefonunun olmadığını, bir kere bile bilgisayar tuşuna basmadığını,

Çankaya Köşkü'nde bir günde en fazla 24 ayrı heyeti kabul ettiğini ve hepsine, "Sizi basın önünde kabul ettim ki söylediklerinizi bütün Türkiye duysun" dediğini, Özal döneminde 300 olan Köşk personelinin Demirel'den sonra bin'li rakamlara ulaştığını,

Enerji Haftası'nda Çankaya Köşkü'nde konuşma yaparken, "Tasarruf yapmalıyız; eğer iki lamba varsa birini söndürmeliyiz, buzdolabının kapısını sürekli açıp kapatmamalıyız, yakıt tasarrufu yapmalıyız" sözlerini sarf ettiği sırada, tepesinde bulunan onlarca kristal avize içinde yaklaşık 1500 lambanın yandığını,

Demokrasinin sembolü olarak nitelendirilen meşhur fötr şapkasının 60 numara, *Motsch* marka ve Paris yapımı olduğunu, güneş gözlüğünün 1986 yapımı altın kaplama *Cartier* olduğunu,

Susurluk skandalı sonrası, Yeşil'in Çankaya Köşkü'nde bazı kişilleri aradığının öğrenilip kendisine sorulması üzerine, "Aramışta ne olmuş? Buranın santralini herkes aramış olabilir !" dediğini ,

Afyon Lisesi'nde okurken bütün derslerinin 10 olmasına rağmen bir dersinin 7 olduğunu,

Kendisine gelen hediyeler için özel bir bölüm oluşturulduğunu ve yiyeceklerin tamamının Demirel'lerin özel mutfağına gönderildiğini,

Kendisini ziyarete gelen herkesle fotoğraf çektirdiğini ve daha sonra bu fotoğrafları bir bir muhataplarına gönderdiğini,

Bir elini sürekli cebinde tutmasını, "Ayakta dururken ellerim boşlukta kalıyor. Ellerini bir yerde tutmam gerekiyor. Böyle yapınca daha rahat oluyorum" dediğini,

Trafik Haftası törenlerinde yaptığı konuşmada, turistleri kastederek, "Adam Türkiye'ye tatil yapmaya geliyor, geziyor, eğleniyor, yiyiyor, içiyor ve trafik kazası geçirip ölüyor. Ölen adam bir daha gelir mi Türkiye'ye !" dediğini,

Biliyor muydunuz?

Demirel Ne Demişti?

Şimdi de Demirel'in tarihe geçen sözlerine birlikte göz atalım. Bakalım Demirel kimler için ne demiş ve ne yapmıştı?

02.10.1978 İkdidarı sola teslim edenler iki cihanda vebal altındadır.

11.06.1987 Bu rejim korku rejimidir.

16.06.1987 Hırsızlıklarını Yahya olayına sarılıp örtemezler. Ağızlarındaki baklayı çıkarsınlar yoksa ben çıkarmasını bilirim.

26.07.1987 Hasetleri boylarını aştı. Makamlarını korumak için her türlü entrikaya başvuruyorlar.

26.07.1987 ANAP iktidarı iki yüzlü.

21.08.1987 Çirkefin üstünde oturuyorlar. Kalkınca pislikleri görülecek. Yasakların kalkmasına karşı çıkan namerttir, münafıktır, fitnedir...

31.10.1987 Öğrenim harçları kaldırılacaktır.

31.10.1987 Her aile konut sahibi yapılacaktır.

31.10.1987 65 yaşını doldurmuş her yaşlıya ayırt etmeksizin aylık bağlanacaktır.

31.10.1987 Herkese sağlık hizmeti ve ilaç ücretsiz sağlanacaktır.

31.10.1987 Bütün Türk vatandaşlarına emeklilik imkanı sağlanacak.

05.11.1987 Özal vurduyduymaz ve sorumsuzdur.

06.11.1987 Özal yalancı ve inkarcıdır.

24.11.1987 Yalanla ve dolanla ülke idare edilemez.

25.11.1987 Bunlara oy vermek, ahlaksızlığa ve hırsızlığa oy vermektir.

25.11.1987 Ülkeyi idare edenlerde şefkat yok. Bunlar fukara düşmanıdır.

27.11.1987 İşsizlik sigortasını getireceğiz.
15.03.1988 Vatandaşı hiç bu kadar öfkeli görmedim.
06.04.1988 Özal Hitler ve Mussolini gibi davranıyor.
06.04.1988 Türkiye bu yalan kalesinden kurtulmalıdır.
06.04.1998 Özal zeka fukarası.
23.06.1988 Cumhurbaşkanını halkın seçmesinden başka çare göremiyorum.
21.08.1988 Devletin dürüstlüğü zedelenmiştir.
10.09.1988 Türk siyasetine ahlaksızlığı soktular.
13.09.1988 Allah, bu Türkiye'yi bu kadar kötü yönetenlerin cezasını versin.
14.09.1988 Allah, bu Türkiye'yi bu hale düşürenlerin belasını versin.
12.10.1988 Yüzde 35'e başarı diyebilmek için aklen malül olmak lazım.
13.11.1986 Hiç bir devirde yüzde 36 oyla imtidar olunmadı.
26.11.1988 Türkiye'de eğer il sayısı 100'e çıkarılırsa eyalet sistemi kaçınılmaz olur.
04.06.1989 Özal kasaba davulcusu.
07.09.1989 Seni oradan indirmek boynumun borcu olsun.
11.09.1989 Özal müdahalenin ürünüdür. Demokrasinin ürünü değildir.
13.09.1989 Orada oturmak şereftir ama oraya şerefli bir şekilde çıkmak lazım.
13.09.1989 Çankaya'yı gaspa hazırlanıyorlar.
16.09.1989 Özal karantinaya alınmalıdır.
23.09.1989 Adamın yüzü ammada kalın.
27.09.1989 Çankaya'yı; müdahale ve hileden kurtarmanın tek yolu halka seçtirmektir.
11.10.1989 Çankaya'yı işgalden kurtarmaya çalışıyoruz.
11.10.1989 ANAP çoğunluğunun seçtiği Cumhurbaşkanı gayrı meşru olacaktır.
15.10.1989 Çankaya gasp ediliyor.
16.10.1989 Etrafa ulufe dağıtarak Çankaya'ya çıkılmaz.
20.10.1989 Dokuz yıldır yedikleri önünde yemedikleri arkasında. Böyle şey olmaz.
25.10.1989 Çankaya fuzuli eşyaların atıldığı yer değildir.

22.11.1989 Millet bunları alaşağı edemezse demokrasi olmaz.

15.12.1989 864 rakımlı tepeden dökülen inciler, aşağıya gelince boncuk oluyor.

15.12.1989 Burası Çankaya: sakininin çiftliği değil.

18.07.1990 Sayın Özal Cumhurbaşkanı değil ki!.

30.07.1990 Özal'ı oradan indireceğiz.

02.10.1990 Bu zatın katıldığı törenlere katılmıyoruz.

31.10.1990 Çankaya'da bir eli yağda bir eli balda. Hiç bir sorumluluğu yok.

10.11.1990 Cumhurbaşkanlığı makamı gasp edilmiştir.

15.11.1990 Cumhurbaşkanı olmayacağım.

15.03.1991 Özal'ı Ruslar'a verelim. Türkiye kurtulsun.

19.04.1991 Talabani'yi ve Barzani'yi Ankara'ya davet edip bunlara cesaret veren Çankaya'nın utanması lazım.

09.05.1991 İşçiye İLO şartları ve vergisiz asgari ücret verilecek.

09.05.1991 Memura sendika hakkı verilecek.

09.05.1991 Üniversite öğrencilerine özerklik verilecek.

09.05.1991 Düşük faizli kredi verilecek.

11.06.1991 Bir gurup eşkiyanın kökünü kazıyamadılar.

09.07.1991 Bozulan dengeyi 6-18 ayda düzeltirim.

14.09.1991 ANAP rejimin kamburudur.

26.09.1991 Yeşil Kart'ı herkese vereceğiz.

16.10.1991 21 ekimde iktidar olunca sağlık hizmetlerinden alınan ücreti kaldıracağız.

17.10.1991 Ülke bu durumdayken Singapur'da geziyor. Bu gezilerin millete ne faydası var?

01.11.1992 Sorun Çankaya'da oturan zatın arkasında halk desteğinin olmamasıdır.

15.04.1995 Yani şimdi golü ben mi yedim?

Ya Meşhur Sözleri

Yollar yürümekle aşınmaz.
Demokrasilerde çare tükenmez.
Biz buraya yedi kere gelmiş, altı kere gitmişizdir.
Dün dündür, bugün bugün.
Memlekette benzin vardı da biz mi içtik?
Ekmek bulamayan pasta yesin.
Açım diyene geber diyemezsiniz.
Hele 500 gün dolsun... Elbette söyleyecek bir şeyler buluruz.
Türk Cumhuriyetlerini idare etmek gibi bir niyetimiz yok.
Zaten Türkiye'nin kendini idare eder ahım şahım bir hali de yok.
Yüzde 60 enflasyon olan yerde haksızlık olur.
Nahcıvan, Karabağ gibi degil.
MİT gizli saklı işler yapan bir teşkilat degildir.
Eski olaylar hortladı diye kimse endişeye kapılmasın.
Suçlular devletin avcunun içindedir.
Balkanları neyle karıstıracagız? Kepçeyle mi , kaşıkla mı?
Beş senede yapacaklarımızı 500 günde yapmamız istenecekse, sonra ne yapacağız?
Meclis'teki boş sıraları TV'den gören halk bu adamların daha önemli işleri mi var? diye merak eder.
Özel televizyonlara hür olun dedik, çıplak olun demedik ki.
Dünya ile hareket etmeyelim de, Kızılordu ile karşı karşıya mı kalalım?
Durup dururken adamın şakağına kurşun sıkmazlar.
Ucu nereye kadar gidiyorsa, siz de gidin.
Bağımsız Kürt devleti kurmak kolay degil.
Devletin problemlerine yenisini eklememek için Özal'ı sineye çekiyoruz.

Biz frene bastık, hele fren tutma süresi kadar zaman verin.
Benim isçim, benim köylüm, benim memurum. N'oolmuş yani bunlara...
Enflasyon ve terörden ben sorumlu degilim.
Baba'nin kimseye şükran borcu yok.
GAP'ı gapdırmam.
Erik deyip geçmeyin. Bu bahalı birşeydir.
Endiseye mahal yoktur. Gereken yapılacaktır.
Gök kubbeyi başlarına geçiririz.
PKK'nın gözü gazınacaktır.
Devletimizin ve milletimizin işleri devam etmektedir.
Türkiye eyi yoldadır.
Ey Avrupa bizi duyun.
Kayınçoma laf söyletmem.
Ben bir işe başlarsam adamı anasından doğduğuna pişman ederim.
Anayasal demokraside çoğunluk değil hukukun üstünlüğü esastır.
28 Şubat süreci bitmedi devam ediyor.
Ben koltuk meraklısı değilim.
Gördüğüm kadarıyla bana davet var.
Ben görevden kaçmam.
Su mu daha değerlidir petrol mü? Su tabi ki; çünkü su içilir petrol içilmez.
Buzdolabının kapağını çok açıp kapatmayın, enerjiye ihtiyacımız var.
Bir konuda çok konuşurşam, bir şey söylemek istemiyorum demektir.

Son İmparator'un Hüzünlü Jübilesi

Takvimler 16 Mayıs 2000 tarihini gösterdiğinde Çankaya Köşkü'nün görkemli koridorlarında olağanüstü bir hareketlilik yaşanıyordu; yeni resepsiyon salonunu dolduran davetliler meraklı gözlerle az sonra başlayacak töreni beklerken, protokol görevlileri ve korumalar, gelmek üzere olan makam araçlarını gözlüyordu.

Basın mensupları, tarihi devirteslimi görüntülemek için son hazırlıklarını yaparken, tören mangası yerini almış 'Allaha ısmarladık asker' komutunun hazırlığı içindeydi.

İlk olarak Demirel çiftini taşıyan siyah makam aracı yanaştı, Çankaya Köşkü'nün meşe kaplamalı büyük kapısının önüne. Kimler gelmiş kimler geçmişti bu kapıdan? Şimdi geçme sırası Demirel'e gelmişti. Her zamanki yüz ifadesiyle;

"Günaydın çocuklar" dedikten sonra Nazmiye Hanım'ı yanına alarak halefini beklemeye koyuldu. Bakışları bir noktada düğümleniyordu. "Tören bitse de gitsek" der gibi bir hali vardı. Asırlık çam ağaçlarından bahar kokusu yayılıyordu çevreye. Ilık esen Çankaya rüzgarı son kez vuruyordu Demirel çiftinin yüzüne. Bu mistik güzelliğin dakikalar sonra düşlerde kalacağını biliyordu. Derin bir nefes alarak, önünde duran makam aracına yöneldi. Çankaya'nın yeni ev sahibinin elini sıkıca kavrayıp seslendi: "Hoşgeldiniz."

Şairin dediği gibi "demir alma vakti" gelmişti artık Çankaya'dan. Kolunun altına sıkıştırdığı dosyayı halefine uzattı. Resepsiyon salonunu dolduran konuklara kısa bir konuşma yaptı.

Veda töreninin son bölümü kendisi bekleyen tören mangasıyla olacaktı. İtinayla yürüdü kırmızı halıların üstünden. Bu kez bir devlet başkanını değil, kendini uğurluyordu mermer kaplı tören alanından.

Hayatının en kısa, ama en uzun mesafesini yürüdükten sonra son kez döndü yüzünü tören mangasına. Gözleri dolmuştu, bütün nefesiyle seslendi:

"Allaha ısmarladık kahraman Türk Askeri !"

Manga'dan gelen,

"Sağol !" sesiyle yeniden kendine geldi. Son adımlardı artık bunlar. Biraz ilerde, yıllarca birlikte mesai yaptığı kişiler bekliyordu. Hepsinin ellerini sıkıp vedalaştı. Güniz Sokak'a götürecek makam otosuna önce Nazmiye Hanım bindi ardından ise Demirel.

Araç, Çankaya Köşkü'nün 1 nolu nizamiyesinden sessizce ayrılırken peşlerinden iki koruma otosu hareket etti. Köşk kapısında bekleyen polis son kez selamladı eski cumhurbaşkanını. Trafik son kez durdu Demirel için. Sivil plakalı makam otosu, protokol yolundan aşağıya inerken kimse konuşmuyordu; Nazmiye Hanım'ın gözleri bir noktaya takılmış, elinde tuttuğu çantadan mendilini çıkarmaya çalışıyordu. Demirel, sürekli cebinde tuttuğu tesbihini artık açıktan çekiyordu. Parmaklarını tesbih tanelerinin arasında gezdirirken derin düşüncelere dalmıştı. Koruma müdürü, elinden düşürmediği telefonla Güniz Sokak'taki son durumu öğreniyordu. Araç, Tunalı Kavşağı'na geldiğinde, Demirel tesbihini yeniden cebine koydu. Nazmiye Nanım'a dönerek hazır olup olmadığını kontrol etti. Toplanan kalabalığın;

"Baba evine hoş geldin", "Baba nerede biz orada" sloganlarını duyduğunda yüzünde hafif bir tebüssem belirdi. Sivil hayata dönüşün bu kadar zor olacağını tahmin etmemişti. Ama alkışlar onu bir nebze rahatlatmıştı.

Makam aracı Güniz Sokak'a girdiğinde büyük bir alkış koptu. Isparta'dan getirilen gül yaprakları yağmur gibi yağıyordu Demirel çiftinin üstüne. Sevenleri herşeye rağmen Son İmparator'u yalnız bırakmamıştı.

Siyaset yaptığı günleri hatırladı. Üç katlı evinin penceresine çıkarak sımsıkı kavradığı mikrofandan ilk sivil demecini verdi.

Akşam oldup, sokaktaki kalabalık dağılınca, gecenin sessizliği bir başka çöktü Güniz Sokağın üstüne. Kapıda bekleyen korumalar ve bir de Hacı Arif Bey lokantası sakinleri dışında kimse kalmadı.

Demirel, 16 Mayıs akşamı başını yastığa koyduğunda ne düşünmüştü? Ve gün ağarmadan okunan sabah ezanını duyduğunda neler hissetmişti? Bunu öğrenmemiz mümkün değil di şüphesiz. Ama gerçek olan bir şey vardı ki, o da Son İmpataron'un jübilesinin tahmin edemeyeceğiniz kadar hüzünlü olmasıydı.

Türkiye'de Darbeler ve Kavgalar Dönemi
Mehmet Barlas

Yakın Tarih Olaylar ve İnsanlar, 235 sy. ISBN: 975-8257-58-7

İttihat ve Terakki, iktidarı nasıl ele geçirdi?
Babıali niçin ve nasıl basıldı?
Atatürk'ün cenaze namazı nasıl kılındı?
Atatürk'le İnönü'nün arası nasıldı?
İnönü ile Bayar neden kavgalıydı?
Darbelerin perde arakasında yatan gerçek nedenler nelerdi?

Bu kitap, Cumhuriyet dönemine damgasını vuran liderlerin, düşüncelerin ve kavgaların özlü bir panoramasını sunuyor. Atatürk'ten İnönü'ye, Bayar'dan Menderes'e... kadar yakın tarihimizin birincil aktörlerinin portrelerini çiziyor, birbirleriyle ilişkilerini çeşitli yönleriyle resmediyor.

Bu kitap, kuru bir tarih kitabı değil. 'Tarihin kaynağı ve yapıcısı insandır' ilkesinden hareketle kaleme alınan kitapta, hem Cumhuriyet öncesinin, hem de Cumhuriyet döneminin önemli olayları, tartışmaları ve kavgaları birincil aktörlerin ağzından canlı bir dille aktarılıyor.

Ülkemizin en yetkin gazetecilerinden Mehmet Barlas'ın, yakın tarihimize damgasını vuran önemli liderlerle yaptığı röportajları eksene alarak ve arşivleri konuşturarak yazdığı bu kitap okuyucuyu aydınlatıcı, heyecanlı ve zaman zaman da hüzünlü bir yolculuğa çıkarıyor.

Yayınevimiz bu kitabı, Osmanlı'dan Cumhuriyet'e, tek parti döneminden çok partili demokratik hayata geçerken yaşanan olayları, farklı bir dille, aynen yaşıyormuş gibi anlamak isteyen herkes için yayımlıyor.

Sosyo-Politik Bir Gerçek Olarak
Hocaefendi Sendromu
Mehmet BARLAS

Yakın Tarih / Olaylar ve İnsanlar, 176 sayfa, ISBN: 975-8257-74-9

- Türkiye'yi "bölünme" ve "irtica sendromları" yaşamaya sürükleyen nedenler nelerdir?
- 28 Şubat süreci, Türkiye'yi nasıl bir maceraya sürükledi?
- Devletin yapamadığını Fethullah Gülen nasıl yaptı?
- Fethullah Gülen'e niçin önce sahip çıkıldı; sonra da cephe açıldı?
- Dini cemaatlerin özgürlük taleplerini görmezlikten gelmek mümkün müdür?
- Türkiye, patolojik (hastalıklı) ruh halinden nasıl kurtulabilir?

Bu kitap, son döneme damgasını vuran yapay gerilimlerin, "kavga"ların ve paranoyak ilişki biçimlerinin Türkiye'nin dinamizmini, zengin tarihsel deneyimini ve birikimini önüne açılan imkanları ve fırsatları harcamaktan başka bir işe yaramadğını "Fethullah Gülen fenomeni" ekseninde belgeleri ve canlı tanıkları konuşturarak gözler önüne seriyor.

Yayınevimiz Mehmet Barlas'ın bu önemli araştırmasını, ülkemizin son dönemde yaşadığı traji komik durumunu tüm yönleriyle ve daha iyi anlamak ve anlanlamdırmak isteyen Fethullah Gülen'e sempati duyan ve duymayan herkes için yayımlıyor.

Milli Nizam'den 28 Şubat'a Olay Adam Erbakan
Kenan Akın

Yakın Tarih Olaylar ve İnsanlar, 156 sy. ISBN: 975-8257-76-5

Cumhuriyet'in ilan edildiği 29 Ekim 1923'ten tam üç yıl sonra 29 Ekim 1926'da dünyaya geldi. Babsı Sinop'ta hakimlik yapıyordu. O'na "Dinin Yıldızı" anlamına gelen Necmettin adını koydular

Kimilerinin korkuyla, kimilerinin coşkuyla izlediği bir liderin inişli çıkışlı hayat hikayesi.

Son 30 yıla damgasını vuran en önemli liderlerden Necmettin Erbakan'ın doğumundan bugüne hayat hikayesi...

- Bırakmak istemediği Odalar Birliği binasından nasıl çıkarıldı?
- Erbakan politikaya nasıl atıldı ve ilk partisini nasıl kurdu?
- Milli Nizam Partisi kapatılınca neden İsviçre'ye gitti?
- Erbakan, Milli Selamet Partisi'nin başına geçmek için "teminat" aldı mı?
- Erbakan'a göre, CIA Türkiye'de neler tezgahladı?
- 12 Eylül darbesinin gerekçelerinden biri olan Konya mitingi nasıl yapıldı?
- Yasaklı Erbakan, Refah Partisi'ni nasıl kurdurdu?
- Erbakan kızı için neden sosyeteyi bile kıskandıracak muhteşem bir düğün yaptı?
- 28 Şubat'a nasıl gelindi? Erbakan'ın Başbakanlığı bırakması nasıl oldu?
- Erbakan neden mahkum edildi?
- Yazarlar Erbakan'ın demokratlığını nasıl yorumluyor?

Ve daha yüzlerce soruya cevap Erbakan'la ilgli en çok başvurulacak olan bu kitapta.

Kenan Akın sordu Necmettin Erbakan cevapladı.

Turgut Özal'ın Anıları
Mehmet Barlas

Yakın Tarih / Anı, 371 sy. ISBN: 975-8257-67-6

- Menderes'in vizyonu vardı. Ama neyi, nasıl yapacağını bilmiyordu! İsmet Paşa çok tutucuydu... Demirel'in vizyonu, 70'lerden sonra iyice geriledi!"
- Türkiye'yi, 27 Mayıs'tan beri seçilmişler değil, atanmışlar yönetiyor."
- Rejim, memurları kobay olarak kullanmış..."
- Namaz kılmayı üniversitede öğrendim...Gizli gizli Arapça ezan okurduk."
- "Bizi susturabildikleri anda yeni sistem ölecek, eskiye dönüş olacaktır.

Bu kitapta, ülkemizin en yetkin gazetecilerinden Mehmet Barlas'ın Cumhuriyet döneminin en çok tartışılan, en vizyoner liderlerinden rahmetli Turgut Özal'la hayatının son yıllarında gerçekleştirdiği röportajlar yer alıyor. Kitapta Özal, ülkemizin dünü, bugünü ve geleceğine ilişkin hala geçerliliğini ve önemini koruyan görüşler dile getiriyor.

E

of the three
g the edge of
ouble snap, a
pair of shots from Cooper's assault rifle.

The man in brown fatigues directly ahead of Locken jerked as though kicked full in the back, went rigid on an elbow, then collapsed.

Other books in Arrow by Robert Rostand

The Killer Elite
The Vengeance Run

Robert Rostand

VIPER'S GAME

ARROW BOOKS

Arrow Books Ltd
3 Fitzroy Square, London W1

An imprint of the Hutchinson Publishing Group

London Melbourne Sydney Auckland
Wellington Johannesburg and agencies
throughout the world

First published in Great Britain in 1975
Arrow edition 1977

Made and printed in Great Britain
by The Anchor Press Ltd
Tiptree, Essex

ISBN 0 09 914010 1

PART ONE

The man who knew Che Guevara

chapter 1

A man with a gun.

From well back of the window, standing in the darkness of the room, Locken watched the automobile turn off the trans-island highway into the drive that led up toward the villa.

Two months before, he had paced the distance, or, more precisely the range, from highway to villa and found it just under two hundred yards. From the same habit of caution, he had examined every square foot of villa and grounds that first week, knowing each angle and corner could become a friend or an enemy, depending upon the user.

A man with a gun, and now without one.

The car halfway up the drive, Locken could see the green CD license plate, the enameled American flag riding brightly above the automobile's front bumper.

Another time, the arrival of the American consulate's two-year-old Chevrolet might have brought Locken a narrow smile. Now, his mouth remained motionless, eyes on the automobile only a moment before they glanced away, beyond, across the highway to the usually bustling tin-and-cardboard shantytown he had come to know with reluctant familiarity.

At that hour of the afternoon, before heavy meals of yam and taro combined with the scorching heat of the day to produce languid sleep for its dwellers, and a few hours of silence, the air should have been filled with the mixed din of transistor radios, crying children, and the shrill, careless laughter of island women.

The sudden absence of sound two hours before, a flat, empty silence broken only by the incessant daylight chatter of mynah birds, was his first warning.

In the two hours since, others had come.

Locken looked again from one tatty dwelling to the next, giving each his total concentration. Then his gaze shifted to the wiry brush that grew to the edge of the villa's grounds.

He saw no one. Heard nothing, except a labored engine-whine as the Chevrolet negotiated the last twenty yards of the drive.

chapter 2

From the mission's vegetable garden, the Reverend Matthew Enderton saw the two men emerge from the lantana forest not fifty yards away and start toward him.

They were massive, well over six feet tall, naked above khaki trousers, their blackness given a sheen by perspiration and oil of camphor. Sembi, Reverend Mat knew the moment he saw them.

Each carried a long-bladed knife, shouldered, as an infantryman might carry a rifle.

Without breaking the rhythm of his work with the hoe, he turned his head slightly to cough, glancing as he did so back toward the mission house.

A moment before his wife, Agnes, had been puttering among potted spice plants on the broad, screened veranda. She was no longer there. At the garden's edge the small black-and-brown dog of indeterminate heritage that had attached itself to the mission a few months before was playfully attacking a pig's knuckle.

"Go away, puppy," Mat Enderton whispered before he turned his face toward the ground again and continued hoeing at the same leisurely pace. A demonstration to the approaching Sembi, he hoped, that he felt no reason to hurry.

The Sembi were a hill clan, giants next to the Kukukuku he had known in New Guinea, but equally unpredictable, in that a smile could precede laughter or the swift slash of a machete. Most islanders clearly displayed their Papuan antecedents and the succession of whalers, blackbirders, and resident Portuguese officialdom, who had always arrived without women of their own. The Sembi had kept themselves separate, their ancient bloodlines giving them the look, to Reverend Mat, of a race of black Tartars.

The appearance of Sembi so far from the *serra* pricked his mind to sharp awareness. He took solace from the fact that there were only two.

Very slowly, Reverend Mat straightened. He turned to face the approaching men, laying his hoe deliberately on the ground in front of him.

The two Sembi stopped at the edge of the garden, towering above him, faces impassive.

Reverend Mat was a small man, sinewy, whose spare frame could have carried another twenty pounds with ease. Almost fighting weight, he sometimes considered, though he knew well enough he looked every year of his sixty-three. Slight farsightedness and eyebrows hooded by old scar tissue gave his bright blue eyes a sharp, penetrating look, which he had learned to use to advantage.

He let his gaze rest on the two men, and gave the customary greeting: a clap of hands twice at just the proper interval and loudness to signify neither fear nor contempt for the men who stood before him.

As he did so, he felt something touch his foot. The small black-and-brown dog was next to him, head resting on its paws, as though awed by the Sembi's height.

Neither man returned his greeting, but the long knives remained shouldered.

Close now, Reverend Mat caught their odor, a scent less human than animal, despite the camphor. There were those, black and white, in the island capital of São Tome who would have thought his observation charitable.

Below the black eyes of the younger man was a single stripe of pale ocher. Dangling from a plaited cord of coconut fiber around his neck was a shiny, old-fashioned can opener.

Before he had known the Sembi and understood their belief in *kago,* Reverend Mat might have smiled. In the Madang of New Guinea it had been called *mambu,* or, more generally, "cargo-cult": a mixture of worship of the white man's gadgets and material wealth with a hatred of him for having sidetracked such earthly delights from the gods, leaving equally rightful possessors with nothing.

Cargo-cult existed throughout Melanesia, in almost as many forms as there were islands. In the Madang Reverend Mat had seen the last of one group that believed in a black king with skin of iron and stone who, it was said, would send the white man packing.

The Sembi's *kago* shared a similar belief. When the white man was gone or destroyed, what had been his would become theirs. He had seen the huge *kago* temples in the *serra,* built to store the expected goods, and the crude airplanes of palm thatch, supposedly to attract cargo-laden aircraft from the sky. Anthropologists had tried to explain *kago* and disagreed: religion, violence-fixation, revolutionary urge, mystical ritual, all in phrasing too damn fancy for Mat Enderton, but he knew *kago* was something of all of them.

He looked at the older Sembi, the weathered face above a necklace of boar's teeth. In an elaborately tooled leather holster at his waist was a pearl-handled nickel-plated revolver. It looked new. Visible above the gun belt was the tip of an old appendix scar.

Reverend Mat felt the blood begin to pound in his ears.

The younger man stared at the hoe, then began looking around the mission grounds. The older one watched Reverend Mat, his sharp black eyes an unrelenting, questioning squint.

Then, beyond, Mat Enderton saw the others. One moment, only the distinct boundary between cleared land and the lantana—then, as though diffused from the very substance of the scrub, more than a hundred Sembi, each with a machete or steel-tipped lance used for mountain pig. A few carried the old stone-headed killing clubs.

My God, thought Mat Enderton, but his mouth kept perfectly still.

He forced himself to breathe slowly, regularly, shortening his focus to the older man, who, he knew now, was Santos Rey.

He thought of Aggie, the children, the Lord's work undone, and felt the hackles of stubborn resistance begin to rise against the probability that his own death was only seconds away.

The questioning look on the Sembi's face became a look of certainty.

He spoke a single, gruff command to the younger Sembi, who turned and began a slow trot back toward the others. Even before he reached them, Santos Rey had stepped forward, the machete lifted from his shoulder.

Startled, or warned of danger, the small black-and-brown dog gave a yelp of surprise and leaped away, but too late. In a swift scything movement, Santos Rey reached out, the blade of the machete bisecting the dog's skull with no more sound than the breaking of a sodden twig.

Then he turned and strode back toward his men, not bothering to wipe clean the blade of his machete.

As Santos Rey reached the lantana, Mat Enderton, helpless to do anything but watch, saw the single man in dull-brown fatigues step from the scrub. He met Santos Rey, arms upraised, with what appeared an angry demand. Santos Rey swept past him.

For several moments after they were gone, Reverend Mat stood motionless, knowing he was still being observed.

Then, as casually as tightened muscles would allow, he forced himself to step across the lifeless black-and-brown form and picked two yellowing *mamões* from the row of trees at the edge of the garden. To any watching eyes, the two he had chosen would obviously ripen for breakfast next morning.

He turned and walked back to the mission house in even steps. His thoughts had already left the brutal killing of the puppy, his own closeness to death.

The sight of the single man in brown fatigues with the Sembi, and what it likely meant for the island, filled him with cold anger.

chapter 3

Walter Bogin peeked through the louvered windows of his office before turning to the two persons sitting opposite his gray metal desk. He cleared his throat before speaking, hoping for a tone of resonant authority.

"We'd best prepare for the possibility that James Morais is about to make his move."

It was carefully phrased, a statement that left opening for argument yet fully summarized the obvious.

He looked from Cooper to Jan Harkins, praying for disagreement. Cooper's expression was blank; Jan's, as usual, impatient.

Walter Bogin, senior officer of the American consulate in São Tome, was tall and slender, with the round-shouldered stoop many very tall men effect. He had speculated more than once that his height gave him the look of a Galbraith, although early in his career he had faced the realization that he had neither Galbraith's dash nor his intellect. A snippy FSS–7 in the consulate in Belém had once called him, to his face, a cold fish.

Walter Bogin thought of himself, rather, as a cautious one.

He leaned forward across the desk, staring down from advantageous height. "You agree then, Cooper?" He waited for an answer.

Under any circumstance, it was difficult to extract more than an abbreviated remark from Cooper. And always with that faint, disrespectful grin.

Cooper unrolled a *Mad* magazine and stared at the idiot's face on the cover, then up at Walter Bogin.

At twenty-six, with three combat tours in Vietnam, Marine Sergeant Rafus Cooper took few pains to conceal his total irreverence toward mature authority.

At first Bogin had doubted the wisdom of sending a Negro to São Tome. (He had never reconciled himself to using the word "black.") Thank God, Cooper's demeanor had so far been flawless. Not a rumor or hint of whoring about in the Zona Sur. Civvies worn as though still in uniform, down to the knife-edge press in his trousers that Walter Bogin found miraculous for the tropics.

If only Cooper weren't so tight-lipped. Like most diplomats, Walter Bogin had an inordinate respect for appearances and was never quite comfortable with silence.

Especially now, for as consular security officer he badly wanted Cooper's opinion. In matters involving the prospect of violence, Rafus Cooper gave the impression of absolute, almost frightening mastery.

Cooper's mouth had set in the now-familiar grin. He gave a single, slow nod. "Something's up, all right."

Bogin sighed. "Thank you, Cooper."

Jan Harkins snapped shut the dictation pad on her lap and bit at the end of her pencil. "Oh, come on, Walter. Let's get off the pot."

A looping strand of blond hair fell across one eye, and she pushed it back with the pencil. She had been prettier at the beginning, thought Walter Bogin. Full-figured and slightly clumsy, but much too lively and intelligent to have had the luck of São Tome as a first posting. That had been a year ago.

Jan was paler now, with dark patches beneath her eyes.

And she had lost weight across her hips, for all the wrong reasons, Walter Bogin suspected.

Her temper in the past months had been frightful, one thing among many about Jan that he couldn't cope with. She was headstrong and invariably outspoken.

Jan Harkins pointed past him toward the window.

"Walk from one end of that street to the other. Or put a foot in the Zona Sur. Something is coming, and everyone in this stinking town knows it."

She had entered his office a moment after Cooper, bringing two documents from the safe: one, the classified looseleaf emergency-and-evacuation folder; the second, a buff-colored envelope containing copy one of the evacuation plan demanded of each post by the State Department manual.

Jan's mouth drew tighter. "The islanders know it, Rafe knows it, and so do you. For once, Walter, please don't piddle."

He blinked at the blatant disrespect in her voice and sat down heavily, his frame giving the impression of a long-stalked plant that had suddenly wilted.

He tore open the buff-colored envelope, his long fingers probing for the evacuation plan inside.

He had to face it; among other things, he had been on the street that morning himself.

At precisely ten minutes past seven, he had stepped from the Hotel Imperatriz to begin his daily four-block walk to the small square building on the Avenida Magalhães, once a butcher shop, now serving as the American consulate.

At that hour São Tome was usually lively, the pace running down as the day wore on, as though stifled slowly by the oppressing humidity. Jitney buses, a few Hondas, the call of vendors from the city's open market. To Walter Bogin, an alien sound. Combined with the sweet, pervasive stink of aging copra, it never failed to provoke a nostalgic ache for the chaos of Pennsylvania Avenue and the more conventional odors of modern pollution.

Walter Bogin had lived twenty-two years abroad and never enjoyed one of them; but he had grown used to it.

That morning, the streets were deserted.

His first thought was that he had forgotten a religious holiday. But Jan would have reminded him. He nearly turned off toward the *palácio municipal.* He felt conspicuous, oddly exposed, and walked on.

Alberto was waiting inside the door of the consulate, his oval brown face for once without its gratuitous smile. Every consulate had its Alberto, a local-hire of donkey's years who had seen the long succession of FSOs come and go, secure in the knowledge that without him daily operations would grind to a halt. Without Alberto, the complicated procedures of *palácio municipal* and *alfândega* would have smothered Walter Bogin.

Alberto held out the cablegram.

Four days before, their telex machine had broken down, an occurrence rare in Walter Bogin's experience. Until the RCA repairman arrived from Suva, they were forced to rely for communication on the erratic arrival and departure of the diplomatic pouch by commercial airliner and the inadequacies of the postmaster-general's cable office, which tied into COMPAC, the antiquated eighty-channel communications network intended to serve a part of the Pacific three times larger than the United States. Still, under ordinary circumstance, quite enough.

Without waiting for him to open the cable Alberto bent close, whispering, "*Vai chegando,* Morais. Morais is coming." Before Walter Bogin could question him, he had brushed past into the street, short, bandied legs carrying his rotund body away with surprising speed.

Alberto hadn't returned. Two other local-hires, a *portero* and the bilingual typist, hadn't appeared at all.

Inside the office, Walter Bogin read the cable. The brief message was uncoded, and referred to a numbered paragraph in an eyes-only memo delivered by courier the week before Cooper's arrival.

Walter Bogin retrieved the memo from a locked drawer in the safe to which he had the only key.

He reread the indicated paragraph twice, stepped into the toilet, lit the edge of the memo with a match, and flushed the ashes.

All appropriately dramatic, thought Walter Bogin. For a moment he watched the dark swirl in the toilet bowl, his distaste for the entire matter showing clearly on his face, reflected by the small wall mirror.

He returned to his office and looked again at the cable, noting the hour and date it had been sent and the time of receipt, indicated on the stamp of the PMG.

Walter Bogin plumped down into his chair, aware that his third strong cup of morning coffee had given him an acid stomach. In the time it had taken a cable to reach him from Washington, NASA could have put men on the moon.

When Jan and Cooper arrived, he beckoned them directly into his office.

He looked at them now across the top of the evacuation plan, the page fluttering slightly in his long fingers.

The office was silent except for the hum of the air-conditioner. An old-fashioned ceiling fan dangled motionless overhead. From the wall behind his desk grinned the official portrait of the President, next to one of Walter Bogin presenting his credentials to the governor-general.

On the wall opposite were two maps, a National Geographic map of the Pacific Ocean and a large-scale map of the island.

Walter Bogin again cleared his throat. "In situations of this kind I've found it best to prepare for the worst."

Jan rolled her eyes in exasperation. Cooper said, "Figuring the worst to be what, Mr. Bogin?"

The hint of sarcasm in Cooper's voice angered him.

Bogin pointed a finger. "You told me yourself that military G-Two here has confirmed James Morais's return to the island. They believe he is training several dozen men in the *serra*. He has sworn one day to drive the white man into the sea, which in this instance I think you could consider to include yourself. If you have an imagination, Cooper, use it."

The outburst made him feel better.

Cooper's reply was unruffled. "He won't do much kicking with a dozen men."

"Three or three hundred," Bogin snapped, "I do not give a damn. In an emergency, our job is the protection of American lives. I do not want a single American death in my consular district ever." The report shook in his hands. He nearly added the first phrase that came to mind: "I do not want this to be another Cairo fifty-two."

He bit the comment off.

The parallel was absurd. The island ranked less in diplomatic importance than even Belize or Tijuana. It was a dead end, and with three years until retirement, Walter Bogin didn't care in the slightest.

The number of Americans he had to contend with at the moment were thankfully few. With the completion of the trans-island highway and the new international airport across the island at Taveira, built with U.S.-government financing, the horde of AID functionaries had gone.

The Portuguese government had flatly refused a recent offer to send a team of military advisors, rightfully suspicious of the magical way their numbers could grow and assuming, practically common knowledge, that at least several members of the team would be reporting to the CIA.

Thank God he hadn't had that to contend with. Del Halsey's new hotel near Taveira, two months from completion, had been worry enough.

That in the near future there would be tourists to deal with gave Walter Bogin cold dread.

A consular troubleshooter from London once told him he dealt with a tourist death a day, on the average. "You can count on it. And add the one percent. That's how many of our countrymen are troublemakers, freaks, or just plain assholes. One out of a hundred. You know how many Americans came through London last year? Seven million. You figure it out."

The one percent didn't frighten Walter Bogin as much as the airplanes.

He had been a young FSO in his first posting, to Brussels, a time when British Comets had been falling out of the sky all over Europe. Exactly three weeks after his arrival, one broke up in midair over the Low Countries and crashed less than a half-mile from the Belgian-Holland frontier, in his consular district. Twenty-two of the sixty passengers were American, including a party of eight nuns from Boston.

He had been assigned, in his chief of sections' words, to "untangle the snarl." He often pondered the difference that half-mile had made in his diplomatic career.

He had gone to the crash site in the truck carrying the Scotland Yard team rushed in to handle identification.

The scene had been frightful. Late afternoon of a nasty gray day. Rubble strewn over a square mile of countryside. All he could think of were those ghastly paintings by Goya. Arms and legs and smaller bits inextricable from pieces of aircraft, and occasionally a torso still belted into a seat. Mercifully, everyone had died before the plane hit the ground; the friction of air rushing through the broken aircraft at high speed had done horrible things.

In fading light he had approached a tree with what looked to be the canopy of a parachute hanging from a branch, a limp, formless sausage. A Scotland Yard man had directed his torch full on it, and Walter Bogin had seen the toenails.

He had been ill for days, though the worst was still to come. They ended by using a mass grave, over the protest of hysterical relatives, and the bloody church sticking in the needle. Thanks to the nineteen Americans who had died without benefit of a will, it was months before the legal red tape was wrapped up. During that time, Walter Bogin had first lost control of his drinking.

In his early months as a diplomat, he had found, to his added horror, that he abhorred responsibility. He had spent considerable energy the rest of his career avoiding it.

The island should have been the last place in the world to be called upon for anything beyond bare routine.

He stared at the evacuation plan. Jan noticed Walter Bogin had paled.

"I am going to review several points," he began uncertainly. "I want each one of us aware of our options."

chapter 4

During the first hour of watching, Locken had seen nothing. Not a movement among the tacky shantytown dwellings. Not a jitney bus or automobile passing along the highway. An absence of life, significant in itself.

Then the first man appeared, shirtless, black and sweat-shiny.

He emerged from the shack closest to the highway, and set off in loose strides parallel to it, the flat-bladed knife resting on his shoulder in an almost military manner. Locken couldn't recall seeing anyone from the shantytown that tall.

Locken watched until, nearly out of sight, the huge black man crossed the highway quickly, stepping into the brush a quarter of a mile beyond the cleared grounds of the villa.

Ten minutes later a second man had followed the first. A quarter of an hour passed before two others set off, in the opposite direction, crossing the highway abruptly to lose themselves in brush.

There might have been others. Locken didn't wait. He was already moving through the villa, extemporizing, making preparations as best he could without a gun. The villa was at least a known factor; when you had one, you used it. He didn't bother to second-guess the distinct feeling of threat that tensed his lower abdomen, or to counter it with the idea that it might have been danger manufactured solely from his imagination. He'd lived too long for that.

Then he did what long experience told him was the smart thing to do, although experience made it none the easier.

He made a pot of green tea and climbed to the room he had chosen on the second floor. He pulled a chair near a window, and settled back to wait.

chapter 5

The Reverend Matthew Enderton closed the screen door behind him, wiping cold perspiration from his neck.

Across the sitting room, near the window facing the vegetable garden, Agnes Enderton bent forward from the edge of a straight-backed chair.

Her plump cheek was pale, pressed tightly against the stock of a single barreled Remington 20-gauge, aimed toward the edge of the lantana at the exact point the last of the Sembi had disappeared a moment before. Within hand's reach was an open box of lead-slugged Sabot shells.

"Long shot for that piece of iron, Aggie."

Agnes Enderton looked up. "I almost shot him, Mat." It had the sound of a confession. "Poor puppy."

She stood wearily, went to the fridge, and poured him a tall glass of milk, looking off toward the room in which the children were still napping.

Aggie Enderton was exactly as tall as her husband, her face round and smooth-skinned despite years of work in the sun and a recent sixtieth birthday. The cream she ordered by mail from Sydney and patted carefully on her face each night was the only concession to vanity Mat Enderton was aware of.

She watched him down the milk in one gulp, the way another man would have taken whiskey neat.

"Might have been better if you had."

"Santos Rey." She said the name without desperation or fear, in a tone of resignation.

Reverend Mat nodded. "I recognized my handiwork on that appendicitis. If I'd known in those days what I know now . . ."

"Nonsense." Aggie touched his cheek and ran a finger along a scarred eyebrow, as she did so often, signaling always affection, but also that her mind was elsewhere.

While a student at Wheaton College near Chicago, Mat Enderton had won a Golden Gloves championship in the 124-pound division and had gone on fighting amateur through medical school at the University of Chicago.

Until increasingly tough competition demonstrated the softness of tissue above each eye, and the lithe, dark-haired girl named Agnes informed him that she hadn't an interest in the world in kissing a mouth puffed all out of proportion by another man's fists. The calling, assignment to the society's mission in the Madang district of New Guinea, and marriage to Aggie occurred in rapid succession.

But the sharp rein Mat Enderton finally learned to keep on his quick, combative temper had still to be tightened.

Among the other missionary societies operating in the Madang, he quickly became labeled a troublemaker. It angered Reverend Mat that they spent so much time buttering up the local administration for favors and land, instead of getting on with the Lord's work among the people—an observation he pointed out strongly to a corpulent German Lutheran named Gerber, followed by an argument, a quick left hand to the chin, and an immediate transfer from Madang to the island, with a stern warning from the society that the Reverend Matthew Enderton had best use his hands in a fashion more in keeping with the Lord's intention. Thirty-five years. Use his hands he had.

Aggie Enderton's wide-set gray eyes became troubled. "Why did they come here, Mat . . ."

"And leave again." Their thoughts often ran parallel, sentences little more than fragments, scarcely needed at all. Mat Enderton shrugged. "I don't think old Santos knew what he was going to do one second before he did it. We'll take it as a warning."

"Of what."

"Aggie, a man was with them, an islander dressed in soldier's fatigues. I think it was one of Morais's guerrillas."

"Oh Lord," said Aggie, more disgusted than frightened. "It could be like the last time, or worse."

"I wouldn't be surprised."

Mat Enderton remembered the event she referred to with the absolute clarity that often attends deep personal shock. Eight years ago to the month.

An early arrival of the rainy season had ruined the last of the sugar harvest, setting the entire island on edge.

Then the plane crash.

An AIRSAT DC–3 taking off from the small airport near São Tome dipped into one of the low hills nearby. The twelve passengers, all islanders, were killed, while the Australian pilot walked away uninjured, a fact that offended the islanders' simple sense of justice.

The next day a Portuguese official driving through the Zona Sur, São Tome's poorest quarter, ran over a four-year-old girl. In the time the child took to die, a crowd gathered.

What happened next the official inquiry never clearly determined. Some say the government official tried to offer the child's mother money. Others said no, not until after a twenty-year-old clerk named James Morais stepped from the crowd as its self-appointed spokesman.

Even in the strongly slanted transcript Reverend Mat later read from Morais's trial, it was clearly evident that

Morais turned an unfortunate but not uncommon accident into a political incident, making of it a parable of the crude exploitation (words not used in the transcript) of the islanders by the white man.

Morais pointed to the government official's callousness. Always money for life, he had accused, adding a sentence remembered when much else had been forgotten: "The white man is a devil."

When the government official tried to climb into the automobile, the crowd beat him to death and dismembered the body.

At this point, as Reverend Mat later remarked, stupidity begat stupidity.

A platoon of army called out found themselves facing a mob composed by then of almost the entire population of the Zona Sur. A shot was fired. The soldiers spread returning fire. Three islanders fell dead, two of them women, both pregnant. The riot that broke loose quickly went beyond the army's control, and they fell back to protect the Hill, the European district on a rise east of the town.

What frightened Mat Enderton was the way the madness spread, even to the mission, nine miles north.

News of the riot and subsequent looting reached him less than an hour after it began, at a rice mill near Porto Vilar, the small sugar port on the northwest coast.

He had set off for the mission immediately, pushing his ancient Ford Anglia to the limit. He arrived in darkness, to find nearly a dozen people clustered at the mission gate. Some carried machetes, but that was common.

In the headlights Reverend Mat recognized each man, knew them all by name. When they moved toward the car, faces unsmiling, he knew better than to try rational discussion. Among the islanders anger seldom lasted longer than a night's sleep.

He eased the car forward, forcing his way through the

hostile but silent crowd until only stolid, muscular Wanga stood his ground in front of the car. More than anyone else, Wanga had taken the Endertons under his wing. With Wanga, Reverend Mat had cleared the wirelike lantana for the first of the mission buildings. It was Wanga who had patiently helped him learn the singsongy local dialect, so that his first sermon in their own language was given two months after he and Aggie arrived on the island. Wanga was a friend.

That night Reverend Mat had leaned out the car window to ask Wanga if they had heard about the riots. The glint of steel in motion reflected from the headlights.

He pulled back his head in sharp reflex as the machete sliced through the window post inches from his face. As the Anglia swept past, he heard his friend's words without mistake: "He's white. Kill the white man."

That night his hands had shaken as he reluctantly loaded the shotgun and put the mission in darkness.

When the riot burned itself out two days later, twenty persons had died—not a single European among them. A fact which, the governor-general admitted, only half in jest, was unfortunate.

The following day Wanga arrived on the mission doorstep with a broad smile and a pair of huge, brackish water crabs, their meaty lobsterlike claws bound together with pandanus fiber. On the island, to accept the gift was to forgive the man. Reverend Mat would have willingly done both. He took the crabs but he never saw Wanga again.

James Morais was arrested, tried behind the locked doors of the *palácio municipal* on the vague charge of conspiracy, convicted, and packed off hurriedly to jail in Portugal.

Reverend Mat remembered the introverted but temperamental boy James Morais had been at the mission, and found himself less surprised than he should have been.

From experience Reverend Mat knew that the island's informal "coconut telegraph" had the amazing capacity to transmit news across the island with the speed of light. Rumors traveled slightly faster. The rumors about James Morais began immediately.

Morais had escaped and was fighting the Portuguese in Angola. Morais had been shot, but miraculously recovered. Morais was in China, Russia, Cuba. A brief interview by *The New York Times* reprinted in the *Pacific Islands Monthly* quoted Morais as saying he would one day return to the island and drive the white colonialists into the sea.

The threat had been a topic of hushed speculation among the European population at the weekly round of cocktail parties on the Hill; the atrocities against whites in Kenya and the Congo were still fresh in everyone's mind.

Recently the rumors had been corroborated by spray-painted letters a foot high on the walls of the Zona Sur. Morais has returned. *Morais vencerá.* Morais will win.

Reverend Mat poured another glass of milk, thinking of the man he had seen in uniform. He couldn't escape the conclusion. Morais had indeed returned, had men in the *serra,* and had somehow made an alliance with the Sembi.

One of the beliefs in the Sembi's *kago* had been gnawing at him continuously: that the white man's leaving would be preceded by violent holocaust.

He thought again of the capricious streak in the islanders' temperament, their ability to change from amiable friends to enemies in the flick of an eyelash.

Aggie watched, used to waiting him out. "What's going to happen, Mat?"

"I don't know."

"Can't we warn someone?"

He looked at the empty glass, then directly into her

eyes. "I'm certain Santos Rey left someone behind to watch. I don't want to be dead certain. We'll go after dark. The lot of us."

But Aggie Enderton was already moving. They had talked about the eventuality before.

While Reverend Mat packed a medical bag, she began filling a wicker picnic basket with canned and dried foods kept purposely on hand.

Mat Enderton came to her side. "I'll do this. You ready the children."

chapter 6

In the quarter of an hour it took Walter Bogin to review the evacuation plan, his voice settled into a monotone so aggravating that Jan Harkins thought she would scream.

Next to her, Rafus Cooper gave her a bleak sidelong frown. It was a rare moment of total communion.

She liked Rafe, and was fascinated by his catlike grace, the studied coolness a lot of blacks had, and his dry, stabbing humor, incongruous at times but such a relief from the straitlaced formality of Walter Bogin.

But most often she found him totally unreachable, able to lose himself in a *Mad* magazine or stare blankly at a wall for hours.

She had a hunch that beneath Cooper's tranquil exterior brewed a troubled man. Or was she merely projecting her own mental condition on a perfectly innocent bystander?

She stared at the oblong doodling in her dictation pad, wondering absently what a Freudian analyst might make of it. Nervous exhaustion had carried her beyond the specifically erotic daydreams that had nearly driven her insane those first months in São Tome. And in the past weeks she had reconciled herself to dying without ever having had another lover. She could no longer laugh at the idea's absurdity.

The possibility that in the next hours they might be

faced with people in flight for their lives brought her to full alertness for the first time in months.

Living in the Zona Sur, as she had stubbornly chosen to do, left her with no doubt that beneath the islanders' easy temperament lay a streak of latent violence. She had no idea what she would do if it were set loose by James Morais.

Secretly she suspected that in a crisis she would roll up into a tiny useless ball and put her thumb in her mouth.

She forced herself mentally to tick off the contingencies of the evacuation plan.

In the event of any civil disorder or natural disaster, they were to make full use of established authority for the welfare and protection of American citizens, a right guaranteed by treaty. If necessary, Americans would be collected and bundled into the DeGama barracks under the protection of a company of regular Portuguese army.

If eventual evacuation became necessary, Command Pacific, Hawaii, was responsible, unless Portugal found itself in a state of war, in which case the Pentagon would take a hands-off policy, leaving care of refugees to the U.N. and the Red Cross—an item State did not point to with pride.

If immediate evacuation were essential, chief of mission had authority to charter local aircraft or other suitable means of transport.

In all circumstances, lines of communication with Washington were to be kept open.

"Jan?" Bogin's voice startled her. "You've a checklist of resident American citizens?"

"You know I have, Walter."

"Any problems? I mean, if we have to bring out people under the Army's umbrella here." His voice was distinctly edgy now.

She answered quickly, then became more hesitant.

"Not for the people on the Hill. We can reach most by phone." She looked toward the map of the island, thinking suddenly what a big place it now seemed.

Almost a perfect rectangle in shape, forty miles across, more than half that from north to south. The northern third was mountainous. From there a plain sloped southward to the coast. At midpoint on the south coast was São Tome.

"I don't know about the Sundowner," she went on, "or even who's there now. Del Halsey and some others, I think. It's twenty-two miles west of here. The Endertons are nine miles north, without a phone."

Cooper shifted in his chair, frowned, looked directly at Walter Bogin, and asked, "What about this guy Locken?"

Bogin's gaze went opaque. "This office is fully aware of the existence of Michael Locken. It is the opinion of the legal section of the Passport Office that he no longer has a claim to U.S. citizenship because of former acts considered expatriative. Mr. Locken will have to fend for himself."

Bogin had chopped out the phrases in a tone of angry dismissal. Jan remembered with a concealed smile the day, almost two months before, that Locken had made a second visit to the consulate, and the frightening silence with which he had listened to Walter Bogin as the consul had explained, with a growing falter in his voice, that Locken's passport renewal had been denied on the basis of certain clauses in the McCarran Act.

Her mental picture of Locken was perfectly clear.

Not an ugly man, to be sure, trim and tanned, but a face no longer youthful, and somehow disturbing. She remembered especially the detachment in his eyes, as though watching from inside himself, uninvolved, but missing nothing.

She had sensed strength beneath his reserve, and been

attracted, knowing at the same time she would have been frightened to have him make love to her.

Jan Harkins found no shame in admitting that she immediately judged each man she met as to whether he might make a suitable lover. Women her age who said they didn't were liars.

There was something uncontrollable about Michael Locken. When he had left the consulate, without another word, the silence had become explosive.

What she had read between the lines in the flurry of cables between Walter Bogin and Washington had intrigued her even more.

Mike Locken had evidently spent five years in Cuba, an American fighting with Castro until Batista fled—then, for some unexplained reason, imprisoned by Castro for two and a half years on the Isle of Pines.

Later he had served with State's Department of Security, Office of Protective Services, acronymed SYOPS, a department no longer in existence. An attachment to the Xeroxed copy of his SF–50 noted a government review board's allotment of a 40-percent disability pension for injuries to one major and one minor extremity.

She had noted the odd unevenness of step when he walked, a slight hesitation favoring the right leg over the left, and at first she thought he'd been drinking. Later, when he had handed over his passport, she had seen the raw, mushroom-shaped scar that could have been a bullet wound on the inside of his right elbow. And she hadn't smelled alcohol.

Now, ten years after the fact, the Passport Office was claiming that taking up arms with Castro constituted a jeopardy to his citizenship. On the basis of a recent Supreme Court decision, it was nonsense; even she knew that. But Michael Locken would have to take the matter to court. It was clear to Jan: Someone in Washington was harassing Mike Locken, and she wondered why.

Even a greater question in her mind was what had brought him to the island several months before, apparently content to live alone at the Villa Olinda.

Bogin's curt dismissal failed to put off Rafus Cooper. Jan had noted he could be stubbornly single-minded.

"Locken was with SYOPS, wasn't he?"

Bogin sighed. "You know he was."

"Someone starts shooting, you don't want an Einstein."

"I hope that doesn't happen, I really do." Bogin's reply was distant.

He leaned back and stared at Cooper, a long finger next to his cheek, hand tucked beneath his chin.

"Tell me, Cooper. Was SYOPS really that good?"

Cooper shrugged, uneasy with their full attention. "Depends. Security work is all different. Protecting a head of state with lots of time and money, well, that's one thing. The stuff SYOPS did, they were the best. Better than the Israeli Mossad, the Chinese, or the CIA, and they can be fine if all the cylinders are firing."

Jan Harkins lowered her dictation pad. It was the most she'd ever heard Cooper say about anything.

"What kind of work, Rafe?" She thought again of Locken and found herself truly curious.

"Moving people. Sometimes people that didn't want to be moved." He grinned. "Or ones other people didn't want to see go."

"Why were they so good?"

Cooper paused. "Look, Jan. When I say it you're going to give me that smug, college-girl-know-it-all grin and make me feel inferior."

"You never felt inferior in your life. I want to know. Really."

"Pride," said Cooper. "Like the Special Forces had back before they got all ballyhooed and press-agented to death, and I never much liked Army. I don't know how you get that feeling into an outfit, but you don't issue it."

He gave her a grin that made him look devilish, a glint in his eyes below eyebrows drawn together. "And they were unconventional as hell."

"You keep saying 'were.' "

His reply was a little too casual. "Somebody got to them."

The flat of Walter Bogin's hand came down on the desk top.

"No one did anything of the sort. SYOPS was created during the Cold War, a phrase, I need not remind you, no longer favored by this administration. As *Time* magazine never fails to remind us, this is an era of détente. There is little need or opportunity for their kind of work. SYOPS was absorbed in a long-overdue restructuring of the State Department's Security Services."

It had the sound of a press release. Jan saw the familiar twitch at the corner of Cooper's mouth. It generally preceded the word "bullshit," each part pronounced separately, the second drawled out into two distinct syllables. Cooper held it back with an effort. His impatience to move was apparent.

"If this Locken was with SYOPS, he might be good. Maybe yes, maybe no." Reservation was in Cooper's voice. Jan sensed that in this one thing Cooper took nothing for granted. "Do we check him out, or don't we?"

Walter Bogin pulled in a breath. "I suppose." Twenty-four hours later, he would judge it the only worthwhile decision of his diplomatic career.

Cooper moved from his chair as though spring-shot. Bogin stopped him at the door. "Cooper, you do have weapons about?"

"Weapon, singular. Figure I'll need it for Locken?" The devil's look was back in his eyes.

"I was thinking of Morais. Go armed, and hurry back. I mean, we really don't know what's coming, do we?"

Jan sensed his quiet alarm.

"We sure don't," replied Cooper, "but I'm getting a funny feeling."

For a full minute after Cooper was gone, Jan watched consternation pinch Walter Bogin's face.

"Spit it out, Walter."

"We simply must know what's happening. Call the governor-general, the military commander if need be. Without Alberto . . ." He stared at the telephone. Jan knew his Portuguese barely made do in a restaurant.

"I'll call if you like."

He gave her what she supposed was a brave smile. "My responsibility. Might try the Australian High Commissioner first. What's the name of the French consul?"

"Gireau."

"I might try him."

"Try someone, Walter. Shall I draft the cables for Washington?"

He nodded vacantly, looked away, and heard the door close.

Alone, Walter Bogin glanced at the watch on his left wrist, then at the one on his right. He always wore two watches, one set to local time, the other to Washington time. The twenty-one-hour time differential, the zones separated by the Date Line, had always confused him.

The time in São Tome was a few minutes past eleven, Monday morning.

Walter Bogin sighed. If God ever decided to end the world, He had best pick a weekday from nine to five if He expected prompt acknowledgment by the U.S. State Department.

In Washington, it was just after seven in the evening, Sunday.

His hand dropped to the bottom drawer of the desk.

He slid it open, fingered the label on the unopened pint of Scotch, and shut the drawer slowly.

He picked up the telephone, hoping the Australian High Commissioner was his usual know-it-all self.

Behind him the air-conditioner gave a hollow *click-clack* and stopped.

A second later, Jan stood in the doorway.

"My typewriter's gone bung. The electricity's off."

Walter Bogin pressed the telephone to his ear, then replaced it.

"Not working, is it?" said Jan, her voice flat, devoid of emotion.

Walter Bogin looked up at her, touched his cheek with a long finger, and began to shake his head.

chapter 7

"Where the hell is everybody?"

Del Halsey strode through the Sundowner's high-ceilinged dining room, the exposed beams of breadfruit logs and peaked roof giving the impression, the architect had assured him, of a native longhouse.

He'd spent the preceding twenty minutes prowling the finished forty-two-room east wing, room by room. Then, searching among the concrete blocks in the unfinished west wing, swearing angrily at contractors, laborers, his PR man, Mort Rifkin, and most of all Werner, his new Swiss manager. He hadn't found one of them.

He stood at the entrance to the lounge, breathing heavily, and glared at Carla Mitchell, her long legs exquisitely sheathed in a blue satin jump suit and tucked up beneath her on a beige couch.

She lit a cigarette and blew smoke toward him, chin tilted, head cocked, so goddamn superior, thought Halsey. That look could arouse him or dig beneath his skin like a thorn, depending on the circumstance.

The circumstance of the moment was pure irritation.

"You pay a clown twenty-four goddamned thou American, you expect him around."

"To light your cigarettes, darling?"

"If Werner keeps the Kanakas from walking off with

the silver, I'll be happy. You can't even get a day's work. What is it, Christmas?"

She held out a slender arm. "Come in, darling. Let Auntie Carla soothe your troubled brow."

Del Halsey's large head bulled forward.

Thick shoulders and a chest and girth of near equal size hinted at the muscular power of his frame. A full head of shaggy brown hair carefully fashioned minimized his fifty-two years, more of them hard than Del Halsey wanted to remember. They'd left his face with a heavy, stubborn strength and an impatience to use every waking moment, something he expected of those around him.

Stepping into the lounge in quick, short-spaced strides, he had the look of an angry boar.

"Don't get smartass, Carla. You're not around for your wit."

"Even whores crack a joke now and then. Besides, I'm bored out of my simple mind."

"Quit calling yourself a whore. It hurts my image."

"Del, darling, your image is the shape of a turd."

He looked at Carla Mitchell's finely shaped face, the thin, aristocratic nose, provocative eyes. Straight out of one of those fancy fashion mags. Del Halsey had thought so the first minute Mort Rifkin introduced them. Class, pure and simple; it had ended up costing him three bills the first night.

Del Halsey had learned long ago that the cheapest piece you ever got was the one you paid for.

Only, with Carla he'd started to pay in a way he hadn't expected. Her hooks were in him good.

"Sit on it," he said roughly. "Manicure that expensive body of yours and keep the mouth shut."

"Yum, yum." She flicked out her tongue and licked it around her lips.

He turned from her grin and strode out of the lounge

into the broad reception area that led to the front of the hotel.

He walked, for once unseeing, past the huge plaster relief model of the island which dominated the reception area, the island as it would be when Del Halsey was finished with it.

At the front entrance he stopped, letting his eyes wander across the horizon.

The view from the Sundowner was something goddamned else. Nine miles north along the coast he could see the mountains sloping toward the sea at Porto Vilar. A shit-hole now, but a harbor with possibilities. Two miles west he watched the beacon light on the tower at Taveira. Beyond was the Pacific.

He glanced at his watch, a big Brietling Navitimer he liked the weight of. In another few hours would be the most fantastic picture-book sunset anyone would ever want to look at—expensive rum drink in hand, naturally.

Mort Rifkin had grabbed it right away. It was his idea to begin calling the island's west coast the Sunset Coast. And had snowballed it to come up with a Coral Coast, Bounty Coast, and Sugar Coast, anticipating the day soon when the island made the jump from transpacific stopover to tourist-destination area.

The names were already lettered on the island model and used in the lavish Sundowner full-color brochure sent to the travel trade months before.

A Washington friend, with a capital F, had leaked him information about the U.S. government's intention to underwrite construction of an airport capable of handling long-range jet traffic at Taveira. The phone call had cost Del Halsey a point and a half of the operation, and been worth every penny.

The Portuguese lawyer in São Tome who set up the *syndicato* for the purchase of island land had another point. He'd wanted five. Five percent, mused Del Halsey, to gather a bunch of cronies for a Board of Directors, some paperwork, and a few introductions in the *palácio municipal.*

Del Halsey hadn't tried to screw him down immediately. When he had a good thing, he was patient enough to bargain with the Japs, if he had to, and they drove him goddamn nuts.

He had merely begun to draw the lawyer a mental picture. A quick sketch of two Hawaiian development corporations he'd set up in the early Fifties, and the fantastic profits they had reaped in the past decade. A careful paralleling of the successful development of tourism in Fiji, a mere ten or fifteen years ahead of what could happen on the island.

Del Halsey hadn't explained that he'd unloaded the two Hawaiian companies just after statehood in 1959, thinking the boom had passed, when the real boom didn't hit until the Sixties. And that he'd bought into Fiji a shade late, after the first free-wheeling speculators had skimmed quick profits and run, leaving the next wave of developers to deal with a wary government and increasing regulation and controls. Governments were tough these days. This time he'd been prepared.

First, an expensive report by a world-renowned French ecologist, recommending measures in site selection for the Sundowner and its construction to blend in with and protect the environment.

Next, an economic study, complete with idiot charts, showing beyond doubt that the increased employment of islanders and the inflow of tourist dollars would benefit the entire island economy.

Then he'd added the corker.

He intended to issue a prospectus offering islanders 250,000 one-dollar shares in the Sundowner, allowing them part ownership of the hotel. He passed over the fact that the majority of stock would be retained by a holding company, which, in addition to the Sundowner, would hold stock in three other companies Del Halsey planned for the island.

By the time he'd walked out of the *palácio municipal* with the government stamp of approval on his plan, he was sure anyone who'd listened knew of his sincere interest in helping the islanders to help themselves.

If he later went public, did some magic with the first year's profits to bump up the stock enough to unload, so what? He'd never had a chance for a score like this.

He'd even anticipated the visits in private made by two government ministers. Each had explained that certain advance cash payments of fees would expedite the issuance of required licenses, and that, additionally, there were very simple ways to insure continued efficiency and good service. He'd budgeted amply for the bite.

In the end, the lawyer had gladly taken his point, the greed showing through in his smile.

Del Halsey liked dealing with the Portuguese. They played by his rules and understood a bargain. When you had a good thing, there was enough in it for everyone.

He went back through reception and stuck his head into the bar, his eyes falling on the huge tropical aquarium spanning the back. "Goddamn mistake."

A half-dozen brightly colored fish floated on the surface, nibbled at by the other fish in the tank. The whole thing would have to go before opening. Nobody wants to drink watching a bunch of fish cannibalize each other. Hell, maybe they do. You never know what turns people on. He'd think about it.

Mort Rifkin was in the lounge when Del Halsey walked in, talking in a low voice with Carla Mitchell.

He was half a head shorter than Halsey, narrow-shouldered, with a head gone prematurely bald. He looked forty instead of thirty, and at that moment very worried.

"What'd you do, lose your credit cards?"

"I've been looking for Werner, Del. Nobody's around."

"You figured that out?"

Carla Mitchell frowned. "Well, show him, Mort. What you found in the kitchen."

Mort Rifkin unfolded the linen table napkin and held it out toward Del Halsey. "On the napkin, Del. What does it look like to you?"

"Ketchup, seagull shit, how do I know?"

"Blood," said Carla Mitchell. "One helluva lot of blood."

chapter 8

Near the top of the drive, Cooper downshifted the two-year-old Chevy and drove into the courtyard of the Villa Olinda.

He made a complete circle of the courtyard until the car pointed out again toward the drive. He shut off the engine, listening beyond the jabbering mynah birds for any other sounds there might have been.

The drive from São Tome had been eerie. Not another vehicle in sight, not an islander. At least three times a week he drove across the island to Taveira, meeting aircraft to dispatch or receive the diplomatic pouch.

Today the feeling was back. The bad ache that he'd taken with him each lonely assignment in Nam. Not a fear of dying, exactly. Of tension you couldn't get off. Not knowing if at the end of the waiting you'd be the one to kill, or punch out in a numbing flash. Most often, nothing. A walk in the woods. Tension without release. In the end he'd found a way to whip it.

He'd stopped along the highway and taken a few minutes to get himself back together, and he was glad for it.

He looked across the seat to the khaki canvas pouch one foot by two in dimensions. Each of the eight pockets stitched across the outside bulged with a spare thirty-two-round clip of ammunition.

He climbed from the car at the exact moment the man stepped onto the balcony above him.

Tall, thinner than he'd expected, lines in the face put there by something other than hard living. Locken took him in with a single glance.

"Move in here, fast. If you've a weapon, bring it." The voice was just loud enough.

Cooper hesitated, mentally digging in his heels at Locken's command. He respected authority when deserved and paid for. Faked, he could smell it, as he had from too many officers with helmets down low on their foreheads and hard-assed talk with a lot of *misters* in it.

Locken's voice had something behind it. Cooper found himself moving without added deliberation.

He made a grab for the canvas pouch, took a quick look around the grounds, and ran toward the door of the villa.

Locken waited just inside the opened door. He shut it immediately behind the black, having watched him run from car to villa. Wary but unpanicked.

He reached up and replaced the single strand of nylon fishline, so that it crossed the upper corner of the door itself. He fixed the strand of line to a cluster of brass tubes tacked to the door frame, each no more than four inches long.

Locken plucked lightly at the line. The brass tubes emitted a sharp, musical tinkle.

"Wind chimes. Another cluster rigged on the back door, two more across the door leading to the patio. Clever, the Chinese." He looked squarely at the black. "You have a name?"

"Cooper."

"Seen action, Cooper?"

"Enough." The reply was cool.

"If the thing in that canvas bag shoots, unlimber it and follow along." Locken turned and led Cooper up a stone stairway to the second floor. No argument, no time wasted with questions. Only a faint, measuring grin from Cooper. The thought amused Locken: Cooper was sizing him up.

At the top of the stairs Cooper had the stubby weapon out of the pouch: a machine pistol only slightly larger than a Colt Government Model .45, about half the size of an Uzi.

Cooper caught the question in Locken's eyes. "An Ingram," said Cooper. "Ingram and I are buddies. You've never seen one."

"No."

Cooper grinned. "Things change fast."

"Some things don't change at all." Locken nodded toward a door leading off the interior balcony. "In there."

Cooper slid a clip from the pouch and hammered it into the machine pistol, Locken noting the smooth integration of man and weapon. Standing to one side Cooper nudged open the door.

"Welcome to the Alamo," said Locken.

Cooper's eyes moved around the room behind a sly squint. "I didn't know they let in niggers."

The room was sparely furnished, a bedroom with three high windows looking across a wrought-iron balcony to the courtyard below. An austere room, to fit what for Locken had become something near a monk's existence.

The first week at the villa he had sent the *camareira* away with precise instructions. Thereafter, her morning visits brought him fresh island seafood, fruit and vegetables, and, with a little casual probing, gossip from the open market. That and his own observations had confirmed one thing with disconcerting ease: James Morais was more than a rumor.

Until now, Locken hadn't a clue as to what precisely were his intentions, nor could he answer who, if anyone, was behind James Morais. All in its own time.

Meanwhile, as per orders, Locken had indulged himself in a manner that the past ten years had never allowed.

He began exercising heavily several hours each day, running miles in the cool before sunrise. An even hundred sit-ups and an equal number of leg-ups helped trim the city-bred layer of flab from his midsection, the sweat cleansing his body of toxins he suspected were more imaginary than real. It was the first time in his adult life he had voluntarily gone more than a week without alcohol or a woman.

And always the final hour of Tai-chi, the graceful, disciplining exercises closer to dance than martial art. Begun a year before, they had restored total movement to his bullet-damaged right elbow. His left knee remained structurally weaker than before, thanks to the two separate bullet wounds and the inherent inadequacies of Teflon, chrome, and silicone to replace smashed bone and cartilage. But movement was near normal, and he no longer suffered the dull pain.

His third wound, which had left him without physical effects, was unobservable except for the hairline scar and the absence of pubic hair a fraction of an inch from his scrotum.

Now, only the occasional night without sleep, unable to forget how near it had been. As with most people who survive major physical damage, Locken no longer took his body for granted; he knew that, without care, it could fail him.

The isolation and exercise brought something unexpected: a peaceful turning inward, as near to a mystical experience as Locken suspected he would ever reach. Had he been able to forget the death of the girl on his previous assignment, the niggling questions about Morais, the reminder that people in Washington hadn't forgotten him, he might have for once held dormant, even temporarily, the grinding internal anxiety that he endured as others might a chronic illness. Yet he knew it was the mainspring of his skill.

For even now he found the feeling of imminent danger sharpening his senses, and in the knowledge he found uneasy pleasure.

He looked at Cooper, saw the quiet laugh, the shake of his head.

On the table in the center of the room were two liter bottles, each filled with a layer of coarse soil dug hastily from outside the patio door. Locken had drained kerosene from the kitchen stove and divided it equally between the bottles. He had torn up a cotton tee shirt to make wicks.

Next to them smoldered a spiraled mosquito coil, the tip glowing dull red, filling the room with the sweet smell of pyrethrum.

"Molotov cocktails," said Cooper.

"That's the idea." Locken nodded toward the window. "You can talk from there." He dumped a dresser drawer onto the bed and began filling a small valise. "Why the visit?"

Still without questioning, Cooper stepped next to the window and eased a look out. In quick phrases he told about the islanders seeming to go underground, including the local embassy staff, and a warning from one of them that Morais was coming. "First sign of trouble, Bogin wants to herd our countrymen into DeGama barracks under army protection."

"And you don't think it will be easy."

"Easier with two guns than one. I hear you've experience."

"Break apart the word trouble, Cooper, into the specific things Morais might try. One gun either way won't make much difference."

Still studying the grounds beyond, Cooper grinned. "Then why you packing the bag?"

Locken straightened. "Because in the past hour I counted four of the biggest human beings I've ever seen come out of that shantytown across the road and lose themselves in the brush out there."

"I heard the Sembi are big."

"I heard that. Plus a few other things."

"And you think those four are after you?"

"I don't think anything." Locken studied him. Cooper was strung taut but controlled, the gun steady. "I just hope you're as good as you look."

Cooper spoke without turning. "Can't tell much by looking. You're old enough to know better."

"Don't tell me what I know." Locken's reply was quick, delivered with a sting. He stared into the valise, avoiding Cooper's questioning glance.

Cooper's remark had dragged back thought of the girl, and he hadn't needed reminding of his own fallibility. At some point, he supposed, every man had to face what he had become. For Locken, the girl's death two months before was the capper.

"Just routine, Michael," Wavel had told him, in the matter-of-fact tone Locken had at first found so unsettling. In their business, people who couldn't appreciate risk were a hazard.

In the eight months Locken had been with the London security firm of Wavel Associates, Locken discovered that retired Brigadier L. O. Wavel, VC, CBE, DSM, never undervalued risk. In assignments for Wavel, risk was routine.

"See the flight through to Sydney," Wavel had told him. "Not our sort of work, really, but the Director's a chum. Some Croat nationalist group took their feuds along to Australia when they migrated, and Qantas has had a nasty threat. Enjoy the flight, Michael. It's a jumbo."

They determined later that the man boarded at London and passed both the preliminary profiling by airport security at Heathrow and the boarding-gate magnetometer. The single two-and-a-half-pound brick of C–4 explosive was hidden in a portable electric typewriter, molded into the space designed for the motor, and undetected in the inspection of hand baggage. They were never sure where he got the pistol. Unless it was smuggled aboard by the girl.

She joined the flight at Singapore. Locken remembered because she was the most strikingly beautiful woman he had ever seen. Perhaps twenty, raven hair, seeming darker against pale skin. Alert green eyes, full, deep-red lips, unneeding of make-up. She dressed well, the low neck of her dress showing a hint of cleavage between small, high breasts.

The plane had almost emptied of passengers in Sydney, Locken waiting aft while, as per his instructions, two stewardesses went through each of the thirteen toilets of the A-plan interior on the 747 to make sure they were empty.

He heard the scream forward, and looked up to see a stewardess stagger back and sit down on her heels, mouth bloodied.

A man no more that twenty-two or twenty-three stepped from a toilet, the revolver pointing down. In his left hand was the charge of explosive. He glanced up, saw Locken, and broke forward toward the stairs leading to the flight deck.

At the foot of the stairs the man met the flight engineer coming down, shoving the pistol into his thick abdomen.

At midpoint in the aircraft, running, the automatic already off his hip, Locken heard the muffled shot, the impact grunt. The man stepped around the crewman's body, climbing. He had reached the third stair, ignoring Locken's warning, when Locken shot him twice, a controlled pair, the bullets striking him in the throat and jaw not three inches apart.

The man grabbed for the handrail, the explosive dropping to the cabin floor. Locken could see the delicate pencil detonator protruding from the charge. When the man began crawling for it, hand outstretched, Locken shot him again.

The first realization of firing behind him was the tingling numbness in his left cheek, where the first of the two bullets striking a metal partition a foot from his head came apart, a fragment imbedding in his cheek.

He spun, dropping, conditioned, into an impulse combat-stance, knees bent, left hand a platform for his right, left forearm an added protective shield for his heart and chest.

The girl was fifteen feet behind him, a tiny Metz-Lilliput automatic gripped in a whitened hand, pointing directly at him.

The odds and percentages had been drilled in by rote.

In eight years with SYOPS Locken had shot four people and killed three, the longest at the range of eleven yards. Most hand-gun kills were made at less than seven. At fifteen feet the small fifty-grain, .25-caliber bullet from the girl's automatic had one-fifth the punch of his nine-millimeter, one chance in ten of stopping him, against a 60 percent likelihood his first bullet would take her down. An eye-and-ear gun, .25 caliber, good only for a last-ditch effort, and, as SYOPS's laconic range master had pointed out, across very narrow ditches.

At that range he could put a controlled pair of shots

into a two-inch circle in less than a second; he wouldn't need a third.

His weapon pointed unwavering directly at a point between the girl's breasts. She could shoot for an eye if she was good enough. She'd already missed twice at the whole animal.

He looked into the frightened green eyes and shook his head. "You haven't a chance. Don't try. Please." He saw something change in her look, and felt she wouldn't.

In what seemed instant confirmation, the girl gave a small shudder, the pistol lowering.

Locken was already straightening when the girl bent quickly, put the muzzle between her scarlet lips, and pulled the trigger.

A day later, Wavel's phone call caught up with him in a King's Cross hotel, staring at the last inch in a bottle of whiskey. "Michael, you don't sound yourself."

"It wasn't worth an airplane, Wavel, or the two-bit cause someone convinced her was worth dying for."

"Don't expect fair value. It's your business. You're a man with a gun."

"I've been a set of nerves attached to a pistol too long. The gun is growing a brain."

"Next you'll want silver bullets."

"I might not want anything. Except out."

There was a long silence before Wavel said, "I'd think on that one, Michael. For your own sake. You might need this kind of life more than you know. I've another assignment for you. A change of pace that should give you time to ponder, if that's what you think you need."

Locken detected the sarcasm. Wavel refused to allow himself the thought that fatigue might be anything other than physical. "Just routine," said Locken.

"Yes, just routine." Wavel cleared his throat, the Doppler effect of the long-distance phone transmission giving his voice hollow resonance. "As you know, with the Americans pulling in their horns in Asia, both the Australians and the New Zealanders have been assuming a stronger watchdog role in the Pacific, and quite effectively, too."

Locken waited. Wavel cleared his throat a second time and went on. "The Australian government is rather concerned over rumors coming out of one of the Portuguese islands. About some sort of guerrilla activity. They don't want to meddle, but they would like to know. Unfortunately, their intelligence service would fit comfortably in a tea chest, and is rather bound up elsewhere at the moment. Their director contacted us."

"Just yesterday."

"It's been brewing for some time."

"Before you sent me down here."

"Yes," said Wavel without apology. "Frankly, without a man of your background on the spot, we'd have never accepted the invitation."

"You mean, unless you had a package wrapped and in their lap, they wouldn't have been tempted to go outside their own shop."

"Michael, have you been drinking?"

"Not enough."

When Wavel spoke again, his voice had the clipped, businesslike tone Locken recognized as his way of moving quickly past topics that gave him discomfort. "I know your reluctance to deal with intelligence types, but I'm afraid you'll have to endure a briefing. Just nod your head, then go about things your own way."

Locken found himself smiling, reminded again of how much Wavel knew about him that they'd never discussed. His remark about the intelligence people confirmed it.

On his final official assignment with SYOPS and the single special job taken later, Locken had found himself at cross-purposes with separate OPLANS of the CIA. Their scheming had cost him two close friends, his own wounds, and the loss of both clients he had been trying to protect.

Later had been a reckoning of sorts. But to him the Company, as they smugly liked to call themselves, was anathema, a lumbering antediluvian giant that had lived long past its useful lifespan.

"You get harder intelligence these days via satellite, Wavel. You know what I think about their games."

"I think I do. We are not undertaking any clandestine ops, Michael. Strictly and only a gathering of information. Does a revolutionary movement of any threat exist on the island? And if so, who is behind it? Strictly routine."

"You don't have enough dimes to convince me."

"And Michael—do get some rest."

The briefing was conducted over a wet lunch by a cherub-faced giant, a retired Australian general who spoke of Larry Wavel in tones signaling Locken that he was dealing with another of Wavel's old-boy network of chums. Locken left the briefing with relief. He could never quite be comfortable with a general who drank banana daiquiris.

Twenty-four hours later, he was on the island.

Locken snapped shut the valise and spoke to Cooper. "Did Bogin send you?"

"My idea, but he didn't object. He's scared."

"A prudent man, Bogin."

Cooper's forehead ridged in question. "You think these Sembi visiting you has any connection with Morais?"

"I had a friend once who believed in coincidences."

"He'd say it was a coincidence."

"He might if he were still alive."

chapter 9

"Let's move." Locken saw Cooper's attention focus on something below; then, a frown. "Trust your senses."

"A face blacker than mine. In the brush beyond the courtyard. Gone now."

"He see you?"

"I wasn't even sure I saw him. Staring at the car, I think." Cooper looked around. "Anything up your sleeve besides those cocktails?"

"Not much."

He'd checked a new Smith and Wesson Model 59 with the pilot on the flight from Sydney, only to have it impounded on arrival by the Portuguese *alfândega.*

In a chamois scabbard on the inside of his left foot behind the shinbone was his knife. It had saved his life once. A four-inch blade of surgical stainless steel, telescoped into a brass handle against a spring. Pulling it from the scabbard set and locked the blade. It had traveled in his suitcase. He wore it daily, with as much thought as another man might wear a wristwatch.

He turned for the valise, but even as he did so heard the distant tinkle of wind chimes.

Cooper's eyes slitted, the focus of attention shifting from eyes to ears. Locken put down the valise without a sound. Their eyes met in understanding.

He stepped to the table and broke off a piece of glowing mosquito coil, placing it between the fingers of his left hand, like a cigarette.

He took a bottle in each hand and went to the door. The sound of Cooper cocking his weapon brought his head around, the command sharp. "Put that little wonder of yours on single fire. These walls are stone, and I don't want my ass shot off by a ricochet."

"You takes your choice, and you pays." Cooper moved close up behind, the canvas ammunition pouch slung across his shoulder.

Locken spoke quietly. "I'm going to say this once, so mark it. When we go out this door we turn right. Down the stairs to the car via the most direct route, meaning the front door. From the stairs you'll see a single door straight ahead. Leads toward the kitchen and the servants' *dependência*. The archway to the right goes through to a dining room, with glass doors to a patio beyond. The latches on these glass doors wouldn't keep out a hungry rabbit."

"Why not drop into the courtyard from the balcony?"

"Because it's fourteen feet and I've got brittle joints. If the face you saw has a gun, you'd be dead before you hit the ground. Once out the front door, we'll have the car for cover."

"Sold."

He took a final look at Cooper, betting on the sureness he'd observed. "Ready?"

Cooper tensed, returned his look. "No, but I hope you are."

"Well, come on, then."

Locken touched the wick of the bottle in his right hand to the glowing punk and saw the wick flare.

Cooper reached around him and pulled open the door. Locken stepped through it low, hurling the flaming bottle at the stone wall below at a point above the archway, an instant before the second Sembi stepped across the threshold.

The first was already on the inner balcony, to Locken's right, not more than six feet away.

Locken pivoted toward the lunging Sembi, then stepped back, drawing him past the open doorway, giving Cooper a clear shot.

The first bullet caught the huge black man just below the armpit, the impact raising him fully upright. The arm over his head with the knife faltered, eyes widening with shock. He tried to turn.

Cooper's second bullet sent him back against the balcony, two more following it, pounding the Sembi's body as though by an unseen hammer. The balcony railing acted as a fulcrum, and he went over the railing backward, making a slow half-turn in the air, to hit the stone floor below with the sickening crunch of breaking bone.

"One," said Locken, already running toward the top of the stairs, aware of Cooper behind him. His eyes searched the room below, from the archway, now wreathed in flames, the Sembi gone, to both doorways and back again.

They pounded down the stairs, past the misshapen body of the Sembi. They had almost reached the huge oak outer door when two others burst from the archway, almost directly behind them. Without time for the wick, Locken looped the bottle left-handed into their path, saw it shatter on the hard floor, heard the glass crackle as the two Sembi ran across the fragments, oblivious to the blood that smeared their last steps.

Cooper shot from a crouch, three bullets in rapid succession, until the Sembi on the left dipped a shoulder in a headlong dive.

Without shifting stance he swung the stubby weapon and shot the Sembi on the right twice, even as the long knife slashed through the air, less than a foot from the end of the gun muzzle.

Cooper clubbed the man away and shot a final time as Locken turned and wrenched back the bolt on the heavy door, pulling it open.

He had started forward when the thinnest odor of camphor gave him a split-second's warning. Locken's upright step became a desperate dive, trying to roll as he hit the ground. The flat blade scythed close enough to hear, the angry swish of its passage followed by an animal growl of rage as the Sembi tried to jerk the knife free, its blade buried inches deep in the door frame.

Locken came up with what seemed to him the agility of a wallowing bear. He turned and lunged, driving his shoulder into the Sembi's midsection, legs pushing with all of his strength to pin the Sembi against the wall before the knife came free.

Locken felt a heavy fist descend on his back; he was aware above the blood pounding in his throat, of Cooper's helpless yell behind him to move and give him a shot.

Locken tried to step away, but a thick arm circled his neck and crushed him close in what he knew would become a death embrace. His face flattened against the black man's chest, the animal stink of sweat and camphor filling his nostrils. Then the grip tightened, Locken sure that any second would come the vertebrae-shattering wrench, death following the sharp yellow flash with sudden, permanent darkness.

His hand clawed blindly at the chamois scabbard at his ankle. He felt the knife pull free, the blade lock into place. He brought the knife up, trying to thrust above the stomach to the soft inverted V beneath the rib cage below the sternum, to drive the blade upward through the pericardium into the heart.

He heard the Sembi gasp, felt him convulse as the blade entered. Then an explosion of muscular force lifted

Locken from his feet, hurling him backward through the air. He remembered staring at the handle of the knife in his hand; the angry swipe had sheared it from the blade, still firmly imbedded in the Sembi's ribs. The explosion of Cooper's weapon seemed distant, filtered through an oily blackness.

Aware of his own breathing again, he saw Cooper standing over him, his complexion gray but the thin grin apparent nonetheless. "You almost let that black fella get away."

"I tried, Cooper."

Locken climbed to his feet, the demand for awareness overriding the pain in his neck and shoulders. His eyes searched the brush nearby.

"I'll drive. I want you in back, fresh clip, your friend on full auto."

The fifth Sembi stepped quickly from the brush as Locken slowed the Chevrolet at the bottom of the drive to make the right turn onto the highway.

He jumped bolt upright not twenty feet ahead of the moving automobile, the long steel lance braced and leveled. As the car swept past, the Sembi drove the lance squarely into the front of the hood, then leaped out of the automobile's path, disappearing again into the thick undergrowth.

Cooper didn't even try a shot, watching, jaw loose in surprise. "Where'd he come from?"

"You won't get many you don't pay for. That was one."

The implication brought Cooper's head around. "Man, what do you expect?"

"You let down. I don't expect that." Locken's tone was without accusation, an observation of fact.

Cooper's eyes burned, his reply angry and defensive. "You said there were four."

Locken's eyes fixed on the road. "I said I counted four."

chapter 10

Locken drove east toward São Tome several miles before he found what he was looking for. A narrow, unpaved track led north off the highway, lined on either side by the stubble of sugar cane.

He turned into the track, drove another hundred yards, and stopped. "Let's see the damage."

He stepped from the car, cautious eyes following the track ahead. In the distance it dead-ended amidst the maize-colored blanket of recently harvested cane. The cane fields sloped gently, continuously, until, eight or ten miles away, they ended in sharp demarcation at the foot of the mountains.

Cooper hadn't moved. He sat, head back, on the seat, looking nauseous.

"I want cover," said Locken. "If you're thinking about the villa, don't."

Locken checked the gruffness in his tone. Cooper had killed four men face to face, skillfully and without apparent remorse. Nausea was small-enough reaction.

"I'm all right." Cooper began climbing slowly from the car.

Locken pulled loose the broken shaft of the lance and raised the hood. Steam boiled dirty brown from a puncture in the top of the radiator.

Cooper stared back along the track toward the highway. He licked lips gone white, and shook his head.

"Why didn't those Sembi waste this machine before they came after us? Tires, wiring, something."

Locken broke off a piece of lance, wrapped his handkerchief around it, and began working it into the puncture. "You know anything about *kago?*"

"Some. No crazier than a lot of other stuff people go for these days."

"A corruption of the word 'cargo,' and you can substitute for that all the gee-gunks and hardware they see in the hands of the white man. When the white man is gone, they believe, the gods will see the error of their ways and the cargo will come to the Sembi."

"What was this car, a test case?"

Locken noted the fever glaze in Cooper's eyes. "If they'd disposed of us, they'd have had themselves an automobile, wouldn't they."

"You do have a point," said Cooper. "Then how come the gentleman with the lance got so nasty?"

Locken shrugged. "Maybe because we'd done it again. Run off with something the Sembi thought was as good as theirs." He hammered the plug firmly into the puncture with the heel of his hand. "It's a simple connection between Morais and the Sembi. If Morais needs manpower, he could have promised them all they could grab along the way."

"A pity he didn't ask me," said Cooper. He rested the machine pistol on the car roof and wiped perspiration from his face. "Morais wants this island, he'll need more than a few trained men and the Sembi. There's a company of regular army here. Twenty-four hours after Morais fires a shot, there'll be more on the way from Portugal, with the U.S. Sixth Fleet out there breathing fire."

Locken looked up. "Who are you trying to convince?"

Cooper gave him a barren grin. "Anyone fool enough to listen."

Locken paused, his eyes drifting away. "You know, Che was a great believer in what he called 'the fortunate blow.' The big kick-off planned to the tick of the clock. If it's done right, you not only cop a decisive military victory of some kind, but swing people behind the cause."

"Everyone loves a winner," said Cooper, his tone listless.

"Exactly. The only trouble is, after the kick-off you still have to play the game. Wearing the government down militarily, politically. 'The war of the flea' a journalist tagged it. Morais bites here, chews there, but above all survives for however many years it takes. Let's not kid ourselves, Cooper. With trained men, planning, and a few more like the four we tangled with back at the villa, in twenty-four hours Morais could blow the lid off this island."

Locken straightened, remembering things from Cuba, years gone but unforgotten.

He turned, to find Cooper forcing a pained grin. "Now don't tell me I'm consorting with a buddy of Che Guevara?"

"Make you happy, would it?"

"Tickle me to death."

"Hate to spoil a day that started so well." Locken shook his head. "Castro had his *pandilla,* his trusted buddies. Che was one. I wasn't. I was closer to a tough nut named Cienfuegos. There was a rivalry between him and Che until Cienfuegos went down in a plane crash I never liked the smell of. Let's say Che and I were acquainted."

"Learn anything?"

Locken remembered the early lessons in guerrilla warfare, paid dearly for at Alegría de Pio, El Uvero, taking Santa Clara, and the march with Che to open a movement in the Escambray.

Cooper was watching him carefully.

"Nothing I wrote letters about. I wasn't even sure why I was there until I thought it over, changed my mind, found it didn't work that way, and ended up in jail on the Isle of Pines. At that age, you move before engaging the brain. It's a good thing, on occasion."

Cooper gave a bitter chuckle, looking away. "I learned six easy ways to kill people before I thought twice about it."

"And now you think twice?"

"I try not to think at all."

Cooper's hands moved jumpily across his weapon.

"Can't you hurry?" The nausea had loosened his earlier complete calm.

Locken paused. "A couple of minutes, we'll ride. If you want to walk, we can start now."

Cooper made a visible effort to regain control. He looked beyond Locken, across the terrain toward the mountains.

"Morais could pull it off here, couldn't he? Hide a couple of hundred men in those mountains; a division could never root them out."

"If methods were all of it, Morais might. Those are only about a thousand years old, thanks to a Chinese named Sun Tzu. Read Mao today and it's the same stuff. Che never read a word of Mao, but came to the same conclusions and gave himself credit for discovering them." Locken followed Cooper's gaze toward the mountains. "Trouble is, no two places are the same. The tactics that won in Cyprus, Cuba, Algeria lost in Malaya and Greece."

Cooper looked around, his eyes again questioning but amused.

"You've been studying, Mr. Locken?"

"On the Isle of Pines, Mr. Cooper, I had time."

"What's the trick?"

"No trick. A formula, maybe, and Morais is half of it.

He'll have to be tough, lucky, a super salesman, and patient. A little integrity wouldn't hurt either. Whether you liked Che or not, that last item carried him a long way."

Staring at the *serra,* Cooper said, "Man, I wonder if he'll do it."

Locken checked the water in the radiator and gave a light shrug.

Cooper caught the carelessness of it. "You don't care?"

"Nope."

"I could give you a reason."

Locken glanced up. "I'm not looking for one."

"This one's free." Cooper's fevered eyes held steady. "Morais sent friends to kill you, which I'd take right personal. Or hadn't you thought about it?"

"I've thought about it."

In the silence, Cooper finally turned away, swinging the machine pistol and his attention back toward the highway. "What's the other part of the formula?"

It was a moment before Locken answered.

"The people, I suppose. Stirring up a willingness to revolt. Propaganda, terrorism, whatever works. This drive-the-white-man-into-the-sea business is part of it. A *piropo,* we used to call it. Something to focus on."

Cooper tapped the side of his nose. "I don't smell it. A hotbed of discontent this sleepy place ain't."

"Not yet." Locken paused. "One more nugget from *Tete* Che. He'd usually try this one on you over the top of a cigar, with just the touch of a crazy grin. It isn't necessary to wait until all the conditions for revolt exist, the insurrection can create them."

"Whose side are you on?"

"I didn't say I believed it."

"Was he right or wrong?" Cooper's tone had a bite.

"Nothing wrong with batting three thirty-three, if it's baseball."

Cooper frowned. "Cuba and where else?"

"Che went to the Congo and found the good guys as rotten as the bad guys. Then went to liberate the Bolivians, and they killed him." Locken slammed down the hood of the car. "Let's get out of here."

Locken's hand was on the car door when they heard the pair of explosions. A long screeching howl, followed by a dull, secondary thump.

Cooper dropped next to the car. His head came up, eyes alert and understanding. "Anti-tank rocket. Wasted something."

This was Cooper's element now, more than his own. Locken's question was immediate. "How far?"

"Half a mile at the outside."

The staccato of small-arms fire began then. A heavy but intermittent crack of rifle fire, completely dominated by the rapid snap of lighter weapons firing on full automatic.

Cooper's eyes jerked toward Locken. "Chicom assault rifles. The best."

Locken cocked his head, trying to determine the direction of the shooting. He looked back toward the highway, at the low, brush-covered hill beyond. Cooper followed his gaze, confirming with a nod; the sound of firing came from beyond.

"What's on the other side of the hill?"

"The road skirts it, doubles back. A road junction there."

Locken remembered now. A single two-lane macadam road led off the trans-island highway to the small local airport used by AIRSAT.

He looked at Cooper. "Good place for an ambush?"

"A beautiful place."

Locken began to run.

chapter 11

It took long minutes to reach the top of the hill, the wiry plants tearing at Locken's face and clothing, the jagged rocks taking skin from his knuckles and shins, unnoticed.

As he neared the top, the sound of firing took on a different balance. The deep pounding of the heavier rifles was sporadic now, the brittle chatter of assault rifles more intense. When they heard the first explosion of grenades, Cooper shook his head.

From the top of the hill they could see the road junction below, less than a quarter of a mile distant.

In the direct center a British-built Ferret armored car lay on its side, its forty-millimeter armor ruptured along one side, a mean, angry rent from which billowed oily black smoke.

The truck following it had slewed off into a drainage ditch to avoid ramming it from behind and come to a canted stop. The first men out had died immediately. At least a dozen bodies in mottled army combat dress had fallen within twenty feet of the truck.

Two other trucks behind the first had been stopped by a hail of small-arms fire, still pouring down on them from the two dozen or more men in dull-brown fatigues positioned along the road cut above them.

Locken saw the six other guerrillas moving low in the brush edging the road, assault rifles slung, the canvas bags at their sides bulging with hand grenades.

"How they get sucked into that?" breathed Cooper.

He worked around the machine pistol and aimed it down toward the road.

"That's it, Cooper. Fire away."

The flatness in Locken's voice made him look up, blink sweat from his eyes. Locken watched the scene below without expression. "At half this distance you might be lucky or good enough to get a couple. Sit this one out. You don't have to like it."

Cooper rested his forehead on the ground, his teeth grinding against the deepening nausea. His complexion had gone dirty gray.

"If you're going to be sick," said Locken, "do it quietly."

"I seen worse."

With what appeared almost medical curiosity, Locken watched the men in brown carry out their slaughter with discipline and skill, working in teams of three, pouring fire point-blank into the trucks.

From the last truck in the file, Locken saw four soldiers scramble out and begin running back along the road in a desperate dash to escape the murderous fire. Running blindly, their course was taking them parallel to the unseen men with the grenades, already pulling pins, the tiny metal objects arching through the air, appearing at that distance like so many decorative baubles, until, striking, they erupted into mushrooms of dust and killing shreds of metal.

Two of the soldiers began firing in what was their last second of life, the dull thump of the explosion that cut them down reaching Locken a fraction of a second later. He tasted blood; his tightening jaw had bitten the inside of his mouth.

He forced himself to watch, aware of Cooper's head turned, eyes staring at him. "You're a fucking iceman," he heard Cooper say, but his gaze was on a single guerrilla, who had fallen, struck by one of the dying soldier's bullets.

Locken marked the point and let his eyes swing across the spectacle, which he knew had entered its inevitable finai moments.

He saw the Sembi then, a hundred or more, moving in a restrained jog along the narrower road leading from the airport, not fifty yards from the road junction. Knives, by accident or intention all carried at the same angle, gave the impression of a detachment of cavalry from some nineteenth-century campaign ready to sweep down on an exposed enemy flank.

Then it was over. The shooting stopped; the only sound reaching him and Cooper was the agonized, pitiful cry of wounded. The Sembi came forward then, moving from vehicle to vehicle, body to body, the scything knives reflecting sunlight as they silenced the cries one by one.

Locken looked away, toward the point where the guerrilla had fallen, and began to crawl forward down the hill.

"Hey, now." Cooper's hand clasped his ankle. "I saw him go down, too. With all due respect."

"Don't stand on ceremony."

"My sort of stuff. Besides, I want a Chicom rifle."

Cooper looked ill, his eyes glassy, but his voice was sure.

"What were you, Cooper?"

"Marksman. Long-range patrol stuff."

"A sniper."

"Something like that. I know what I'm doing."

"No hero."

"If I couldn't make it, I wouldn't try."

Locken nodded. "Take a look at the uniform, pockets, everything."

Cooper gave him a sickly grin. "I'll make a mold of his pecker."

He went forward on knees and elbows, cradling the machine pistol. At the distance of twenty feet, Locken could no longer see his movements through the brush.

A half-hour later he was back, eyes clear, the deliberate calm in place for the first time since the villa.

The road below was empty now of anything living. Cooper had the assault rifle, and a canvas bag heavy with ammunition.

"Stop for a coffee break?"

"Had to stay put. One of their men came back looking for the rifle. Took the body with them." His head made a convulsive shake, and for a moment Locken thought the nausea had returned. "I saw the Sembi working with those knives. The sound is worse, maybe."

"Not so long ago Chindits and Moros were doing the same thing to Japanese and everyone thought it was grand."

"Depends which end of the knife you're on, doesn't it."

"Locken's first principle. What did you find?"

Cooper spoke quickly. "The dead man's a local. But he went a long way to find himself a tailor."

He handed Locken a square of rough brown cloth.

On it were three Chinese ideographs.

"Probably says 'Made in Peking,' " remarked Cooper. "It might as well."

"Looks that way," said Locken, staring at the cloth a long moment.

"I'll tell you another thing," said Cooper, his eyes jumping back to the road. "They knew what they were doing. Those guerrillas. Not exactly a bunch of peasants with blunderbusses."

Locken nodded, still thinking.

"While you were gone, I counted forty-four dead men. Figuring two more in the Ferret, that's forty-six."

Cooper's head began to shake. "Almost a full company."

Locken was already squinting in the direction of São Tome. "They better lock their doors. Not enough army left on this island to protect the village virgin."

PART TWO

The survivors

chapter 12

Still a block from the Hotel Imperatriz, Walter Bogin heard the tinny sound of the piano in the lounge echoing along the serpentine esplanade.

He stopped, his frame wavering, feet apart to balance against the effects of the alcohol. Above the noise of the piano, he heard what he thought was distant thunder. A low gray layer of cloud was sliding in from the sea, which meant little twilight, less than an hour or two of daylight remaining. He really had to hurry. He bunched his narrow shoulders and walked on toward the hotel.

After the events of the past hour, the comforts of his hotel room represented the only sure element in a day taking on aspects of a horrible dream.

Without electricity or telephone, he had left Jan at the consulate and reluctantly gone directly to the *palácio municipal* to demand, if not reassurance, at least information.

His request to see the governor-general had been met with an open-palmed shrug from his oily male secretary. "Impossible, *Senhor* Bogin. Alas, it is one of those days."

His question about the threat of trouble from James Morais brought the reply he had expected: The rumors were of no importance. The exaggerated casualness, accompanied by the secretary's arrogant smile, confirmed Walter Bogin's growing dread. One of the small benefits of his diplomatic career was a highly developed talent for recognizing deceit.

"But you've taken precautions?" he pressed.

"Of course, *Senhor* Bogin. The army is on full alert. They have sent out patrols." The secretary's added comment that they were fully prepared to deal with any eventuality had the tone of dismissal.

Walter Bogin turned to leave, knowing that further questions would gain nothing. In the brief second the door to the secretary's office opened and closed, he caught a glimpse inside. A clerk was packing files into a wine crate.

At the postmaster-general's he found a half-dozen local constabulary, mixed-bloods in ill-fitting khaki uniforms, adept only at snarling traffic. They were filling sandbags, arranging them near the entrance. Already a coil of barbed wire was strung around the building.

He sighed and went forward. A flat-faced guard with a bolt-action rifle, bayonet fixed, barred his passage.

Walter Bogin glowered down from his full height.

"Don't be absurd man, I must send a cable."

"Use has been reserved for the government."

"I *am* government. The United States government."

"For the governor-general. You must be authorized."

Walter Bogin tried to step past him, and was struck soundly on the thigh with a rifle butt. He fought back tears of pain, looking into the emotionless black eyes of the guard. "You ignorant man."

The guard took a step back and pointed the rifle. "You must be authorized," he repeated, giving the word an almost religious intonement.

Walter Bogin spun angrily and trod back to the consulate, praying that Alberto or one of the others had returned, someone who could deal with these people in their own bloody-minded way. He hadn't anticipated everything being so difficult.

A note from Jan, scribbled on her dictation pad, was propped on his desk, saying only, "Right back. Ten minutes."

He should have been angry, but instead felt suddenly terribly alone.

He gathered the few documents and correspondence that, made public, might have been diplomatically embarrassing, and locked them in the safe.

Then he opened a bottle of mineral water and went to his desk, lifting out the pint of Scotch from the bottom drawer.

Everything about drinking gave him comfort, from the crisp snap of the seal on the bottle to the warming sensation of his first sip.

With the pint gone, he was anxious now, because he hadn't thought to provide himself with a larger bottle. A problem easily solved.

He locked the consulate and set off for the Hotel Imperatriz.

Entering the hotel lounge, he found it empty except for Jack Mann, pounding out a melancholy version of "Stormy Weather" on the upright piano in one corner. Mann's wide-open mouth, the loose jowls and alcoholic croak, made Walter Bogin think of the ugly monitor lizards occasionally discovered on the dryer part of the island.

He headed directly past Mann, without greeting, toward the hallway leading to his room and the fifth of Scotch he knew was on the dresser.

When he was midway across the lounge, Jack Mann stopped playing, swiveling on the piano stool to sight at him across a stumpy finger. "Hotter than a whore's dream, ain't it, Bogey." The words run together signified that Jack Mann was in his usual alcoholic stupor.

"I wouldn't know."

"Come drink along, mate. Judging from your puss,

you could use a couple more than you've already had."

Walter Bogin glared at the bloated face, tanned cheeks and nose too red to be owed to the sun. Every tropical town had at least one Jack Mann, interchangeable from one continent to the next. Mann was Australian or New Zealander, Bogin could never tell the difference in accents. In his late forties, probably. A dropout before the phrase had been coined, for reasons Walter Bogin knew not and cared less. Mann lived in the Zona Sur, with a black woman he called Mama, who he said was his wife.

Walter Bogin wanted another drink, but not badly enough to share it with Jack Mann. Mann's crude, abusive humor made him nervous. Besides, he smelled.

"Must you pound that thing!"

Jack Mann's mouth went awry in a grin. "Play you something more dainty, Bogey. How about 'After You're Gone'?" Jack Mann's eyes shone gleefully.

Walter Bogin didn't reply. He stepped from the lounge and went along the hall, noting that Jack Mann's playing was louder than before.

Sosa, the hotel manager, was waiting at the door to his room, the look on his face an almost exact replica of the one Alberto had worn that morning. It had occurred to Walter Bogin before that everyone on the island must secretly be related. Bogin's mouth was dry.

"I am sorry, *Senhor* Bogin." Again the spread, open palms, the jerky shrug of shoulders.

"Sorry? About what."

"You must leave."

"I have no intention of leaving."

"An American here now is not safe."

"I've lived here two years." He was aware that his own voice had risen in pitch. He wanted to sound indignant, not hurt.

Sosa stepped back, his nose flaring at the smell of alcohol. "You must go. Immediately."

"But where will I go?"

Sosa had already turned away, walking back along the hall toward his wife, waiting at the end, a short, thick woman, pudgy hands on her enormous hips. "I'm sorry," Sosa said over his shoulder. The woman nodded approval.

Walter Bogin entered his room, found the bottle in the dimness, and drew on it heavily, without bothering with a chaser.

He dropped into the chair with the bottle, taking care not to spill a drop.

chapter 13

"Get him on his feet," said Locken.

Cooper stepped toward the lanky form slumped in the chair.

"I am perfectly able to rise without aid, thank you." Walter Bogin's voice had an exaggerated preciseness.

"You picked a dandy time for it," said Cooper.

"What I do is no concern of yours. We should, I think, discuss the matter of your transfer."

Locken watched him from the doorway, cradling the machine pistol. "Tell him, Cooper."

The piano in the lounge was quiet now. At the end of the hall Locken noted the two faces peering around the door frame, the man and the woman who had fled to the back of the hotel when he and Cooper had entered, guns ready.

The red-faced man at the piano had merely grinned and waved.

"About four miles north of town Morais's men and some Sembi ambushed a column of army. Killed more than forty."

Bogin stiffened in his chair. "Good God!"

"Trouble ain't coming, Bogin. It's here."

Walter Bogin struggled to his feet, his hollowed cheeks giving his face a skull-like gauntness. "Have to bring people in. The barracks, where they'll be safe."

"You're not listening," said Cooper. "Without army, those barracks are no better than a cattle pen. We need another answer."

Locken watched the stunned realization spread over Walter Bogin's face. He wondered how many others he'd encountered like him: people unable to control their own existence, yet blindly trying to guide the welfare of others. Locken said, "That ambush was step one. I'm not sure exactly what comes next, but Morais is going to take a bite out of this island."

Walter Bogin looked at him, then to Cooper, his voice an appeal. "What should we do?"

Locken heard the rough voice answer from behind him. "Get off the bleedin' island. Swim if you have to, but get off."

Locken turned to look at the jowled face beneath matted, sun-bleached hair. Faded aloha shirt, wrinkled cotton trousers, his feet stuck into a worn pair of Japanese zoris. The face was grinning, the shiny eyes not quite focused.

"I'm Jack Mann." It had an odd intonation, as though the name were an admission.

"Good advice, Mr. Mann, but I'm short on method." Locken's reply was sharp. Time was essential now, and he couldn't waste it. He turned to Cooper. "How many people are we talking about?"

"A hundred or so whites on the island, maybe a dozen Americans on the Hill. A couple of missionaries live nine miles north."

"Don't sweat the Endertons," rasped Jack Mann. "Hard as the bleeding earth they live on. Kids are the problem."

"Children. How many?" questioned Locken. Trying to form a total picture of what they were up against was like plodding in molasses. He'd already begun to consider Morais's probable objectives.

"Six, eight, maybe a dozen," answered Jack Mann. "A foundling home at the mission. Half-caste kids nobody wants or admits to. The Endertons won't abandon them. Unless the lot of 'em are dead already."

"Anyone else, Cooper?"

"A few people at the Sundowner Hotel. I don't know how many. Twenty or so miles across the island, so maybe they're out of trouble. They could try for Taveira on their own."

"Every white on this island is in trouble," said Jack Mann. He leaned toward Locken, smelling of rancid alcohol. "Want my advice?"

Something in Mann's voice, more than a plea to be listened to, made Locken turn. "If it's quick."

Mann blinked, the attempt to order his thoughts a visible struggle. "Get on up to the Hill and find the two Aussie bucks that fly for AIRSAT. Gather up every white skin you see and pack them down the back road from the Hill to the local airport. AIRSAT has a Hawker Siddley Avro out there, unless the Sembi found it and carted it off for a trophy. Carry fifty people in a pinch to Fiji or Noumea. Fly it out of here."

Analyzing facts, making decisions had once been a habit with Mann, Locken sensed. The alcohol took control again. His loose jowls hung in an ugly grin.

Walter Bogin stood as though trying to steady himself on the deck of a rolling ship. "Cable Washington. Have help in twenty-four hours. An airlift—"

"Bullshide," croaked Jack Mann, his tone derisive. "In twenty-four hours they'll arrive just in time to count your bones." The thought seemed to leave Walter Bogin horror-struck. "Without army to keep the lid on, this town's going to erupt. Maybe a minute from now, maybe an hour. When it does, ninety percent of the islanders will act like a pack of bleedin' ostriches and put their head in the ground until it's over. The other ten percent will loot, settle old grudges, and tear each other apart no matter what Morais and the Sembi decide to do. I seen it happen. Here eight years ago." Mann's eyes fogged, as though he had exhausted his stock of coherent thought.

Locken knew precisely what he meant. He'd seen the aftermath of the mobs that came out of the Havana slums during those first two days of 1959, after Batista had fled, before the first of Castro's *barbudos* arrived from the sierra. It was as though a horde had oozed from the garbage of the city to rape it while helpless.

"I hope you're wrong," said Locken quietly. "But I don't think you are."

Mann's eyes dropped. "I been wrong before. Find out for yourself, or bugger off. I don't care."

Locken turned to Cooper, nodding toward Walter Bogin. "Bring him." He looked again at Jack Mann. "What about you?"

"I'm staying." Jack Mann straightened, trying to display a few shreds of self-respect. "This is my place."

"Trusting in shoe polish, are you?"

Jack Mann gave a rough cackle. "People know me in the Sewer. Except for a little pigment, I'm one of them. I'll last."

Locken's eyes held on Jack Mann's and saw the defiance give way to a flicker of doubt. Mann turned away.

Cooper squinted suddenly at Walter Bogin. "Where's Jan?"

Bogin hesitated. "At the consulate, I suppose."

"The consulate was shut. I thought she was with you."

Bogin shook his head, the corners of his mouth turning down. "Left a note. Probably went home. Should have been back."

Jack Mann spoke from the end of the hall. "That the blond living in the Zona Sur?"

"That's the one," said Cooper. His eyes on Jack Mann were absolutely motionless.

Mann spoke to Locken. "If you have a car, climb into it real quick. So happens, most of the nasty ten percent I told you about live in the Zona Sur. About now, the Sewer's no place for a lady."

chapter 14

Five minutes after Jan Harkins left the consulate, she knew it had been a mistake.

She'd waited a long half-hour after Walter Bogin went on foot to the *palácio municipal,* trying the telephone repeatedly without success. Cooper hadn't returned. The calm was a prelude, she was sure.

The thought that they might actually evacuate the island nagged at a streak of feminine sentimentality which she doubted she'd ever be completely free of. At her place were things she wanted. Fifteen more minutes of waiting and she made up her mind.

She scribbled a brief note and left, walking briskly along the empty Avenida Magalhães before turning toward the Zona Sur. She intended to be back before anyone returned.

The transition from shabby commercial street to squalid, smelly ghetto was accomplished in the short space of a single block.

The people from the Hill called the Zona Sur "the Sewer," with a complacent matter-of-factness that had infuriated her from the beginning.

A block short of where she lived, Jan stopped.

In the distance she heard what she was sure was gunfire. Cooper once remarked that even if you'd never heard it before, something about the earnestness of its intent made it unmistakable. She hesitated, debating whether to go back.

From a nearby clapboard shack an old woman smoking a coarse black cigar watched her, the expression on her face an insolent challenge, as if daring her to enter more deeply into the Zona Sur. "Oh, nuts, mother," Jan said, and walked stubbornly on at a quicker pace.

The smelly *bodeguinho* at the corner of her street was closed, and for that she was thankful.

A handful of neighborhood men, usually the same ones, were usually there, drinking their foul-smelling *cachaça*. Always as she walked past, their voices hushed; then a comment in the incomprehensible slang of the slum, followed by a chorus of smutty laughter that Jan thought must be the same the world over. One, a gaunt half-caste with yellowish skin, wearing always the same grimy black denims, seldom laughed with the others, his black eyes following the movements of her hips with unconcealed intent.

Once as she hurried past she felt a slight tug on her hair, worn long that day. She'd turned, startled, to find him behind her, feeling the texture of her hair with filthy hands. He grinned, and spoke a sharp comment to his friends, producing that same vile laughter.

Three hundred hours of Foreign Service Institute language study hadn't equipped her with the phrases she wanted. She said only, "Go away, don't bother me," adding in English, "You sonovabitch," and felt better.

He looked hurt and said something to her, none of which she understood except the word *brinque*. It was a joke. She spun angrily and walked away. "Some goddamn joke."

He hadn't come near her again, but the look in his eyes each time she passed became, if anything, more desirous.

Until she'd come to the island, Jan had always thought of herself as liberal. At college she'd been an activist in causes that, looking back, seemed to have changed with frightening rapidity: civil rights, the war, ecology. At least they satisfied something in her the classroom could not, a deep, often frustrated need to experience life firsthand, to be involved in something real.

When she graduated she went to work in Washington, in the office of a young, liberal Republican Senator, an acquaintance of her father's law partner who was already rumored as a possible candidate against Teddy Kennedy in the next presidential election. The idea that if the system were to be changed it would have to be from inside had a true ring to her, and she had decided to go to the center of the arena.

She laughed now when she thought of it. She'd worked from inside, all right. Angry questions and patient explanations after violent lovemaking in the small studio apartment the Senator kept near Capitol Hill.

She'd had lovers before—four to be exact, all boys within a year or two of her own age, sweet boys except for a beautiful freak named Tod who had preferred his own hands as often as her body, with her looking on curious but mildly horrified. Later, always, he'd set off on his monologue about what he planned to do with his life. They had all been like that, explaining themselves, their plans for some distant, abstract future. One, an angel-faced boy named Glen with long, soft hair she envied, spoke of going on to grad school as though it were the end itself.

The Senator excited her in a way none of the others had. She thought at first it was solely his inexhaustible physical energy, his patient skill as a lover, which could pull orgasm after shuddering orgasm from her body, layering one upon another until she thought she would never find enough oxygen to remain conscious—only to take her a plane higher until she would lose herself in a final, dark bursting-forth, her unrestrained yell of something close to pain mingled with his own distant cry.

Later she knew it was as much the Senator's inner power, his absolute confidence in himself as a man. He was no longer preparing for life, but living it without explanations or apology.

He was married, of course; a wife, he explained, was an absolutely essential prop in the political game, and he admired her—implying an absence of other essential things in their relationship.

She didn't question or care until the afternoon the Senator's wife visited the office. Jan found her an earthy, lovely woman, and very pregnant. The next day the Senator agreed a little too quickly with Jan's announcement that she was quitting to work for the State Department. He had even called a friend. Four months later she was on the island.

After the fairyland Washington had always seemed to her, unconnected to and uncaring about the real world beyond, the sweaty shabbiness of São Tome had thrilled her. At least here was life—seedy, but vital and honest.

The first week she made up her mind about two things. She turned down the offer to share a rented house on the Hill with a girl from the Australian High Commission. The Hill had the distended, isolated feel of any suburbia. Second, she consciously resolved to involve herself with the people, to really get to know them.

Jan wondered later if anyone was ever lucky enough to have disillusion come all in a bundle. It seemed she always went through a prolonged diluting process, her original dream altered slowly, drop by drop, until nothing remained.

Her idea to live with a local family turned out a disaster. It had been easy enough to find a family in the Zona

Sur to take her as a boarder. After two months she still felt separate from them, puzzled that they wouldn't accept her, were even suspicious that a white woman who could obviously afford better would live in the Zona Sur. Her explanation that she wanted to learn about them was greeted with blank stares. Their slow nod of heads, she realized, wasn't a nod of understanding, but one of complete bafflement.

Living with the family, she was never alone. She shared a room with the oldest of eight children, a heavy, taciturn girl of sixteen who voraciously used her cologne and bobbie pins without asking. The same day she turned while dressing in the morning and found the girl's father watching happily, the daughter took a hundred-escudo note from her purse. Against Jan's protests, the father beat the daughter for stealing, but the money was already spent on candy and a stack of foreign movie magazines. Jan discovered that day she had a very American female need for occasional total privacy. She left the family amidst tears and pledges of lifelong friendship, and moved into a tiny two-room dwelling she had found on the largest street in the Zona Sur.

The outside was painted bright blue, a happy house, it seemed. A few feet from her door passed a continual stream of Zona Sur inhabitants, and more by juxtaposition than anything else, she began to feel a sense of community with those around her. She scrubbed and painted the inside white, covering the widest cracks in the clapboard walls with a poster of Steve McQueen and an Aubrey Beardsley print that reminded her, for outrageous reasons, of the first time she'd made love to Glen.

She soon got used to the thumb-sized cockroaches, except when she'd step on one getting out of bed in the dark. She didn't even mind at first the horrible canned dinners she heated over a kerosene stove because she hadn't the time to shop in the city market. Later she began skipping meals or settling for a couple of candy bars. For a while she read voraciously, luxuriating in the privacy, not even recalling that it had been months since she'd been with a man.

Then she'd begun waking between four and five in the morning, a familiar, hot ache between her thighs. She began to remember with extraordinary vividness the feel of the ridge on the Senator's penis moving inside, "the acorn on a stick," she'd called it once, the sudden swelling of its head as he would explode into her. She told herself with a small laugh that all she needed was a good screwing, and probably would have tried to entice Rafe Cooper if he had shown the slightest interest.

It was about the same time that she realized that, in her absence, the blue house was being broken into.

Not really broken into but entered while she was at the consulate. First, a small peace medal she'd worn in college disappeared from the nail behind the door. A week later she couldn't find an antique brooch that had been her grandmother's.

First she thought she was careless. Then she noticed things rearranged slightly on her dressing table, as if each item had been looked at and replaced.

Whoever entered the house often took nothing at all; but whoever it was lived close enough to know her comings and going. Though she fought it, angry suspicion began to grip her. She felt violated. Everyone in the Zona Sur began looking as though they shared a guilty secret.

One night she woke, groggy from the Valiums she'd begun taking to sleep, sure someone was in the other room. She listened and heard nothing, her heart pounding so heavily it must have been audible. After long moments she screwed up her courage enough to climb from bed and look. The room was empty. But she was unwilling to believe she was becoming the victim of hallucination. She'd have left the blue house that day were it not for the stubbornness that had made her vow to herself to live in the Zona Sur until home leave.

That morning she took a stout-bladed kitchen knife and slipped it beneath her mattress, chiding herself aloud that she'd end up an old maid yet, peering beneath her bed fearfully for the rest of her life.

She had Cooper put a heavy lock on the door; he drilled holes laterally through the window frames, and slid in straight nails to keep them from being lifted. That had been a month ago; the visits had stopped. She no longer left the house at night, focusing her attention on macrame and long letters to friends from school. But she could do nothing to control the growing unease she had, living in the Zona Sur.

She understood now what she had been unwilling to admit: She was alien there, and no effort or desire on her part to be accepted made a bit of difference. And what was more significant, she no longer gave a damn.

Approaching the blue house, she found the key in her purse.

She let herself in the door, after first glancing around to make sure the place was empty. She was jumpier than her ex-schoolmate living in New York City, with her talks of bar locks, muggers, muttering lunatics, and what sounded like a rapist in every doorway.

She stopped, listening. The sound in the distance *was* gunfire.

She went quickly through her things, tossing the few items she wanted onto the bed. A stuffed koala bear; a leather-bound copy of Leonard Cohen poems; a Swiss travel alarm, a going-away present from her father; her Mason Pearson hairbrush, make-up, and a portable radio.

A small trophy saying she was the world's greatest lover, from the Senator, charmer that he was, went into the wastebasket.

She was reaching for the blue Pan Am bag when she heard the window in the other room shatter. She straightened, hearing the nails drop one by one and the window slide up. Then a man's grunt of breath as someone hoisted himself over the window ledge into the room.

Terror gripped and froze every muscle in her body. She forced herself to turn, to walk to the doorway between the rooms.

He was there. Filthy black denims, his yellowed face gaunt but flushed with excitement. When he grinned Jan was unable to take her eyes off the mouth full of rotted teeth.

She stared, silent, until months of frustration broke and the words that only a year before would have been blasphemy tumbled from her lips.

"Get your ass out of here, you black bastard."

The grin broadened, and he pointed a finger at her, then himself. "*Não brinque conmigo*," he said, and began toward her. "*Não brinque. Não.*"

chapter 15

Cooper drove confidently, pushing the Chevrolet as fast as he dared through the narrow, already darkening alleys of the Zona Sur.

Behind them they could hear the crackle of small-arms fire in the center of São Tome. Flames from at least two separate fires reflected orange against the low layer of cloud.

"Where do you make the shooting?" asked Locken.

"Postmaster-general's or thereabouts," replied Cooper. "Cable office and telephone exchange both in the PMG's building."

Locken nodded and sat back.

Lord, Morais was moving fast. The two variables which would limit any list of objectives, time and manpower, seemed under his complete control. He'd already made the big score militarily by luring the company of army into disadvantageous terrain, catching it moving and by surprise with a superior force. Textbook tactics executed with total ruthlessness.

In the sequence, taking the telephone exchange and cable office were predictable. Morais needed time. If he succeeded in capturing the PMG's before a warning was sent, he'd have all the time he could use. Wound, torment, terrorize, then move before the dog could scratch. War of the flea.

Locken knew Morais would have his political targets,

again limited in number only by the size of Morais's force, time, and perhaps his own viciousness. Political targets. A phrase that for some gave murder complete justification.

Time and manpower. The words went through Locken's mind, becoming a visualization of the geographical separateness of Morais's objectives, the physical movement of men to secure each. There would be holes through the net. Survival meant finding them.

At a narrow intersection they could see the burning buildings. Already flames had reached the third floor of the *palácio municipal.*

Walter Bogin took in a sharp breath and pointed. "My God! They're burning the consulate!"

"You expected a going-away party, Walter?"

Bogin looked at him vacantly, his tone benumbed. "I don't know. I didn't know what to expect."

Locken's eyes remained on Bogin a few seconds before looking to Cooper. "We better get our signals straight."

"Our responsibility, really," said Bogin, trying to sit straighter.

"Quiet," said Cooper, his eyes darting sideways. "One top kick per car, and you're not the man. If I could handle it, I still wouldn't want it. That leaves him." A finger pointed at Locken.

"I'm honored," said Locken, his tone cool.

"I thought you would be." Cooper smiled. "Signals."

"I think Jack Mann was right. The Zona Sur is waiting for something to touch off an explosion, anything to loosen the tension. I don't want us shooting the first *hombre* with a dirty look to be the spark. And there's just a chance we might still come across people who can help. Until I say different, principle of minimum force applies."

"Okay," said Cooper, his shoulders giving a reluctant shrug.

"Then read it back."

"Someone throws a rock, I smile." Cooper made an exaggerated grin.

"That one will do. And if someone waves a knife, you wave a gun, finger off the trigger."

"And what if someone points something in my direction likely to go bang?"

"Why then, Mr. Cooper, you blow his head off."

"I never thought you'd say it."

Walter Bogin sat back in the seat, staring at them both.

Cooper spun the wheel, taking them deeper into the Zona Sur. He pointed ahead through the car window. "That's Jan's place."

Cooper stopped the Chevrolet in front of a tiny, bright blue clapboard house. In several shacks along the street Locken saw the flicker of guarded candles. The blue house was dark.

There was a moment of total silence, Locken and Cooper watching, listening, before Locken gave a bare nod and stepped from the car.

The small machine pistol felt foreign in his hands, and he wondered how it would handle if he needed to use it. Weapons could be as different as people, some as unreliable.

"What about me?" Walter Bogin whispered behind them.

"Eyes open, Walter. If you see anything moving, even a hallucination, call softly. I'll hear you."

Cooper tried the door, found it locked. "I got a bad feeling."

They stepped to opposite sides of the door, crouching low. Cooper reached up and tapped on the door with the muzzle of his rifle.

A moment later they heard the soft pad of feet slowly approach the door.

"It's Rafe, Jan."

The lock turned, the door opened, and Jan Harkins stood, staring, though not appearing to recognize either one of them. Blood covered the front of her dress.

Cooper glanced around to Locken, who gave an immediate though almost imperceptible nod.

Cooper went forward, past her, the assault rifle tight against his hip. Locken followed a split second behind, the machine pistol ready, his eyes for a moment useless in the dark of the room.

"He's dead, " the girl said. "In there." She pointed toward another room, walked to a chair, and dropped into it.

In the light of a match Locken examined the body next to the bed, trousers loose around his thighs. The knife blade had passed down at an angle from above the left collar bone, severing the carotid artery, penetrating deeply into the lung. He would have lost consciousness within a minute, been dead within five. For the girl it had been the longest minute of her life. The floor and bed were covered with blood, the smell of it souring Locken's stomach.

When they returned to the girl, she avoided their eyes. "Try to rape you?" said Locken.

Jan looked up, dazed. "He didn't *try*."

"Jesus H Christ!" said Cooper.

"I could have shut it out, gone with it, except . . . I knew it wouldn't be all. He was going to kill me. So I waited." Her voice had an icy detachment, as though describing something that had happened to someone else.

"Putting a knife where you did was one in a hundred. You were lucky."

"Wasn't I just."

Cooper moved forward, reaching out.

She shrunk back. "I'm right on the edge, Rafe. I think if anyone touches me, I'll go over."

"Get on your feet," said Locken. "We've got to move."

Cooper watched, eyes narrowing in unspoken opposition to Locken's harshness with the girl.

She looked helpless, staring around the room. "I'm not ready. I can't."

Locken turned his back, speaking to Cooper. "We'll have to leave her, then."

"No," cried the girl.

Locken saw startled awareness replace the earlier dazed look in her eyes. He kept his tone hard. "We're trying to find people before Morais does, get them off this island. I've a hunch some will be in worse shape than you are unless we move. Our speed will be exactly that of the slowest person. I'll leave dead weight behind if I have to."

Cooper stepped toward him. Locken forestalled the challenge with a stinging command. "Keep a watch. Unless you trust Bogin."

Cooper hesitated; then, jaw clenched, he stepped to the window.

The girl was on her feet. "I'm not dead weight, but don't you understand how I feel? I need time."

"Then beat the feeling right now. If you want time, you can have it. Here, alone. Until a crowd gathers outside and they decide to do it again, taking turns. Your choice. We're not waiting."

From the window Cooper said gently, "He may be right, Jan . . . Locken?" He nodded at the window.

A mile or so distant, they could see the first houses aflame on the Hill. Then the sound of small-arms fire.

"Damn," said Locken through his teeth. "Morais can't be every place."

"We still going to try for those people on the Hill?"

"How many roads up there?"

"A couple, maybe more." Cooper looked past Locken's shoulder toward the rigid figure of the girl.

"Come on, Cooper. Spell it out, exactly."

Cooper's eyes snapped around. "One runs past the *palácio municipal* and keeps on going to the Hill. Another leads to it from the trans-island highway, just outside of town."

"Didn't Jack Mann mention a back road from the Hill to the airport?"

"I don't know of any," said Cooper.

"I do," said the girl. "Down the far side of the Hill, it comes into the road from the highway to the local airport."

"Cooper, can you get us there without using the highway?"

Cooper shrugged. "I can try."

"I know how," said Jan.

"We'll still have to go through the road junction where the army got ambushed," said Cooper.

"The army?" The girl didn't appear to understand.

Locken confirmed it.

"A few hours ago Morais killed forty-six men. He's just warming up."

The girl looked at him, her expression changing to comprehension. She ran her hands over her blood-stained dress. "I can't go like this. One minute. Please."

"You have it."

She left the room and returned wearing Levis and a faded tee shirt with a large green apple in the center.

She looked at Locken, trying to grin. "You don't have to dress for the occasion, do you?"

"Any old thing will do. You want to bring something?"

Without a glance the girl said, "Nothing."

They had turned toward the door when, from outside, softly, Locken heard Walter Bogin call his name.

From the doorway they saw the men, still thirty yards away, moving in parallel files toward them along either side of the darkened street.

Locken took Jan by the arm, heard the soft "Oh please, no."

"They're not Sembi," said Cooper.

"Not Morais's men, either. Cooper, you drive." He pushed the girl into the back seat with Walter Bogin and climbed in front next to Cooper. "We're witnessing the first rats out of the sewer."

There were at least a dozen men, silhouetted against orange sky, coming directly toward the automobile. Machetes, and probably a gun or two, guessed Locken. Cooper started the car and ground it into gear. "Move easy. Right through them."

Locken could feel the sudden emotional tightening. From the darkened windows along the street eyes watched, waiting.

Cooper edged the car forward. Bogin's question was little more than a hoarse whisper. "What do they want?"

Locken's eyes stayed on the men. "Everything they can get. This car. The family jewels."

The men had pinched toward the center of the street. None of them was anxious yet to put himself in the direction of the automobile.

"Bogin, you have money?"

"Certainly."

"I want it, bills only. Yours too, Cooper."

A rock struck the windshield, leaving a cobweb shatter. One of the men yelled, urging the others forward, signing his own death warrant, thought Locken, if he had to shoot. First target. His followers were still reluctant to charge.

"Keep going, Cooper. Steady." Locken took the handful of soiled notes, to which he'd added his own, and rolled down the car window. "Now, lights. Bright beams."

The sudden illumination caught the men barely a dozen yards ahead of them by surprise. At the same instant, Locken hurled the compact wad of money ahead, into the air.

The wad burst directly in front of the men, staring

dumbly, then recognizing what had fallen before them. They surged forward with a yell, the fight beginning among a dozen individuals, no longer a group, for every bill.

"Goose it," said Locken. The car swung past, Locken swiveling in his seat, training the machine pistol on the men, paying the automobile no attention.

A full minute passed before Cooper broke the silence. "Some people will do anything for money."

"Lucky," said Locken. "And a one-time trick. A few hours from now when they get warmed up, it will take more than a few bills to slow those gentlemen. The Zona Sur is about to loose its tranquil charm."

"It couldn't happen to a nicer place," said Jan.

"Cooper?"

"Yo."

"About that principle of minimum force. From here on, forget it."

chapter 16

Following Jan's directions, her voice at first weak, then growing stronger, they wound through the Zona Sur, sometimes opposite the direction Locken thought they should have driven, though always turning north again, parallel to the highway.

With a turn onto a short stretch of dusty track, cane fields on either side, they left the shacks of the Zona Sur behind. "Turn right ahead," said Jan. Cooper nodded. Another few hundred yards brought them to the trans-island highway.

Locken looked at his watch. It had taken fifteen minutes.

"The road junction to the airport is left another half-mile," said Jan. "There's no other way but the highway."

Cooper's eyes, alert, darted quickly in both directions. He pulled the assault rifle closer. Cooper *was* as good as he looked. Locken had seen enough to know.

"You heard the lady, Cooper."

"I did indeed." Cooper wheeled the car onto the empty highway and pressed the accelerator to the floor.

Locken glanced past the silent, bent figure of Walter Bogin, seeing the exhaustion clearly on the face of the girl. Behind them more buildings were aflame now. Off to the left a mile distant small-arms fire echoed from the Hill, ominous in its steadiness.

Nearing the road junction, Cooper slowed to thread the

automobile around the disabled army trucks. The armored car turned turtle in the center of the junction still belched oily smoke, filling their nostrils with an added heavy sweetness Locken hoped the girl wouldn't identify.

Cooper's head turned the other direction, eyes playing across the top of the road cut, the position Morais's men had used in their ambush.

Walter Bogin stared at the dark shapes in the road, realization coming with unbelieving slowness. "My God, those are men!"

In the darkness the bodies looked unnatural. As the car approached, Locken saw each appear to burst in turn, as rats and other carrion-eaters momentarily left their work of disposal to scurry for safety until they could return in the darkness unmolested. In the tropics, death was never unattended for long.

Cooper turned off the highway onto the narrower macadam road, driving more slowly now. One hand touched the assault rifle on the seat next to him.

The girl's head watched the road junction behind them, the earlier look of dazed horror returning.

Again Locken spoke more harshly then necessary, demanding her attention, the use of her mind. "How far ahead is the airport?"

She hesitated, then said, "Not more than a mile."

"And the old road to the Hill?"

"The fork is just ahead. The road to the Hill goes right."

Locken stared into the darkness. "Far enough, Cooper. Get the car off the road, hidden. Make sure we can get out again."

"Yes, boss. Wax and polish, maybe a little shine on the chrome?"

"Let's you and me take a hike instead. See if Morais left any surprises."

Bogin laid a hand on his arm.

"What are you going to do?"

His touch was clammy, his breath stale with alcohol.

"Exactly what I said, Walter. Recon this road, the fork ahead, and as far up the old road as I think necessary." Locken slung the canvas pouch carrying extra clips for the machine pistol over his shoulder. "You and Jan get away from the car. Wait in the brush."

"My God, man, the wasted time."

Locken turned on him. "I know what's happening on the Hill. I can't think about it. I have to think about the next hundred yards."

Cooper nodded.

Jan looked puzzled. "What does he mean, Rafe?"

"That it ain't likely Morais would leave a way out of his trap, wide open. Not the way he's thinking."

Jan's gaze strained forward. "I can't see a thing."

"That's the idea," said Cooper. "If they are good, you won't hear anything either. Let's hope the racket from the Hill drowned out the noise of this yank-tank, otherwise . . ." He glanced down at the assault rifle, leaving the thought unfinished.

Locken looked off in the direction of the fork. Where the road divided was a V of brush, like the dark prow of a ship. A narrow dirt road went right. "If we find the road clear, we'll come back for the car and try to get to the Hill. Round up who we can and get them back any way possible. If we have to, we can walk from here to the airport."

"But Morais and the Sembi?" whined Bogin.

"From the sound of it, they're working up the Hill from São Tome side, and meeting resistance." A few remnants of army, Locken hoped. Or a few desperate people fighting for their lives.

"You'll find the pilots, won't you, Locken?" Bogin's

question had a fragile quality, a need to be reassured more than hear the truth.

"Someone will know where they are."

Walter Bogin put his head in his hands. "It's all such a nightmare."

"We can forget about them. Take care of ourselves. Hike off into the brush and pray help comes before we're tracked down by Sembi or starve to death."

"No," said Jan. "Not if there's a chance." She glared at the rest of them.

"You agree with the lady, Mr. Cooper?"

Cooper gave a tight shrug. "Joe Louis said it. We could run, but we can't hide. I don't agree exactly, but, yeah, I guess we have to try." He squinted toward the Hill. "Might even stumble across Morais."

"We like enthusiasm."

"I didn't say I liked the idea."

"But you didn't say you didn't. You can come along."

"No choice, as usual."

"Always a choice, Mr. Cooper. This time, they're all bad."

chapter 17

He and Cooper moved off, hugging the shoulder of the macadam road, eyes ahead toward the fork, searching for movement, any incongruity in the line of scrub and trees.

At the fork Locken crossed first. A quick right-angle dash, hesitating at the V of brush before sprinting the second leg across the narrower dirt road into undergrowth beyond.

A second later Cooper followed him, stopping at the V of the fork. He disappeared a full moment into the brush before he came ahead, low, his moves silent and catlike.

"Another coffee break?" said Locken.

Cooper held up a brass cartridge case. "NATO, seven point sixty-two. There's a nice position hidden in the brush. Good fields of fire covering the road to the airport and this one. A couple hundred shell casings around. Smell it."

"Fresh," confirmed Locken.

"Found the indentations from a bipod mount. Someone had a light machine gun working in there not so long ago. I don't remember hearing M-G fire."

"Unless it happened before the ambush. While we were busy elsewhere. Or can't you remember that far back."

"I don't forget anything." For a moment Cooper's eyes became distant, cool. "My guess is the machine gun was army and they had a fire fight here. A call for help could have been what drew the main column into the ambush."

"It doesn't matter now." Locken looked ahead to where the road began a turn, blocking their view. "Did Morais leave a plug in this road, or didn't he?"

Cooper cocked his head, listening. "Notice anything?"

"I noticed." The intensity of firing on the Hill had lessened.

"Not good," said Cooper.

"Not very."

They found the three guerrillas a hundred yards past a turning in the road.

From there on the road straightened, sloping up gently for nearly a half-mile before it began a zigzag climb across the back side of the Hill.

He and Cooper had moved off along opposite sides of the narrow road. Suddenly Cooper was signaling him down. He disappeared into the brush, returning a moment later. He pointed to the almost invisible shapes along the roadside thirty yards ahead of them.

"Eating your carrots?" said Locken.

Cooper touched his nose. "The sniffer. They're smoking a little island weed. You might say I have a nose for it."

"Che always did say a smoke was a great comfort to men in battle. Maybe that's what he meant."

"They're dug in shallow. Two assault rifles between the three of them. Stacks of ammo. The third man has a radio."

It came to Locken again. The thought he hadn't had time to dwell on while watching Morais's guerrillas skillfully annihilate the army column. Anti-tank rockets, assault rifles, superb training, and now an obvious abundance of ammunition and radio communications. Hardly an impoverished people's movement, where rifles were a luxury and each bullet counted. Someone was backing Morais. And they had equipped him lavishly.

"The thing is, there's no barricade, nothing." Cooper's voice was puzzled, eyes studying the sloping half-mile of road ahead of them.

"Say it, Cooper."

"Only two ways to block a road I know of. With a barricade and enough manpower."

"Which Morais doesn't have."

"Or mine it. Maybe that third man doesn't have a rifle because he was carrying something else."

As Cooper was speaking, they heard the crackle of a radio transmission. The third guerrilla spoke sharply to the two others, making no attempt to lower his voice.

The two men with assault rifles separated, taking up positions on either side of the road.

Cooper looked around and made a questioning face. Locken replied with a shrug.

In the distance, then, they heard the deep growl of an engine downshifting into a lower gear. At the top of the straightaway a half-mile away a bright green-and-white bus came into view. Immediately it began to gather speed toward them, toward Morais's men and whatever lay hidden between.

"A municipal bus," said Cooper, incredulous, his eyes riveting on the lumbering approach of the vehicle.

"People from the Hill," said Locken, "trying to break out. It has to be."

"No, it don't," said Cooper. "It could be reinforcements, Morais's men, maybe a few Sembi."

Locken looked again, then at Morais's men, perfectly still in their positions. "You want to chance it that way?"

"I don't want to chance anything. But it looks like we're going to."

They moved a dozen yards forward, until they could see Morais's men clearly. "Ideas?" asked Cooper.

"One," said Locken. His eyes jumped back to the bus, picking up speed, hurtling along the road, now less than a quarter-mile distant. The roar of the engine pierced the night, exaggerated by exhaust through a worn muffler.

"They forgot the bloody bagpipes," said Cooper, swinging the assault rifle, settling into shooting position.

Locken was up, crouched, mentally calculating the time to silence Morais's men, the number of seconds it would take the bus to close the distance between them and the mines he had to assume were fixed along the road.

Cooper saw him tense. "Where the hell you going?"

"To meet a bus."

"Those three ahead won't like it."

"They're yours, Cooper. Bag 'em."

He was up and running, hearing only the single word from Cooper, behind him. "Hero!"

He was within ten yards of the three guerrillas, sprinting flat out along the edge of the road, when he heard the double snap, a pair of shots from Cooper's assault rifle.

The man in brown fatigues directly ahead of Locken jerked as though kicked full in the back, went rigid on an elbow, then collapsed.

Out of the corner of his vision he saw the second man turn, bringing around the ugly muzzle of his rifle. Locken fired a burst from the machine pistol, saw it go wide, and kept running, forcing his attention on the road ahead, the bus coming directly toward him.

The next fractions of a second stretched with sickening expectation until, behind him, knifing through the roar of the bus engine, again the double snap of Cooper's rifle. He had already bet on Cooper's marksmanship, and he plunged ahead in the darkness, no longer thinking about what was behind him. Only the road, and stopping the bus at the farthest possible point.

Less than a hundred yards separated him and the bus, closing at an unbelievable rate, when the headlights came on, catching him full in the face, blinding.

He stopped squarely in the center of the road, waving his arms overhead in a frantic signal to stop, trying not to think what the result would be if the passengers of the bus were guerrillas or Sembi.

The fact that you never hear the bullet that drops you was a myth Locken had already disproved once in his life. The briefest glance at the waxy scars on his right elbow and left knee had the capacity to recall perfectly the crack of the high-velocity Mauser that put them there.

He was unsure if the muzzle flash inside the bus was accompanied by sound or not.

His only perception was a gasp of *ah!* from his own mouth, a last verbal testament to his own stupidity, shortened by the burst of pain inside him, an explosion that seemed to hammer the entire left side of his body.

He felt himself lift and whirl before all feeling was gone and he spun away, plunging into nothingness.

chapter 18

"He can stand on his own," a voice said from a distance. Then, closer: "Don't make a liar out of me, Locken."

Two great eyes watched from the darkness, burning but cool. He tried again, knew that he must. Elbows and knees bent, push with the hands, knees straighten.

He started to slip down when an arm encircled him, and there was a pained yelp.

"Sorry about that. Just breathe deep."

Cooper held him upright, the bus ten feet away, the brightness of its headlights obscuring everything beyond. Huddled off to the side of the bus he saw the men. Three, in mottled army battle-dress.

He inhaled deeply and felt a needle-sharp pain left of his heart. "Okay," he said, pushing free of support, standing. "Back among the living."

"One of the magazines in that ammo pouch around your middle stopped a carbine bullet. Something bigger and we'd have had a mess. Smarts, though, don't it?"

Locken probed his side, suspecting a cracked rib. "How long was I down?"

"Five minutes, maybe a little more. I sort of lost track of time."

He looked at Cooper, and saw again the gray nausea he'd recognized after the fight at the villa. "The three guerrillas?"

"Wasted."

"Mines?"

Cooper nodded. "Three, Chicom anti-tank, planted in a triangular cluster. Dug one up maybc fifty feet along. Another, oh, about a yard from where you got smacked by the bullet." The grin was labored. "A little quicker and we'd have buried you in a teacup."

Locken looked toward the three men. "Who are they?"

"Army. The machine-gun crew that manned the position at the fork. Went from there to the Hill. Their honcho is a Sergeant Gomés. He was driving the bus. One of his men fired on you before they saw your shiny white skin and figured out you were trying to warn them. They've got a NATO Converted Bren, and two M-Two Carbines. In case you're interested."

"What about the pilots?"

"First thing I asked. Gomés said they're dead. In one of the first places the guerrillas hit." Cooper paused. "Morais hasn't missed a trick, has he?"

Locken's reply was a look into the darkness, a pushing back of the blur of pain to think clearly.

"That ends it with the Avro, then." He glanced toward the three men, dark shapes watching him from the side of the bus. "We've added some firepower, anyway."

"We've added more than that. You better look in the bus."

It took a moment for his vision to adjust to the darkened interior of the bus. He smelled first the rancid odor of air stale with human presence. Then he saw them.

He estimated the bus held nearly forty people. From somewhere toward the back came a dry, repetitive sob, a monotonous rising in the throat from one long past the point of outburst. Near him, a muffled conversation. He looked more closely and saw the small, older man hunched forward, the conversation a low, hysterical monologue in French, a conversation with himself. In the lapel of the man's shapeless jacket was the red rosette of the Légion d'Honneur.

A few of the others returned Locken's look, with identical stares. It took him a moment to realize it was the same look he had seen in photographs of concentration camps: an open-faced docility of people unwilling to resist any longer, even in their march to the ovens; an expression emptied of emotion from experiencing horror too great for the mind to register, an overloading of the finite human capacity to experience pain.

He'd heard of it happening instantly in major disasters, airplane crashes. A sudden narrowing of the senses, like the human eye's reaction to bright light. Later, some would emerge in a state of terror or shock. But at the moment they were beaten, without a will of their own. Locken could have driven the bus from a cliff and not a single hand would have raised to stop him. If Morais caught them, he could slaughter them without a whimper.

Locken turned to Cooper. "Wounded among them?"

"Sergeant Gomés says a couple. Children, too."

Locken listened for the distant sound of firing and heard nothing. Hiding a smaller party until relief came, days later, perhaps, had been long shot enough. The busload of refugees needed medical help, food, and water, within hours. Locken narrowed his mind on the next immediate step.

"We've got to move. Get out of here."

"Want another bad choice?"

"Sure, jump in."

"You remember me mentioning Taveira. That the people from the Sundowner could try the airport on their own."

"About a hundred years ago," replied Locken.

"A UTA flight makes a stop there at eleven forty tonight. I know because we usually have a pouch aboard, and I meet it." He glanced at his watch. "About three hours from now. Unless the world knows what's happening here, there's a chance that that plane will still show up."

Locken thought and nodded. "Okay, we go." He moved rapidly toward the bus exit, Cooper behind him.

In the headlights, Locken stopped. Cooper's face was lighted obliquely, and Locken saw the deep lines drawn by nausea along the sides of Cooper's mouth.

"That always happen after combat?"

"Only if I live through it." Cooper forced a smirk. "I'll survive."

Locken shrugged it off and looked away. It was Cooper's problem. "Where is this Gomés?"

"There's something you ought to know about that," said Cooper.

"I am here," a rough voice said from the darkness, and Sergeant Gomés stepped toward them.

Locken was taken back by the soldier's age, probably fifty.

He was shorter than Locken, his battle dress strained at his thick midsection. A great untidy moustache hid Gomés's mouth, emphasizing his large, dark eyes. A sad priest's face, a Cuban would have called it. A look of permanent concern, as though this man carried perpetually the burdens of all mankind.

"For your brave act of warning, my thanks." His English was strongly accented, the syntax archaic. Gomés tried to smile, but succeeding only in making himself look sadder. "I was schoolteacher." Locken judged the initial impression of roughness false.

He surveyed the other two soldiers stepping up behind Gomés.

Eighteen, nineteen years old, their fear held in check

by the slenderest thread of self-control. Conscripts, he was sure, who instead of fighting rebels along the Zambia thought they were headed for Paradise. A schoolteacher and two scared kids.

"Makes you feel old, don't it," whispered Cooper.

"How much ammunition for the Bren, Sergeant?"

"Three hundred rounds sixty, only. I am sorry."

Locken brushed aside the apology with a shake of head. "We've a chance to save these people. And ourselves. It means crossing the island to Taveira to meet a plane. We don't have much time."

Gomés's eyes dropped, his voice still holding an apologetic tone. "I am at your command."

"We've an automobile along the road. Two more people."

Locken turned, searching the darkness for Cooper, who had slipped away a moment before. He called once, quietly.

Cooper appeared carrying an extra rifle, his arms laden with ammunition. Sweat shone on his face, but he looked better. "Left a surprise. Rigged an assault rifle to one of those mines." His lips pulled back in a cruel grin. "We'll call it a test of their training."

Locken balanced it quickly: the need of another assault rifle against the possibility Morais would send men to check when his three guerrillas didn't return or respond to their radio.

Estimating at least the thirty trained men he had seen at the ambush, Morais had already suffered ten percent casualties; each additional loss would lessen his ability to fight or pursue far more than the loss of a single man to a larger force. Those men were Morais's prime asset, guarded jealously, risked only when victory was sure. A chance of eliminating one or two more seemed worth the rifle. Later, Locken damned his shortsightedness.

"What about their radio?"

Cooper shook his head. "My shooting got a little reckless."

"You ought to be ashamed." He turned and nodded to Gomés. "Let's get aboard."

chapter 19

Walter Bogin and the girl listened without remark while Locken explained how their arrival near the hiding place of the automobile came to be by means of a green-and-white Leyland bus.

Jan's mouth opened slightly, staring from Locken to Rafus Cooper, wide-eyed. She'd been confronted again with undeniable evidence that grinning, likable Rafus Cooper was also a disciplined expert killer. In her world, one wasn't supposed to go with the other.

When Locken told them what the bus contained, Walter Bogin stared as though it carried plague.

"The Avro's out. But we've another chance if we're fast enough." He told them of the UTA flight arriving at Taveira in three hours.

From the side of his vision he saw Gomés disperse his men, the Bren at roadside pointing back toward the fork. Locken tried to rub heaviness from his eyelids, thankful for Cooper's presence, even the rudimentary initiative of Gomés. Setting out the Bren hadn't occurred to him.

He knew that fatigue and the pounding taken from the bullet were slackening his attention to detail, and he couldn't allow that. The desire to lie down, relax, was nearly overwhelming. Anything to avoid sustained concentration. In stress situations, wanting to let down came to everyone; not giving into it was a trait of survivors. You beat yourself as often as you were beaten.

He took in a breath, and spoke to Cooper. "You have a map?"

"Of sorts, in the car."

Locken watched him move off and made his decision. "Jan, I've a job for you. A foul one, but you'll have to do it."

"You're not much for frosting, are you?"

The girl looked in control now; the events of a few hours before had left no visible mark. Locken hoped her control went deeper than that.

"I want a survey. The medical and physical condition of everyone on that bus, and when you're not sure, guess. Cooper told me this Enderton is a doctor. When and if we find him, we'll be moving, and it will save time, maybe lives."

"I can handle it," the girl responded quickly.

"There's more. I want to find out what they saw. Each one of them. Numbers of men, what happened. Some of their stories will be bad, but I have to know what we're up against."

The girl's expression remained fixed. "Is that all?"

"Make a note of anyone, man or woman, who might be of use in a fight. I'm counting on Morais not discovering we exist. But no telling what we'll encounter between here and Taveira."

"You think there'll be more shooting, don't you?" Locken could see her heart pulsing in a dimple on her neck.

He answered only, "I want to be prepared."

"Poor people," moaned Bogin.

Locken shifted his attention to the tall, drooping figure of the American Consul. "Pull up your socks, Walter. You're about to become this ship's morale officer."

Bogin's grimace bordered on absolute terror. "What help can I be?"

"You cut a dashing figure, Walter. Tall, urbane. A diplomat's dip. I want you in the bus with Jan. Tell them who you are, and that we're doing everything possible within the power of the U.S. government to keep them safe. Make it sound like the President sent you."

"An announcement?"

"That's just what I don't want. Person-to-person. Calm and reassuring. Then explain where we're headed, about the flight at Taveira."

Jan interrupted. "But what if something happens? The plane doesn't come or something. It will be the last straw for those people."

Locken looked around sharply. "Morais has already piled on the last straw. We have to keep it from breaking them." There was a sudden viciousness in the way he twisted the name "Morais." "And another thing. Bus windows up within three inches of the top."

"In this stinking heat?" Jan argued.

The detachment was back in Locken's manner. "You've never seen what a hand grenade does in enclosed space, have you?"

The anger boiled up in her. "You're so goddamn tough."

Locken turned his back on her and beckoned to Sergeant Gomés.

He watched the stumpy figure jog eagerly toward him, his ample girth rising and falling with his heaving chest.

Locken pointed to Jan and Walter Bogin. "Sergeant, your bus has the honor of transporting two-thirds of the U.S. diplomatic mission in São Tome. They'll be busy enough, but don't let them get in your hair."

Jan stiffened, but Locken wasn't sure Bogin had heard. One long finger massaged a gaunt cheek, his eyes staring in blank horror at the bus.

Gomés nodded, his earnest dark eyes steady on Locken. "And of my men?"

"Break out enough of the front windshield on the bus to prop up the Bren, facing forward. If we stop, be ready to jump, because we'll be in trouble and need that weapon out and working. No shooting unless you see fire from Cooper or myself. We don't have enough of anything to waste."

"I understand perfectly."

"Post one of your men at the back window. Eyes behind us at all times. If he sees anything, blink your headlights. Otherwise, we're running dark."

He saw Jan start to protest, then change her mind. Locken heard the Chevy engine start and watched the automobile reverse onto the road.

A second later, Cooper spread the map on the ground. He was grinning again, all signs of sickness gone.

Locken went on: "We'll go in caravan, the car in front, the bus close up behind. It's about seven miles north to the Endertons', the last four miles via dirt road, right, Jan?" She nodded, and he continued. "Then we backtrack to the trans-island highway and head straight west the sixteen miles to Taveira."

"Simple," said Cooper.

"Please," interrupted Gomés. "If there are additional mines? The auto is more dangerous, no? I will drive the automobile."

Jan cocked her head at the word "mines," her eyes curious on Locken.

"Driving the bus is job enough, Sergeant." Locken's voice was curt.

The plea remained in Gomés's expression a moment before he snapped a salute and hurried back to his men.

Locken watched him go, frowning at his earnest attempt to volunteer. He gazed down at the map and committed the major features to memory.

• • •

When he looked up, his question was to the girl. "I'm not overlooking the obvious, am I? Minor roads across the island, something through the cane fields?"

"I wouldn't say you've overlooked anything. Sorry I've been such a pain in the ass." She looked at the map and shook her head. "No roads. They don't truck cane here, but move it by narrow-gauge railway to the mill near Porto Vilar." She cocked her head in question. "What did the Sergeant say about mines?"

Locken ignored the question. "Then we're stuck with the highway, and I can't believe Morais would leave it clear. Cooper, between here and the Endertons' I want you to remember every detail about that highway, every culvert, bridge, anything that might be blown or booby-trapped."

"What a way to earn a living," said Cooper.

"You might also employ that cunning nature of yours and guess where you'd put a roadblock if you were Morais with a couple of men to spare."

Walter Bogin interrupted weakly. "What about the people at the Sundowner?"

"We'll try, if and when," said Locken. His eyes took on a distant look. "If Morais has the list of targets I think he has, the Sundowner is due for trouble."

"Due or done," said Cooper.

The silence prompted by the implication of Cooper's remark was broken by the ground-jarring shock of an explosion. Cooper's eyes found Locken's. They were less than a quarter of a mile from the point where he had rigged the land mine to the assault rifle.

"What was that?" Jan looked to Locken for an answer, found his expression unrevealing, then stared at Rafus Cooper. "Well, somebody say something."

"Zap," said Cooper.

chapter 20

The Reverend Matthew Enderton heard the automobile before he saw it.

Until then, the night had been oppressively silent, the wind gone, as were the calls of the night birds. It often meant approaching rain.

His hand tightened on the shotgun, eyes steady on the automobile coming toward him along the dirt road to the mission. A hand patted his breast pocket, feeling the half-dozen extra shells.

For him and Aggie, the past hour had been one of rare indecision; their inability to choose a safe course of action had finally prompted a return to the mission. They had set out as planned shortly after nightfall with the nine children, aged between four and thirteen, dressed and ready.

He had taken the older ones aside and explained everything he knew and most of what he feared.

They had listened without total comprehension, he suspected, unafraid, and for that he was thankful. "We'll go in the pickup truck to São Tome. I'm sure the army will be honored to have us as guests for a night or two."

The oldest, a dark-haired girl named Melda, with a figure developed far beyond her thirteen years, blushed beneath olive skin. She'd be one to watch a day soon, thought Reverend Mat. It made him realize again that, for better or worse, the future was theirs. He was willing to sacrifice everything material for them to have it.

Two miles south of the mission, driving carefully along the narrow dirt road toward the highway, Aggie had called his attention to the dull orange glow ahead, reflected from the low layer of cloud.

Aggie's head turned, her usually placid face alive with anxiety. "We can't go on, Mat."

But Reverend Mat had already reversed into a turn, pointing the battered pickup truck back along the road to the mission.

By the time they reached the mission grounds, they had made their decision. Immediately Aggie had led the children off toward a place a quarter of a mile distant, where exposed strata made a natural clearing among the lantana. They had food for several days, although Mat knew that in the heat of the day water would quickly become a problem.

With sandwiches, the shotgun, and a small portable radio turned to the now-silent government radio station, he had stayed behind, in position to watch both the road and mission grounds, which to all appearances, he hoped, looked abandoned.

If trouble or help was due them, Reverend Mat felt it would come via the road.

And now the automobile.

In the darkness he could see it only in outline, driving without lights. Several yards short of the mission gate, it pulled off the road sharply and stopped.

Mat Enderton brushed a hand across his eyes, almost missing the two dark shapes that moved from either side of the car, heading around the edges of the mission grounds in opposite directions. He felt his stomach contract involuntarily; the crouched, sure way they ran had the look of deadly experience.

Mat Enderton eased the shotgun against his shoulder. Lying on his stomach with the barrel resting on a fallen tree trunk, he was certain he could put a lead Sabot slug where he wanted it at thirty yards.

One of the men came directly toward him now; Reverend Mat could see he carried a weapon. He frowned, trying to make a life-and-death decision on the basis of everything he'd seen that day, and suspected.

Just within range, the man stopped and straightened, almost as though scenting danger. Reverend Mat put him squarely in his sights.

Then the man bent again, little more than an agile shadow, moving directly toward Reverend Mat's hiding place in a low, smooth run.

Reverend Mat made up his mind, took a deep breath, and waited.

At a distance of less than five yards, no more than a split second remained before discovery. Reverend Mat spoke then, thumbing back the hammer as he did so. "You've a hairsbreadth to say something smart in English, Mister."

The shape went rigid; a throat cleared and began: "Our Father Who art in Heaven . . ."

"And I suppose your name is Simon Peter."

The figure straightened. "No sir, it's Rafus Cooper. But I'll answer to any old thing about now."

chapter 21

Locken stared through the windshield, eyes intent on the dark ribbon of highway barely discernible ahead of them.

Behind the wheel, Cooper's awareness showed in the lateral darting of his eyes, trying to take advantage of slightly increased night sight on the periphery of vision. "Just like Russian roulette," Cooper said, his voice dry, jumpy. Sustained tension was beginning to show.

"Slow a bit, Rafe."

Cooper gave a small laugh. "Finally figured I had a first name."

"I don't want to know you."

"Ah, ships passing in the night." His eyes flicked to the rear view. "I'll rest easier when that boatload behind us gets off my back."

"I'll be first at the champagne."

Cooper raised his eyebrows. "The tone of your voice does not inspire my confidence."

"The way Morais sealed off this island, I don't think he'd overlook the radio gear at Taveira. Without tower contact, that flight will turn off for Nadi or Noumea."

"If you think Morais's men will be waiting," said Cooper, "why go through this drill?"

"Because it's a chance." Locken turned and looked through the rear window at the caravan following them, Agnes Enderton driving the pickup truck, nine bright-faced children riding silent on the covered bed. Behind it the bus, the dark shape of Gomés just visible at the wheel. Whatever danger there was in leading the column, Locken preferred it to what he knew must be happening inside the bus.

His confidence in Mat Enderton had been instant and complete. The awareness behind the bright blue eyes as Locken had explained about Morais and the Sembi, what had happened at the Hill, and their try for Taveira. "We've wounded aboard the bus. You'd better come."

He'd been prepared for argument. There was none. Mat Enderton and his wife exchanged a glance that seemed to say nothing, and with the children they had joined them.

A quarter of an hour later, they had listened without interruption to Jan's report on the condition of the busload of refugees from the Hill.

"Thirty-seven, all told, eighteen women, fourteen men, five children. Older people, mainly, and Portuguese. Add three Australians, the French Consul, and two Americans. Four wounded, two badly, I think. One man has"—she paused to take in a breath—"has a small hole here." She pointed to her lower abdomen. "Another a slash on the shoulder to the bone. I tried to stop the bleeding and couldn't. One woman, four months pregnant, husband missing and hysterical. There's one dead in the bus, one of the Americans." She brushed back a strand of hair, her voice flat. "I can't get his wife to let go of the body."

Locken noted the exhaustion in her voice, and wondered how close she'd been pushed back toward the dazed, defeated girl of a few hours before. Mat Enderton touched her arm in a gesture of thanks and turned to Locken. "I'll get cracking. We can talk later." He climbed aboard the bus, carrying a black medical bag.

Locken took Jan's arm and led her a few feet away. She leaned against him suddenly, and shut her eyes.

He found himself stroking her hair, noting how incredibly rough his hand looked against its fineness. He took the weight of her body, silent for a moment, before he asked about Walter Bogin.

"He's about to puke," said Jan. "But the people are listening. Without him there, I don't think I could have made it. Mike, those people have had ghastly things happen to them." She tried to move closer, her body pleading for comfort.

"You better tell me."

He felt her stiffen. She pulled away, her mouth a malicious grin. "Strictly quid pro quo with you, isn't it? Give the girl a little tenderness to get her on her feet. Anything, as long as you get what you want."

"People are like that. But you're wrong. I was with you. I have to know about Morais and the Sembi. As much as possible."

"Oh, hell." She massaged her forehead furiously with the effort to remember. "I didn't find out all that much."

What she told him confirmed little he hadn't expected. The reports of those on the bus were exaggerated by hysteria, but he surmised that the party that raided the Hill was the same one that had annihilated the army. It had been calculated, willful slaughter. About forty guerrillas, at the outside, perhaps three times as many Sembi. One comment puzzled him. Morais's men had systematically burned each house as they came to it, killing those who had waited too long before they fled. The Sembi had roamed, as though caught by some fit of rage. "It must have been horrible, Mike. I don't think Morais's men had any control over the Sembi."

"Anyone on the bus who can help?"

"Mr. Vicory, maybe, but he's pretty dazed. His wife and Gireau's evidently were caught in an automobile. None of the servants had shown up, and they had started down the Hill to the market just as things began, and were killed outright." She shook her head. "Poor Gireau. He's French Consul here, honorary, courteous, hand-kissing variety. He's just been married a year. Younger wife and very pretty." She paused. "Mike, who or what is Oued Zem?"

"Where did you hear that?"

"Gireau keeps repeating the words over and over, and something about losing his wife to Oued Zem. My French is lousy."

"It was a town in Morocco."

"Was? You mean it isn't anymore?"

He didn't answer her immediately. "Back in the mid-Fifties, when the Istiqlal were trying to force the French out of Morocco, they managed to hot up some of the Bedouin hill tribes on the idea of independence. One of the tribes came down on Oued Zem. Massacred the white population, a couple of hundred people, then sacked the place."

She shook her head. "It's the same thing all over again." Her look of puzzlement became one of horrified certainty. "Mike, you don't suppose Gireau's wife, the one killed today, was a second wife? That he was at Oued Zem and lost the first one there? That couldn't happen?"

"Maybe you better get this Vicory. We don't have much time."

She stared at him a moment, then turned, walking from him, hands pressed tightly to her sides.

Vicory turned out to be a hulking, round-shouldered Australian in shirt sleeves. Early sixties, Locken judged, a soft, red face, and thick arms, once well-muscled but gone to flab.

He stood before Locken, clenching and unclenching large hands.

"Combat experience, Vicory?"

He nodded. "Ninth Australian. Western Desert."

"Can you handle an automatic rifle?"

"I dunno. Drove a Matilda." His hands clenched again. "I'd like a go."

Vengeance was clear in Vicory's voice. Locken decided it wasn't worth the risk. "If we need you, Vicory."

He watched the stooped, ambling hulk of a man climb tiredly back aboard the bus, shoulders hunched in defeat.

They buried the dead man in a hastily dug grave next to the road and set off, Locken focusing his thoughts on the next leg of their journey, trying to anticipate James Morais.

"Another culvert ahead," said Cooper. He squinted across the steering wheel. "Bridge intact." His foot eased off the accelerator. "Do we check it?"

Locken stared at the bridge ahead. Three times they had stopped to examine the underpinnings of small bridges like it crossing dry culverts, and found them untampered with.

The shortage of time made him reluctant to stop again. Booby-trapping the rifle had cost Morais someone. But it had signaled him of their existence, which Locken had been trying to avoid at all costs. Whether in the heat of battle Morais would recognize the fact, he didn't know. If the slaughter of the island's whites was a prime objective of James Morais, for whatever reason, the existence of their caravan would draw his complete attention.

Morais.

Waiting for an answer, Cooper saw the same lack of expression he'd seen on Locken's face at the ambush and knew now it indicated rage held in tight check.

Locken blinked, then looked again at the bridge.

His instincts said go. Yet, he knew instincts were biochemical. Fatigue, sex, booze, the time of day, all changed the chemical balance. Locken trusted few things: his senses, people reluctantly, his instincts with suspicion, measuring feelings always against the dominating principle of caution. He made his decision.

"We check it."

Again the caravan stopped, moments apparently wasted in search.

Cooper found the explosives fixed to one of the two concrete abutments. Locken had followed him beneath the bridge, watched him trace the detonator wires to the heavily sprung pressure switch that would have closed with the weight of the car crossing the bridge.

Cooper stared at the switch, the batteries, studied the molding and placement of the charges. Locken noted his frown.

When Cooper was sure the demolitions were without a secondary booby trap, he snapped the detonator wires. He pinched loose a small wad of explosives, kneaded it between thumb and forefinger, smelled it, chewed some, and spat it out.

He didn't speak until they were moving again.

"I wouldn't have looked. I'd have kept going."

The thought had shaken Cooper.

"Tells us something about Morais, doesn't it. Explosive tasty?"

"It wasn't gelignite. A new stuff, I think, called Astrolite, about twice as powerful. Morais has expensive tastes." Cooper smiled, almost bemused.

Locken sensed there was more. "Now I know what makes you happy. Things that go bang."

"I was thinking about the guy that rigged the demolitions. You can tell a lot by the way it's done. The formulas for the amount of explosive to thickness of concrete, the shaping of the charges. The guy was new at it, competent but no imagination. He followed the book." Cooper looked around. "Our book, I swear. Field Manual five dash thirty-one. I never seen a VC rig demos like that."

The facts confronted Locken again. Assault rifles, land mines and rockets, and now advanced explosives. Lavish financing. Support for Morais because in someone's scheme of things the island had become important. "Any second thoughts on a roadblock?"

"Third thoughts, even," replied Cooper. "They still come out Morais hasn't the men."

"Possible."

"Only purpose of a roadblock would be to stop a few scared geese like us from reaching Taveira. The rig at the bridge would have done that. If he has men, he could just as easily take the whole airport."

"It's on the list. Count on it. The question, Mr. Cooper, has he taken Taveira already?"

"We'll know soon enough." Cooper wiped perspiration from his upper lip and pointed ahead. The gray pallor of nausea was returning. "Another mile and we'll see it. The highway turns north toward Porto Vilar. The road to the airport goes straight on past the Sundowner."

Locken checked the small machine pistol another time. Six thirty-two-round clips remaining. On full auto, enough for one good exchange of fire.

"Look," said Cooper, "I have to tell you this. I won't trust Gomés at my back." His hands wrung at the steering wheel. "I started to explain when we were at the bus. He sucked the main column of army into that ambush, and he knows it."

Locken thought again of the haunted look in the little man's eyes, his volunteering to drive the automobile.

"He confessed to you, did he?"

"Not in so many words. They had the Bren set up at the fork, the position I found, and got hit. Thought the whole Red Army was coming on them and panicked."

"He looks old enough to have handled it."

"Old enough." Cooper looked around, his face ugly with derision. "You know what he was at the barracks here? A frigging librarian."

"So was Mao."

"Gomés ain't Mao. Morais's guerrillas danced him the minuet. Four men around their positions at the points of the compass. One advances firing, then breaks off, when another begins. Charlie could make it sound like a battalion, but it ain't exactly advanced tactics. Gomés thought he was in the center of the action, called for help, and pow."

"He brought that busload off the Hill. He may be scared, but he has stuff."

"Hell, I'm scared. But trusting a guy with a load of conscience he wants to get rid of, waving around a machine gun, scares me even more."

"You may not even have a bad choice this time."

"A frigging librarian," repeated Cooper, shaking his head.

They came over a rise, a sloping plain spreading before them, and several miles distant the sea. Locken leaned forward in disbelief and anger.

Two miles ahead, Taveira International Airport looked out of place. An enclave of galvanized iron and geometric concrete set among the natural chaos of a tropical coast. Atop the tower the beacon swiveled lazily, the small administration building and single, large hangar appearing intact and untouched. Beyond them strings of parallel orange lights defined two miles of main runway.

It wasn't the airport that drew Locken's attention. Less than a half-mile off to their left, innumerable floodlamps shown on the Sundowner Hotel from the surrounding grounds, giving it, in the darkness, the appearance of floating suspended in air.

"First time I saw it," said Cooper, "I thought I'd died and gone to heaven. Halsey should'a just sent invitations."

Locken swore an angry grunt and snapped a look at his watch. "All right, Cooper, stop the car."

chapter 22

Del Halsey's head bulled forward. He snapped the bloodied handkerchief from Mort Rifkin's outstretched hand, the smaller, balding man recoiling at his anger. Halsey glanced at Carla Mitchell, an elegant hand touching the neck of her blue jump suit, turned, and strode to the kitchen, Rifkin at his heels.

"Where'd you find this thing?"

"There, Del," said Rifkin, pointing. "Near the refrigerator door."

Halsey stared at the smudge of blood along the base of the refrigerator door. The fridge was a big walk-in, bought and imported at great expense because Werner said it was the best. Goddamn Werner.

Halsey looked at the stain, knowing that the first sides of chilled beef to be flown from California for the opening hadn't arrived yet. Their presence at least would have explained blood on his kitchen floor.

"You look in the refrigerator?"

"For what, Del? I stopped when I found the napkin." Mort Rifkin's head was sweat-shiny.

"For chrissakes, you got everybody psyched out." Del Halsey stepped to the refrigerator door, gripped the metal latch, cool to his touch, and jerked it back.

A blast of cold air struck him full-face. The refrigerator was empty except for a dozen cases of Australian beer and soft drinks trucked from São Tome the day before.

He slammed the door, feeling triumphant. What did a little blood prove?

At that precise instant they heard Carla Mitchell scream.

They found her standing rigid in the direct center of the lounge, fists doubled up over her mouth. She stared through the glass windows, across the lawns toward the brush beyond.

A screaming bimbo didn't bother Del Halsey in the slightest. But he had never known Carla to come unglued. Even in the sack, the way she let herself go seemed consciously controlled, mocking him to satisfy her, until his heavy pummeling inevitably brought her to the surface, and after that the two of them were something else. He had the deep fingernail marks across his shoulders at that moment to prove it. Carla was not a panicky broad. Del Halsey found himself suddenly wary.

He followed her terrified gaze and saw nothing. "So what's all the screaming about?"

She pointed toward the couch. "I was sitting there, thinking about Werner and the blood on the napkin, when I heard something scratching at the window."

She shook her head, the words catching. She looked vulnerable, and Del Halsey felt a tenderness toward her he thought he'd given up feeling for anybody long ago. "All right, Carla, take it easy." His voice was without its usual demand.

"I turned around, and I swear, Del, the biggest, blackest bastard I've ever seen was standing with his face up against the glass, looking at me with slanty eyes, scratching on the glass with a knife."

"Oh great," said Mort Rifkin. "Beautiful."

"He try to get in?" asked Halsey quickly.

She shook her head. "When I screamed he ran off across the lawn toward those bushes."

Del Halsey spoke to Mort Rifkin, his tone hard but businesslike. "Okay, Mort, get on the horn. Call the cops in São Tome. I want people over here." He stared across the grass, damning the expanse of window. He felt in a goddamn fishbowl.

"No luck, Del." The phone was suspended in Mort Rifkin's hand.

"What do you mean, no luck?"

"It's not working. No sound, nothing." His mouth ticked a nervous grin.

Carla Mitchell's eyes rounded. "Let's get out of here, Del. Drive to São Tome for the night."

"You're really shook."

She nodded. "I am really shook."

"Look, Carla, try and understand for a change. I'm not about to walk off and leave this place just because some Mau Mau is prowling around. I got too much in it." He flashed a big smile at both of them. "You two come with me."

In the next half-hour they let down the slatted storm shutters, locked doors and windows, and pulled the curtains across the glass doors of the lounge. The Sundowner was as self-contained as its designer could make it: air-conditioning, sewage-disposal unit, greenhouse, and generating plant.

When darkness came Del Halsey tinkered with the main control panel until floodlights illuminated the entire grounds.

He found Carla and took her by the shoulders, feeling the delicate bones beneath his muscled hands. "Better, baby?"

"I suppose. But I have the strangest feeling."

"It's the flashlight in my pocket."

"Don't laugh at me, you slab of lard." Her eyes flashed anger. "People are out there, watching."

"Tomorrow you're gonna feel great. Because tonight I'm going to give you the cure." His hand slid down and took firm hold on the undercurve of her buttocks.

"If that was the cure for anything, I'd be the healthiest woman in the world."

Del Halsey chose to ignore the remark. "Mort, you and Carla scramble up some eggs or something, and change the goddamn tape on that music machine. I can only take so much of what's-his-name"

"Mathis."

"Yeah, Mathis."

From the refrigerator Del Halsey took a case of ice-cold beer. When they'd eaten and he'd downed a half-dozen cans, he began to feel almost jovial. It was then they heard the automobile in the drive. Mort looked up brightly.

"Maybe it's Werner, Del."

"You think he was off buying a car? My creditors, more likely." He hefted up his bulky frame and went through the reception area to the door.

He pulled it open just as two men were stepping from a dusty automobile. The first was a black with an odd grin and a rifle held against his hip in a sure, almost arrogant way.

The other one, lean, with an ornery face, glared at him. "You Del Halsey?"

"Damn right I'm Halsey. Who wants to know?"

"Get inside."

chapter 23

Locken's glance took in the Sundowner's bar and lounge in a sweep, noting the fine-featured girl in a blue jump suit, the small, balding man next to her. "Anyone else here?"

Del Halsey's immense head bulled toward him. "You've got it wrong, pal. *I* own this place." His eyes dropped to the machine pistol in Locken's hands. "If this is a stickup, you're two months early."

Locken spoke sideways to Cooper. "Take a look around, Rafe. And get those floodlights out." His eyes slid across the expanse of curtained glass doors along an entire wall. He turned to Halsey. "I don't have time to make this nice. So keep quiet and listen."

"You've got the gun, fella."

"They're in fashion. A certain James Morais and forty of his guerrillas have them and wiped out a company of local army four hours ago. Then burned their way through São Tome. I wouldn't be surprised if eventually he strikes a blow against Yankee Imperialism by gutting this fine hotel."

Locken watched Halsey's eyes, the instant adjustment to a new situation. "Hell, you don't think I've heard about Morais? I didn't spread my paper over four western states to buy into this place without checking things out." Halsey pointed a stubby finger at him. "Nobody, I repeat, nobody, not one of these islands or two-bit countries, can survive without foreign capital. I can deal with the Portuguese, and I'll deal with whoever throws them out, if and when."

"Morais is using about a hundred Sembi, and I have a busload of refugees a half-mile from here that will tell you there's no dealing with them at all."

"Sembi?" Halsey's expression was blank, before the mouth bent into a grin. "I can bargain with anyone."

The girl stepped forward. "What are these Sembi like?"

"A hill clan. Big and black, with some funny ideas about the things they see in the hands of the white man."

"Del—"

He waved her silent. "Look, fella—"

"The name is Locken, and I've said all I'm going to. I'm putting some very frightened people on a plane at Taveira in less than half an hour. That's if we stay lucky. If you're smart, Halsey, you'll be one of them."

"I think we should do it, Del."

Halsey turned, glaring at the girl. "And write this place off? No deal. You go, you and Mort."

"Just until things cool off," the bald man said. "It might be smart."

"If I was smart I'd be selling real estate in Orange County. I'm not leaving."

Locken looked at his watch. "Fifteen seconds to change your mind."

Halsey's shoulders tensed. "Anyone gives me an ultimatum, the answer is automatically no. Get out of my hotel."

"What about Werner?" asked the girl.

"If the sonovabitch shows, he can stay and sweat with me."

Cooper had come back through the archway, carrying a folded newspaper. "Time to leave."

"Sembi?"

"Someone." Cooper looked at Del Halsey. "This guy Werner you were talking about. He work for you?"

"In theory he manages this place. What do you care?"

"Big man, ring on the third finger left hand?"

Halsey shrugged. The girl pressed closer. "That's him."

"I found him. In the brush out there." Cooper's eyes fixed on Halsey. "Do yourself a favor and move out."

"You can't move me, fella. Unless you start shooting."

"I can't afford the ammo." Cooper tossed the folded newspaper at Halsey's feet, a bloodied hand severed at the wrist sliding from between the pages. The middle finger had been torn from the joint.

The girl paled and sat down; Mort Rifkin's eyes rolled back. "I'm getting sick." Halsey stared down at the hand.

Cooper said, "Takes the work out of imagining, don't it, fella?"

The sound came from the curtained windows behind them: screws torn from wood as storm shutters were pried loose.

Beyond the curtain the expanse of window glass shattered under the impact of something unseen, knives slashing the curtains away. Beyond, the animal grunt of men shrunk the muscles of Locken's stomach. The girl screamed.

Cooper whirled, shouting, "Move, dammit!" at the bald man standing directly between him and the windows.

The curtain parted from the rod as the little man jumped back, tripped, and fell.

Del Halsey lunged for the girl, now frozen in panic, as Cooper dropped to one knee, patterning a long burst of fire laterally, downing the first of the Sembi in the room. Others were behind him.

Locken whirled, running for the front door. He flung it open, the machine pistol ready. From the brush at the far side of the grounds, some thirty yards away, charged more Sembi, machetes and lances glittering, their spacing too great to permit an accurate sweep of fire.

Locken swung the machine pistol toward the leading Sembi and squeezed a short burst, adjusted, fired again, and saw the huge black man stumble and pitch forward.

From behind him came another long burst, from Cooper's assault rifle. Del Halsey charged past Locken toward the car, forcing low the girl stumbling at his side. Then Cooper himself, backing calmly through the doorway, squeezing shots in twos and threes.

"I'll cover," said Locken. "Drive it!" Locken jumped to the side of the car, sighting again toward the lunging Sembi, the closest scarcely a dozen yards beyond the automobile, his incredibly long strides giving them scant seconds to act, to survive.

Locken's burst of fire caught him squarely in the chest, at the end of a graceful follow-through. Locken saw no more than the flash of the lance, heard the definite cushioned *thunk* as it struck something behind him.

A glimpse of the girl's terror-filled eyes as he emptied the machine pistol at the next Sembi in the charging rank.

"Anytime," said Cooper, his voice calm above the noise of the engine, and then Locken was in the car, feeling its acceleration.

He turned and saw the bald man leaning against the door frame, staring dumbly at the lance that extended a full yard from the point where it had penetrated his chest.

Locken hammered another clip into the machine pistol and sent a burst wild, fighting to compensate his aim for the tight turn of the automobile. He saw the momentary look of surprise on the face of the first Sembi to reach them as Cooper straightened from the turn. The car struck him full center. They felt the jarring impact as he was lifted from his feet, then pushed in midair a dozen feet before he fell beneath it, the car going over him.

Locken shot once again, leaning from the car window, missing any human target. A jagged row of bullet holes slanted across one wall of the Sundowner.

From the back seat, Del Halsey roared, "I'll even this, I swear to God almighty!"

Del Halsey's great head had turned, directing his rage squarely toward Locken.

chapter 24

Locken looked at his watch, again balancing time against caution. A mile ahead the lights at Taveira gave the sky a hazy aurora.

He reached across and tapped Cooper on the shoulder, feeling sharp pain in his ribs. "Pull off the road."

"For chrissakes," mumbled Halsey from the back seat. His thick arms were wrapped around the girl.

Her tears, held back until she saw the children in the pickup truck, the blank faces staring from the windows of the battered bus, had run her mascara, giving her eyes dark rings.

Locken spoke to Cooper. "Fifteen minutes until plane time. Go as far as you can in five, take a look, and get back."

"Rafus draws the lucky number."

"Unless I hear shooting. In which case, I turn this caravan around and, with or without lucky Rafe, we scoot. Clear?"

Cooper nodded and slid off into the darkness, assault rifle ready. Locken watched him go, wondering how long he could keep the high pitch of awareness. Except for the strange bouts of nausea, Cooper seemed inexhaustible.

Halsey grunted: "What about my hotel? You're not going to save my hotel?"

"You're very quick, Halsey."

Del Halsey gestured over his shoulder with his thumb. "You got army. Give me something to shoot and I'll liberate the goddamn place myself."

"You ever shoot a gun?"

"No."

"You've been reading too much Hemingway. Sit back and take care of your lady."

"That hotel is eight million bucks."

The girl sat up, untangling herself from Halsey's arms. "Mort is dead, and all you can think about is your stinking hotel."

"He was a fantastic flack, honey, the greatest. I'll say a round of beads for him every day of my life."

"Worthless crumb."

"Not yet I'm not." He leaned toward Locken, pointing a threatening finger. "If you hadn't been so smart. With them floodlights those Mau Maus would never have come near us."

"You might have kept alive until sunup."

"I could have made a deal with them."

"We'll never know. Werner didn't have much luck."

"Look." He put his hand on Locken's shoulder, smiling warmly. "You want a piece of the action? It's yours. But we go back. Now."

Locken stepped from the automobile without comment and walked back toward the pickup truck.

Behind him, Halsey repeated his name, in a low growl that made it sound like something dirty.

Aggie Enderton watched the enameled water cup pass from child to child, and looked up smiling as Locken approached. From the absence of any visible sign of tension, it might all have been a Sunday outing, the impression she intended, he was sure.

"I've given a little water to the people in the bus, Mr.

Locken." She lowered her voice. "I've about a gallon left."

"Noted, Mrs. Enderton. We shouldn't be needing it. An hour from now, we'll be halfway to Noumea."

Her eyes took on a hint of amusement at the added certainty he'd put in his voice. He wasn't fooling Aggie Enderton.

Locken pointed toward the automobile. "There's a young lady who could use some water, and a kind word or two. Don't let the growl of the bear with her bother you."

"I've been known to growl back."

Her warmth and lack of pretense gave him an odd reassurance. "We ought to be moving in a few minutes," said Locken, turning away.

"That will be lovely."

Thirty yards beyond the bus Locken could make out the squat figure of Gomés, positioning the Bren to cover back along the road. He watched him give his orders, less commands than requests; still, the two young soldiers responded, though clumsily, inhibited by their own uncertainty.

Locken looked away. He couldn't carry them. Gomés and his men would either buckle under pressure or harden. All he could do was try to avoid a head-on challenge.

He glanced again at his watch.

Less than twenty minutes since they had left the Sundowner. His mind rode a wave of alertness, the letdown still to come, when the avoidable self-regulation of his body would slow the flow of hormones and adrenalin, trying to lead him toward regenerating sleep.

Mat Enderton stepped from the bus, wiped his hands on his already bloody shirt front, and stood for a moment, pressing his fingers gently against his eyelids. "I think next time I'll take the train."

"Reverend, there's something you'll have to do for me." Locken told him about the pounding his ribs had taken. He wanted them tightly taped.

Mat Enderton's bright blue eyes surveyed him warily. "Could puncture a lung, you know. You ought to be flat on your back."

"Preferably in the Savoy with a lovely nurse feeding me Eggs Benedict." He took off his shirt, gritting his teeth against the sharp pain as Mat Enderton reluctantly began taping his ribs. Locken nodded toward the bus. "They holding up?"

"Barely. Miss Harkins and Consul Bogin are doing a fine job. Yours truly hasn't been quite so wonderful."

Through a bus window Locken saw Jan, seated next to a dark-haired Portuguese woman expressionless with grief. Jan was speaking softly, a smile of encouragement on her lips. Locken felt an unexpected stirring at the sight of the girl, admiration, he told himself, for the streak of toughness in her that could let her experience what she had gone through a few hours before and yet offer encouragement, a smile to others, now.

The pain finally made him grunt.

"I was beginning to think I wasn't doing the job." Mat Enderton tore the roll from a long lateral strip of tape across Locken's ribs. "You can say ouch. I won't think you're a sissy."

"What about the wounded?"

Reverend Mat ran a hand across his forehead, staring at Locken, measuring how direct he could be.

"Well, I'll tell you. I can't do a thing for the man with the bullet in his gut. Pumped him full of antibiotics and some dope. The bullet pierced his colon, probably nicked the pancreas or liver. If so, infection has already begun, and without major surgery, he'll be on a slow, noisy trip to the grave in hours."

"The others?"

"Got some tranquilizers in the pregnant woman, and we'll hope shock won't make her abort. Stitched up a gashed shoulder, but it needs to be done again, with reconstruction inside. He could use blood. A lot of it. For the others, sleep, food, and enough time to make the mental adjustments to accept what's happened to them. Days, years, never. It depends on the person."

"How long did it take you?"

Mat Enderton squinted, smiling. "You expected an argument back there, didn't you, Mr. Locken? About leaving the mission."

"If I'd have spent—how many years is it?—I'd have fought like a wild man."

"A month short of thirty-five." He gave a smiling laugh. "Leaving wasn't easy. But if you think those buildings were the important part, you're wrong. It's them." He pointed to the children in the pickup truck. "It's always the people, Mr. Locken. When an institution that's supposed to care—church, government, whatever—considers its building and rituals more important, then something's gone wrong."

"You and Morais might have a thing or two in common."

"Goals, perhaps. I like to believe the methods of the church are more humane." An angry tone crept in. "James always did have a mean streak. He was one of our children, you know?"

Locken ran a hand over the tape on his ribs and pulled on his shirt and buttoned it. "What kind of man is he?"

Reverend Mat detected a tone in Locken's voice that belied the simplicity of his question.

"What are you after?"

"An edge. You never know where you'll find it."

"But if we're leaving . . ." Mat Enderton's hand brushed the stubble of beard on his chin. "Or am I counting an airplane before it's hatched?"

Locken said nothing.

Reverend Mat nodded, the understanding between them unspoken but complete.

"I can't tell you much," said Reverend Mat. "I haven't seen Morais since his trial here eight years ago. Had a devil of a riot that James did his best to get started."

The boy, then."

Mat Enderton paused. "Bright, but turned in. Always had the feeling that inside the child's body was a man's mind, full grown. That whatever you said or did was something he'd known about all along."

"How did he end up with you?"

"The way they all do." Mat Enderton looked toward the pickup truck. "Orphans, others abandoned at the mission gate more dead than alive. Morais's mother was a prostitute from the Zona Sur, his father a Portuguese businessman gone before the child was born. She'd tried to abort with herbs, the way the island women do, and I've always wondered if it didn't affect James. He wasn't strong physically, and never liked to roughhouse much. Even as a child he was very protective of his body. His mother brought him to me two weeks after she'd given birth, and offered me forty dollars to take him in. We took him, and the money." Mat Enderton smiled. "Oh yes, we took the money. And made her send us more. Because on the island, unless it's paid for, somehow a thing has no value. Penance of a sort for the mother, but wasted as far as James was concerned. Aggie and I never reached him. When he somehow found out who his father and mother were, an anger settled down deep, and stayed there."

Mat Enderton shook his head again. "He believes what he preaches, Mr. Locken. To Morais the white man is a devil, and a true believer can justify all sorts of nasty things."

Mat Enderton's gaze fell on the bus. Locken could feel the stretching of tension within, closer to a breaking point. Cooper should have been back by now. From along the road, Gomés watched him and Reverend Mat, his sad-priest's face dark with concern.

When Mat Enderton spoke again, his voice had a tone of question. "I never thought he'd try, though. Not now."

"Someone supplied him with money, guns, and trained his men. Incentive enough."

"We both know that's not the heart of it, money and guns. Unless the people feel the need to redeem themselves, to get back something they know they've lost. And feel it here." He tapped his heart. "Unless there's a feeling, Morais will fail. I figure he's about five years early."

Locken was paying sharp attention now. Mat Enderton had spent near a lifetime among these people. An outsider, but caring and involved. Such a man could know a people better than they knew themselves.

"Why do you say that, Mat?"

"Five years from now, with enough of your Del Halseys, the people of this island might be ready to listen. Because they'd have seen the foreigners walking off with their birthright and the government leading the cheering section. Right now they're too busy surviving each day to talk about paradise tomorrow."

"Halsey's way they get TV, a forty-hour week, and the Pepsi generation. I'm not sure it's any worse than Morais's fatherland, sugar quotas, and a concrete house like everyone else's."

Mat Enderton searched Locken's face, certainty leaving his voice. "I used to think there was a middle way; now I'm not so sure." He nodded toward the children in the truck. "They're the only sure thing left, the only thing I've got a handle on. The irony is that for them maybe what Morais promises is the best thing. I don't know."

He looked at the bus, his voice again taking on a combative lilt. "But I'm afraid the time I've spent on that bus tonight ruined me for taking a historical view. What Morais did is murder, not pure, but simple."

"And you don't believe the end justifies the means?"

"I can't," said Reverend Mat.

chapter 25

"Now, about this airplane," said Mat Enderton, squaring his shoulders. "What happens if it doesn't come?"

"A gentleman named Jack Mann suggested swimming for it. It's as good an alternative as anything I've come up with."

The reply brought a sharp laugh. "I hope we can find another. I don't swim."

"I hope we won't need to." His eyes searched the darkness for Rafe Cooper, debating whether to move the caravan out. Another minute.

"Jack wouldn't come?"

"He said he had reason to stay. A woman, I hear."

"He has reason all right, but she's the small part of it. If you'll allow a poor cleric a pulpit-type oversimplification, you might call Jack's motive a rather classic sense of guilt. The same week we had the riots, Jack crashed an airplane near the airport at São Tome. Walked away the only survivor. He was a pilot for AIRSAT, though you'd never know it to look now."

Locken remembered the moment of sureness in the rough voice when he'd suggested using AIRSAT's plane to escape, the remnants of self-respect he had sensed in Jack Mann at the hotel. He merely nodded. "Guilt was around before the church supplied a simple definition. I hope it doesn't kill Mann."

"He might be glad if it did." Mat Enderton's eyes took on a shrewd squint. "A little of the same commodity wouldn't be responsible for your presence, would it? It's sure not the pay scale."

"I was on Morais's side of things once. I don't happen to think there is a right side." He shook his head. "But guilt about what happened then, no."

"Something's put the wind up you."

Locken's gaze swung quickly from the brush, a little surprised at his own transparency, or perhaps Reverend Mat's perception. "You won't like what you hear."

"Try me."

His eyes held on Reverend Mat. "Someone once called me a man with a gun, and I've spent the last two months deciding he was right. I've a skill, and the wind up me, as you put it, is that I have to use it, test it, for no one but myself. I'm in a profession that I wish hadn't reason to exist. I'm still proud of the skill. Contradictory, maybe, but the truth."

"I don't mind a dose now and then." Mat Enderton's blue eyes became at once more penetrating but amused. "So this is all a test for Mike Locken. You against Morais. Nothing to do with saving these people." When Locken didn't answer, Mat Enderton said, "I don't believe it."

"Believe what you want," replied Locken, and turned. Cooper had emerged from the darkness, beckoning with a quick wave of his hand.

Behind him, Mat Enderton's voice, mocking, said: "People generally do."

Cooper licked his lips before he spoke. "The airport looks all right." He made a funny shake of his head.

"You're sure?"

"The place is lit up. No brown uniforms. People in the tower. What do you want?"

"For you to tell me to take the bus in."

Cooper shrugged. "Okay, something feels funny. I

don't know what. Maybe just me." The eyes were feverish again.

Walter Bogin had stepped from the bus, his stooped frame now at Locken's shoulder. "I hope there won't be a delay."

"Forget what you feel, Rafe. What did you see?"

"I just told you."

"Problems?" said Mat Enderton, joining them, his glance assessing the conflict.

"Him," said Bogin, pointing an accusing finger at Locken. "He is reluctant to let us move. What are we waiting for, honestly?"

Locken spun. "Until I'm sure. Okay, Rafe. We'll have a look. Together."

"That'll mean more delay," moaned Bogin.

"That's what it means," said Locken, and called Sergeant Gomés. "Sergeant, I want you to move the Bren farther back along the road. Dig it in. Someplace where you can cover this road, and the highway. In case we have to exit under fire."

Gomés's dark eyes looked off toward the airport, almost longing. "There could be danger, still?"

"That's what he's telling you," snapped Cooper. "I gotta do everything myself."

"Easy, Rafe," said Locken, his tone softer than the look that searched Cooper's face.

"Can't we just go on?" said Walter Bogin, his voice grating with rise in pitch.

"Anything I can do, Mike?" asked Mat Enderton, the steadiness of his tone visibly quelling Walter Bogin's mounting hysteria.

Locken nodded. "Back the bus off the road. In a position to come on to the airport or get out." Locken glanced toward the automobile. "I'm also giving you Del Halsey and his lady. If Halsey's mouth gets troublesome, throw him out. Five shots equally spaced means 'come ahead.' "

Walter Bogin cleared his throat. "I don't know how much longer those people can last. I can't be responsible—"

"They're good for more than you think," snapped Mat Enderton. He laid a small, hard hand on Walter Bogin's arm. "Shall we do our part, Consul, and let these gentlemen do theirs?" He turned to Locken. "Careful."

"Nothing dangerous about meeting an airplane. Tell 'em, Rafe."

"Simple as falling off a building," said Cooper.

"You got a minute, Enderton? I'm Del Halsey."

Mat Enderton looked at the hand extended toward him, and let it take his own. Shaking hands with Del Halsey was, he imagined, like being set upon by a python.

"I know who you are."

Halsey grinned, pleased, then gestured with his massive head in the direction Locken and Cooper had disappeared in the darkness. "You go along with that guy, Reverend?"

"I don't see that we have many alternatives."

"Nicely put. I see it exactly that way myself. That guy hasn't given us a choice about anything."

"I wasn't thinking about Locken, Mr. Halsey."

"Del."

"James Morais appears to be calling the tune."

Halsey hesitated, readjusting his approach. "You been here a long time, Reverend?"

"Too long, I think sometimes."

"And you seen a lot of changes."

"Not so many. World War Two changed things a bit. Made us all realize a world existed out there and we couldn't keep it out. But not many changes at all, Mr. Halsey."

"Tourism might do this place a lot of good. Jobs, money."

"Perhaps. I can't think of many places I've seen improved by it."

Halsey didn't seem the least offended. "It's gotta happen. You ever seen the beaches on the Bounty Coast?"

"Bounty Coast?" Mat Enderton frowned.

"The north coast of this island."

"The *Bounty* never sailed within eight hundred miles of this island."

Del Halsey wasn't listening. "A dozen beaches with sand so white it blinds you, and a greeny-blue water inside those reefs like a picture off a Pan Am calendar."

"You've been there, have you?"

"Damn right. Chartered that plane of AIRSAT's and had the pilot fly over. I was so knocked out by those beaches, I had him fly back and forth a couple of hours."

"I don't suppose the pilot mentioned *Hydrophis belcheri*."

Del Halsey's head moved forward. "Mentioned what?"

"Or the sea wasp, or blue-ringed octopus."

"I wasn't up there with Dr. Seuss."

"*Hydrophis belcheri* is a sea snake, Mr. Halsey, with a venom more deadly than a taipan. Which makes a good old American rattler seem tame. The bite from either a sea wasp or blue-ringed octupus, both quite common in those reefs, is fatal in minutes. Wade in the waters off those lovely beaches and you'd likely run across one of them, Mr. Halsey. Unless you were first taken by a shark."

Del Halsey's mouth opened, but Mat Enderton raised his hand. "Another small point. The few people who inhabit the north coast live primitive existences, without São Tome's conveniences."

"Conveniences? Quit kidding."

"Without plumbing, they make use of the beach. Simply defecate at low tide, and nature's sewage system takes care of the rest. Makes a moonlight stroll rather a chancy business, I'd think."

Del Halsey was silent a moment, looking at the smaller man more warily. "You ever been to Panama, Reverend?"

"One place among many I've missed, Mr. Halsey."

"A hundred years ago, it was the hell-hole of this Earth, with more bugs and snakes and diseases than people ever thought could exist in one place. You take one look at the Canal across it now, and you get an idea what men can do if they get off their asses."

"I admire your optimism, Mr. Halsey."

Del Halsey's great head began a slow nod. "That's what it is, all right. I'm going to make a paradise out of this shit-hole, and no snakes or fish are going to stop me."

"You might first have to deal with James Morais, and a few hundred Sembi."

Halsey was watching him. "Yeah, the Sembi. Tell me about them Sembi."

chapter 26

"What do you think?" asked Cooper.

They had stopped in the last cover of low scrub. From there, the access road to the air terminal angled left, widening at the front of the terminal building a hundred yards ahead of them.

The terminal building was two-storied, built of undistinguished concrete block. Atop the building, above the sign announcing AEROPORTO TAVEIRA, was the tower structure itself. A narrow walkway ringed the outside below tinted glass windows. An exterior iron stairway led to the floor below.

In the dim green light emanating from within, Locken could make out several figures. Nothing apparently amiss. Only the quiet. He answered Cooper softly.

"The same thing I've thought all along. Taveira is too ripe. When is the plane due?"

"About ten minutes ago. Maybe the people in the tower told them to go away and come back with the Marines."

"I'm wondering who's in the tower, and why this place is lit up like the Capitol."

"Because it's an airport, expecting a plane." Cooper's easy manner had given way to frustration. "It's got to come."

"Expecting a plane," Locken repeated. His eyes went to the terminal apron. Absent were the baggage handlers, ground-support crews, and the miscellaneous white-overalled functionaries common to every airport in the world.

Locken looked again at the tower and saw it: a light, moving back and forth, signaling to what appeared to be empty brush across the runway.

Cooper nodded, and sighed. "I wish I hadn't seen that."

At that instant, far beyond the end of the runway, over the sea, two tiny pinpoints of light winked on.

"There it is," said Locken, "with candy stripes and a big red ribbon." But his eyes had left the distant, flickering landing lights to focus intently on the brush across the runway, trying to pierce the darkness.

"Man, what is going on?" said Cooper.

From across the runway the sound of a starting truck engine, then another. The tower door opened, and four men in dull-brown fatigues, each with a rifle, snaked down the stairs and disappeared into the terminal.

"A fat setup," said Locken. He could see the landing lights moving now, dropping slightly toward the horizon, but coming on.

"But why?" Cooper seemed unable or unwilling to believe what they both had seen.

"Morais wants the world to know."

"He's going to take the aircraft?"

"And those on board. Ransom them, blow the damn thing up, who knows? He'll get his headlines." Locken found himself fighting a growing hatred of Morais, of his cold willingness to destroy in the belief of some abstract vindication by history.

He forced his thoughts away from Morais and the people waiting at the bus. Anger, hatred, caring, they all distorted judgment. Locken stared at the approaching aircraft.

Cooper's hands tightened on his rifle. "There has to be a way."

"There isn't. Make up your mind to it. We've seen four men. There's others waiting across the runway. A gun at the head of the tower operator. We haven't seen it, but it's there."

"Mike, we have people—"

"Forget them." Locken's eyes held on the approaching landing lights, trying to estimate distance. How many minutes away? Four, perhaps five at the outside. "We'll have to try to warn it off."

"I'll wave my red bandanna." Cooper's tone was acid, the greenish pallor of his blackness accentuated by the terminal lighting. "If that plane doesn't land, you slam the door on everyone we left back there."

"If it lands, with Morais's men waiting, what then?"

It took an extraordinary time before Cooper nodded agreement. His fevered eyes followed Locken's, from the terminal to twelve thousand feet of runway, back to the well-lighted apron.

"Fuel," said Locken. "A fuel-storage area. Where is it?"

"I never noticed. I hate airplanes."

Locken's eyes burned into him. "Think, Rafe." Locken again stared skyward. The movement of the aircraft toward them was clearly visible now, the plane a mile or two distant, coming on.

"Along there." Cooper pointed past the front of the terminal. Several hundred yards beyond, Locken could see the chain-link fence, and next to it the tank truck, painted bright yellow.

"There's your red bandanna. If the pilot sees a fire here and can't get a straight answer from the tower, he'll use his reserve and make for Vila or Nadi."

"You light a match over there, you'll get more than your fingers burned."

"Getting there is step one."

"It's a long crawl."

"Morais's men ought to be on the apron side of the terminal." Locken's eyes traced a path. "If I stay in the brush and move left a dozen or so yards, I can put the terminal building between myself and the men in those trucks across the runway. After that, I'll have to run."

"You'll have to fly." Cooper glanced at the steadily approaching aircraft.

"Rafe, if you cross the access road you can stay in brush to the edge of the runway." Cooper followed Locken's gesture and nodded. "From there you could cover both the front of the terminal and the trucks across the runway."

"I could." Reluctance was clear in Cooper's voice. "And what does speedy lightfoot think he'll be up to?"

"Putting a scare into that pilot." Locken raised himself. "Just be careful what you shoot at."

"Been nice knowing you."

Cooper's head was shaking when Locken left him.

A few seconds later Locken broke from the cover of the brush in a dead run.

At least a hundred feet separated the point from which he left cover and the closest part of the terminal building, in full view the entire distance by anyone in the tower looking his direction.

Halfway across he felt the adhesive tape on his ribs tear loose. The pain spread suddenly from a pinpoint to a jagged boring, as though someone were trying to open his chest with a can opener.

He reached the wall of the terminal, took in a breath against the pain, and snapped off the safety on the machine pistol. The building wall now blocked anyone in the tower from seeing him, but exactly where the four men had positioned themselves inside, he couldn't be sure.

He began running along the front of the terminal.

At the first set of wide glass doors he slowed, danced across sideways, the machine pistol pointing. He saw no one, and again he ran.

He plunged past the second and third terminal doors without stopping, a mental picture of the approaching passenger-laden jet urging him on. Breath ran raw through his throat, but above the sound he could hear the distant whisper of jet engines.

At the end of the terminal building he stopped, eyes on the fuel-storage area a hundred yards ahead, again across open space. His chance was that the attention of Morais's guerrillas was on the airplane.

He could see its outline now, perhaps a half-mile from the end of the runway, with an altitude of no more than a few hundred feet. He didn't know at what point the pilot must commit himself to land. Parts of a minute away. He bolted forward, taking the open space in a straight run.

He reached the tank truck braced for gunfire, the impact of bullets, but none came.

He moved quickly around the truck, glanced at the complicated pumping apparatus, rejected the possibility, and found the drain at the rear, a simple stopcock at the base of the tank.

He tapped on the tank, then lower, until the resonance changed, indicating the fuel level. The tank was nearly empty. A thousand gallons, hundreds—no way of telling.

He'd been prepared to open the tap and set the fuel aflame on the spot, even though it would have made a return across the front of the terminal impossible, once the attention of Morais's men shifted.

Then he found the key soldered into the ignition.

Above him, the sound of the aircraft engines had risen to a shrill whine.

He ran back to the stopcork, twisted the handle, and watched the trickle of jet fuel become a fountainlike gush.

He jumped for the cab, pressed the ignition, and heard the slow, undulating hum of the starter motor, trying without success to urge the engine into life. Then it caught.

Locken ground the transmission into gear and swung the heavy truck left, away from the terminal apron. He pounded into second gear and turned straight onto the runway. Then he turned again, hit top gear, and pressed the accelerator to the floor, piloting the truck directly down the center of the runway.

He was gaining speed, almost abreast of the terminal, when off to his left he saw them: men in brown fatigues scrambling from a small army truck, their automatic rifles raising.

He felt more than heard the ping of bullets penetrating the tank above the level of the draining fuel, wondering when the single spark would come that would send him up in a hot bright flash. He stuck the Ingram out the window and fired blindly, lefthanded, the clip emptying in less than two seconds.

Then he saw the muzzle flashes ahead of him, from brush near the edge of the runway. Cooper had delayed until he had pinpointed Morais's guerrillas by the flash of their weapons, and now had begun returning deadly accurate covering fire.

Locken wrenched at the wheel, angling the truck toward Cooper, the distance seeming to lessen with time-bending slowness. He would never make it.

Then he had, the truck plunging from the runway into wiry, tenacious scrub. He heard Cooper give a yelp and roll sideways out of the path of the truck. Locken leapt from the cab, the kerosene smell of jet fuel still spewing from the stopcock, filling his nostrils.

"Move it, Rafe!" Cooper was again intent on pouring out short, careful bursts at the men charging across the runway. Already two bodies were crumpled at the far side.

Locken glanced at the runway. The distance traveled in

the truck was shiny-slick with jet fuel. Above it, unbelievably, as though trapped in its descent, the airliner floated downward.

Locken hammered a fresh clip into the machine pistol, aimed, and fired a long burst toward the slick-stained concrete. The bullets whined off harmlessly. "Go up, dammit!" He'd counted on the friction of the bullets striking concrete to ignite the fuel, and he had been wrong.

"Allow me, my good man," said Cooper, next to him. He struck a match, held it to the book of matches, and casually tossed it toward the fuel-soaked brush behind the truck.

There was a sharp *whoosh* of ignition, the sheet of flame tracing back along the runway with unbelievable speed. One of Morais's men was enveloped, his short, pained scream drowned by the rising pitch of jet engines.

Above the flame Locken saw the huge aircraft continue toward touchdown, in apparent contradiction to the rising note from its engines.

Then its descent flattened. Locken waited long enough to see the plane begin to climb before he turned.

Cooper was there still, head tilted back, staring at the aircraft, an expression on his face of something beyond pain. Then he began to run, ahead of Locken, back toward the road.

They could still hear the crackle of small-arms fire behind them, Morais's guerrillas searching in vain, when Locken detected another sound.

It sank into the pit of his stomach, giving him for the first time a sense of complete helplessness.

Ahead, distinct in the night, was the staccato snap of automatic-rifle fire, answered by quick, panicked bursts from Gomés's Bren gun.

chapter 27

It took no more than five minutes to reach the bus and Reverend Mat's pickup truck. Midway they heard two short bursts from the Bren, the fire unreturned, then silence.

Cooper tossed a glance over his shoulder, his mouth an ugly slash. "Good, maybe. Or very bad."

"Keep going."

They came to Halsey first, crouched next to the Chevrolet. He looked up, angry eyes following Locken and Cooper as they ran past.

The bus and the pickup truck were backed off the road several yards on.

Locken found Reverend Mat and Walter Bogin close to the bus, the older man's wiry compactness emphasizing Bogin's awkward stoop. Both faces watched the dark road, turned toward the position at which, according to Locken's instructions, Gomés had placed the machine gun.

Cooper leaned against the bus, swallowing dry nausea.

"What's happened?" Locken asked Mat, without preamble.

"No idea. Shooting up ahead, but it's stopped now." The older man studied both of them with a professional eye, his firming mouth registering dislike at what he saw.

"Everyone all right?" asked Locken.

"Aboard the bus?" Mat Enderton's shoulders made a noncommittal shrug. Everyone wasn't all right, Locken knew, but it wasn't a moment for details.

Walter Bogin leaned as he spoke, his voice a weak whisper. "We saw the fire at the airport. The plane didn't crash—"

"Morais was going to take it. I had to warn it off."

"You what?" Del Halsey's harsh exclamation came from behind him. "You put a snatch on me for a frigging plane ride, then kiss it off?"

Locken didn't even turn, but spoke to Walter Bogin and Reverend Mat. "Get everyone ready to move. When the men at the airport find out we're gone, they'll be along."

Bogin massaged his forehead with thin fingers. "What can I tell these people?"

Del Halsey's voice cut sharply: "Tell them this smartass here backed them into a dead end. You tell 'em that."

Only Locken's eyes moved, sideways, across his shoulder to Del Halsey. Cooper straightened, watching Locken.

Mat Enderton put a gentling hand on his arm. "We'll need to tell them something, Mike."

When he spoke, still watching Halsey, his voice was almost too controlled.

"Tell them the truth. And say we have another chance, but we'll have to leave here."

Reverend Mat raised his eyebrows and glanced toward his wife, watching patiently from the cab of the pickup truck. Next to her, Carla Mitchell held a young boy on her lap, his eyes saucer-wide with fright. Locken hadn't noticed her before, but Jan stood in the doorway of the bus, listening. "*Is* there another chance?" asked Reverend Mat. It was a question they were all asking.

"If we move and if Gomés kept Morais from putting a cork in the bottle up ahead. Cooper and I will check. The rest of you get ready. Rafe?"

Cooper once again hoisted the rifle. "Time sure does fly when you're having fun." He shook his head, but followed Locken without another word.

• • •

They moved along opposite sides of the road, Cooper little more than a shape in the darkness to his left.

Ahead, no sight of Gomés, his men, or the machine gun. A heavy chemical smell, residual in the humid night air, was an indication of what had taken place.

They had come within sight of the highway when, ahead and to the right, the twin pop of a carbine. Locken went forward, sprawling, the tiny bullets striking close.

"Goddammit, Gomés! That's twice."

A muffled voice spoke sharply in Portuguese. The short, thick frame of Sergeant Gomés raised itself stiffly from cover. "*Desculpe*. We thought you were one of them."

"*Desculpe* my ass," whispered Cooper. "Level you with a Nuke and all you'd get is a *desculpe*."

From Gomés's position, Locken could see the Jeep stopped in the center of the highway, the driver in brown fatigues hanging out, head resting on the concrete in a dark stain. "In the Jeep were two others," said Gomés, explaining with broad gestures. "They ran to the brush, but now no more shooting."

Locken nodded to Cooper. Cooper sighed, gave a tired grimace, and slid off into the undergrowth.

One of the two young soldiers behind the Bren grinned openly; neither looked frightened. They'd been bloodied and lived. Locken didn't bother to explain what they could expect if the two men in the Jeep had escaped.

He told them quickly what had happened at the airport.

"The airplane is gone?"

Locken nodded. "We're moving. Get your men back to the bus."

When the two boys had gone, Gomés hung back, his permanently sad eyes steady on Locken. "We failed you. One hundred rounds fifty, and still two escaped."

"You did the job, Gomés. Don't beat yourself."

"They will know now we exist."

"What we did at the airport and before is as much to blame. It's too late to worry about it." He turned, felt the little man hesitate, then move away.

Cooper returned, shaking his head. "Found one man, a hundred yards along the highway. Trying to crawl for home but ran out of blood. The other one died in private or is gone clean." He looked along the highway toward São Tome and hunkered down next to Locken.

"Look, Mike, it's been a nice try. If we go back along that highway, we'll hit trouble. Morais has us out-gunned, and he'll be out for our blood. I say dig in and hold on."

"Not with the bus, the kids. Without food or water, we wouldn't last a day. We sit still now, and Morais can focus everything he has. Moving, we have a chance."

"Those people are strung out to the limit."

"What about you?"

A guarded look came into Cooper's eyes, and he stood, as though to defy Locken. "I'm not talking about me."

Locken was already looking north along the highway.

Cooper said, "Nothing that way but nine long miles of highway and Porto Vilar. You'll need Jesus shoes to run any farther."

"One more chance in the bag, Rafe."

"Do I get a peek?"

"When we're out of here."

"It better be good, Mike. Better than good." Locken heard the sharp challenge in Cooper's words.

chapter 28

James Morais folded his delicate, almost feminine hands beneath his chin, and asked his man to repeat every detail.

It was not that he questioned any part of his story. Each of the thirty-eight men who had begun the attack twelve hours before was known as a brother; catalogued in a small brown notebook carried in the breast pocket of his fatigues were the strengths and weaknesses of each.

But as the man before him had told of being fired on by a machine gun positioned where the road to Taveira airport joined the trans-island highway, the final piece in a growing puzzle had fallen into place. He should have recognized it earlier.

James Morais's face remained immobile, revealing none of the anger within him. He had learned painfully and well, in a Portuguese prison, that a face that revealed too much invited ridicule from his captors or the unbearable physical abuse of fellow prisoners.

He doubted there were few things of this Earth now that could provoke him to show either joy or sorrow—even the death of his men.

Those thirty-eight were *chu-luc*, his vanguard, trained guerrillas, and skilled in the techniques of political education. They were absolutely essential in the struggle ahead. And now he had twenty-eight. Men too valuable to risk without sure gain.

When the man had finished, Morais dismissed him. "You will be needed again."

"Willingly, *Comandante.*"

James Morais's gaze dropped immediately to the four items that lay on the wide metal table before him.

Hours before he had become oblivious to the metallic hammering of the telex machine in the room across the hall, the incoming requests for information unanswered, since his men had taken the postmaster-general's early in the evening. He had needed it as temporary headquarters.

His eyes rested a moment on the first item, a press release. In a few hours it would be cabled to AP and UPI, Reuters, AAP, Agence France-Presse, the Human Rights Commission of the United Nations, and a select number of newspapers and organizations he could rely upon to become vocal global witnesses to their struggle for liberation.

On the table next to it lay the text of the radio broadcast to the island's people, scheduled for delivery late the next morning. He had no real need of the text. A simple proclamation of the goals and aims of the revolution, the language carefully reworked until the dramatic key phrases were repeated enough to root them firmly in every mind. In the years ahead they would be constantly restated until part of the vocabulary of a growing generation. The radio message was a lesson for schoolchildren, its simplicity, as with all simple things, a product of hours of careful labor.

He reached for the list of objectives next to the text of the radio broadcast, the paper soiled now. Twenty-two targets for annihilation or capture written longhand in his own fine, precise script. Fifteen were check-marked. Of the seven still unfulfilled, he owed at least two failures to the Sembi. They had proven unpredictable; their viciousness in sacking the Hill had made him wary. But using the Sembi had served a dual purpose, one of which was an unwritten twenty-third objective. Their stubborn separateness from the island's people meant that one day they must be dealt with. The thought of their premature decimation disturbed James Morais not the slightest.

Slightly different tactics in the attack upon the army might have accomplished this to a greater degree. He hadn't taken chances. Nor would he. He had concentrated enough forces to win decisively and without compromise. The essential condition.

He reached for the last sheet of paper on his desk and drew it toward him.

A memo to himself, begun only seven hours before, to which he had added items one by one. His eyes moved down the list.

Item: *Chu-luc* dead in attack on army. Rifle missing. Piece of cloth cut from uniform. (?)

Item: Whites escape Hill in bus under fire. Whereabouts. (?)

Item: Three *chu-luc* guarding secondary road killed, mine cluster removed. (?)

Item: Rifle booby-trapped. One dead, one wounded. (?)

Item: Man found in shallow grave near highway, four miles north of São Tome. (?)

Item: Explosives placed at highway culvert, sixteen miles west of São Tome, discovered, defused. Difficult. (?)

Item: Armed men kill Sembi at Sundowner. (?)

Item: Taveira. *Three dead.* Who responsible?

To this he added a ninth item: Ambush, light machine gun. One dead, one missing. Who?

His eyes moved from the items again to his list of objectives.

Seven targets were specific people. The name of the Governor-General was checked, as was the Australian High Commissioner's. The chief of the local constabulary, an islander, was in custody. He would be given indoctrination and released—if not their immediate friend, at least no longer a total enemy. Morais's standing order had been added to: Not a single islander was to be harmed.

A fourth person on the list had been a personal choice, a product of childhood anger. His request had been stubbornly ignored by Santos Rey, a fact noted and remembered.

Around two other names he now drew circles, repeating the motion until his pencil had nearly worn through the paper.

Had their inclusion first been suggested by Liu? He could no longer remember. So many of Liu's suggestions had been offered with a subtlety Morais had admired, even though he trusted Liu only to the point of his value to Morais's cause, without intrusion or danger. Liu had cost him nothing.

They had been introduced two years before by friends in FRELIMO in a small Tanzanian village a few miles north of the Zambesi. In the course of several months, he met Liu again in Dar es Salaam, Bissau, and Tripoli, to discuss a topic of mutual concern: the establishment and maintenance of a liberation movement on the island. Liu had been mildly encouraging, underplaying interest; Morais had returned his mood with distrust. The intelligence services of the Russians, Chinese, and Americans could call on any number of Viets, Koreans, Poles, or black Africans if needed. Morais knew that race must never be confused with allegiance, if such a word were appropriate to men who were no better than mercenaries.

Always he had chosen the time and circumstances of their meetings. Security requirements were stringent. He did not intend to become another Cabral or Mondlane, assassinated by their own naive lack of vigilance. Through every source available, he cross-checked Liu's connections.

He seemed to be what he claimed: a representative of the People's Republic of China with the specific assignment of aiding and encouraging revolutionary organization wherever possible. Liu was of the newer breed, which didn't bludgeon with dogma. In the end Morais gave him measured confidence.

Liu supplied material goods for an initial force of forty men, and the cadre to train them.

The support was extravagant, more than Morais had expected; it had allowed him to plan, without further delay, what had that day become fact.

Morais called his *segundo,* rose, and walked to the large-scale map of the island on one wall. The act of walking full upright gave him a familiar ache low across his spine.

Though his brown fatigues superficially resembled the others, they were carefully tailored and discreetly padded to emphasize breadth of shoulders. The cruelties of prison and a succession of intestinal infections since birth had left him thin, underweight. Antibiotics were the only staple of his diet; he guarded his energy carefully.

Firm self-discipline, fueled by a will to survive that others might have called fanatic, gave James Morais an internal strength against men of greater physical power. It was knowledge in which he took secret pride.

On the map he traced the trans-island highway from the place his men had been ambushed near Taveira back across the island to São Tome. He turned and questioned his *segundo.*

"Along the highway. You've placed the machine gun?"

"*Sim, Comandante.* The men have seen nothing."

"Our objectives in São Tome?"

"Secured, *Comandante.*"

James Morais turned his attention to the heavy black line leading from Taveira north to Porto Vilar. As he did so, his wide, sensuous mouth parted in a slitted smile.

He told his *segundo* his suspicions and conclusions.

"Take six men, lead them yourself. But with care. Take as many Sembi as you can find. Tell Santos Rey I demand it." Animals, it occurred to Morais. But finely bred, highly useful animals.

He turned again to the map. His pencil followed the stretch of highway to Porto Vilar.

"They are there. Destroy them."

PART THREE

Return

chapter 29

They rode in silence, Cooper bent forward over the Chevy steering wheel, blinking at the ribbon of highway ahead leading north.

Locken leaned back, trying to recoup some small reserve of energy. He would expend more of it than he cared to, he knew, to convince the others that the idea that had shaped itself in his mind was their best chance of survival. He could no longer ramrod them. Even Cooper had begun to question, driven by the private demon that seemed at times to have him totally in its grasp. Locken shut his eyes a moment. Pain and tiredness had penetrated bone deep.

In the back seat Mat Enderton sat quietly, Halsey next to him, no longer brooding, his heavy features thoughtful. Locken had wanted Mat with them for a special reason.

Carla Mitchell had been taken firmly in hand by Aggie Enderton and put to work with the children. Their lack of sleep and the scare provided by the shooting at the airport had evolved into a collective, whining restlessness. Halsey had protested but Carla shook her head. "I want to, Del. I want to do something."

Locken could see her now in the pickup truck, the kinky-headed boy of four or five asleep on her lap.

The bus followed the pickup truck, its interior shadowed, apparently devoid of life.

Locken thought of Jan, and the curious stirring in him elicited by the girl. He could not answer why desire was always brought to the surface by threat. The only parallel he could think of were the trees he had seen as a boy in the orchards of California, left to die in the path of land developers, pouring their final energy into a last magnificent blossoming to create life from their own death.

The sea was a few hundred yards to their left now, a fetid smell of organic decay emanating from the mud flats and fringe of mangrove between ocean and highway. A few miles ahead lay Porto Vilar.

Locken directed his question to Reverend Mat. "Where is the sugar mill in relation to the town?"

"This side of it, right off the highway. We'll see it. Closed down now, since the end of the harvest. During the rainy season Porto Vilar's nearly a ghost town." A question was in the hard blue eyes.

"Jan said they bring cane to the mill by train."

Next to him, Cooper, in a perfect demonstration of muscular control, raised a single eyebrow.

"Narrow-gauge railway," replied Reverend Mat. "A main line runs almost to the other side of the island, with a godawful crazy-quilt of spurs going off into the cane."

"Any come close to the airport near São Tome?"

Halsey stirred. "Hey, now . . ."

"Damn close," said Reverend Mat.

"What kind of engines? Diesel, steam?"

"Electric. The CRA has a power plant. Those trains are slow and rickety, Mike, if you're thinking what it sounds like you're thinking."

Del Halsey's great head moved slowly from Locken to Mat Enderton and back again, his busy eyebrows pulling together in a frown.

"How slow?" asked Locken.

"I'm no judge. They've never had any problems with

trains jumping the track. Say five miles an hour, maybe a little faster."

Locken nodded and was silent.

"Okay, smart guy," said Del Halsey. "We're all grown-ups here, so you can lay it straight. What in hell you up to?"

"A little audacity, Halsey."

"Meaning what?"

"Meaning it's time we ran right back to where we started."

"Locken's second principle," said Cooper slowly. "If there's a hard way, take it."

"You've been peeking."

The compound of the Companhia Reducão de Açúcar housed a single, large L-shaped mill building and a half-dozen smaller buildings, all built of corrugated tin siding.

Beyond the building farthest from the highway, Locken saw the parallel rows of open-sided flatcars that would have looked fitting attached to some primitive invention of De Witt Clinton.

Without instruction, Cooper drove through the compound, bringing the caravan to a halt behind the mill, hidden from the highway. Locken checked his watch. Nearly two in the morning.

He stepped from the automobile and gave a series of brief orders, none refused, but accepted, he could tell, with increasing reluctance.

Cooper went off in search of the railway engines and power plant, but not without looking at him and tapping the side of his head. "Jungle rot."

Locken turned without comment, found Gomés, and told him, perhaps too gruffly, to position his men close to the highway.

"Tell them to use their ears. Anything that comes along

the highway, they'll hear before they see. Then join the rest of us."

Bogin caught up with him crossing the mill yard. "Locken?"

Locken turned, saw the gangling figure a few feet behind him, a hesitant finger touching pursed lips.

"Not now, Bogin."

"I wanted you to know something. If we get out of this, I'll help. With your passport, I mean, this harassment business. I've a friend or two in Washington."

"If you had clout, you'd be in Rio or Nice. If hassling me over a passport is the worst thing that ever happens, I'll be lucky."

"I don't understand."

Locken wondered if Bogin's apparent naiveté was an act. "I'll make this quick, Walter, but you remember it. Once upon a time I found out the CIA had wormed its way into the security department I worked for in State, SYOPS, and used it to carry out a few of its dirty tricks." Bogin's face seemed to lengthen. "Now don't tell me you're hearing it for the first time. That the arm of the U.S. government charged with the job of diplomacy is filled to the eyeballs with spooks playing games."

"I'd like not to believe it."

"The people I worked with in SYOPS didn't like it either. Integrity's like virginity, Walter, you've only one of it to lose. SYOPS's job was security, and when they found out about the CIA connections, a lot of good men felt very dirty. I made sure a lot of other people found out, so at least the CIA could never use the organization for cover again. Open one of their closets, Walter, and they don't forget you."

"I didn't know."

"Now you do."

Locken met Jan stepping from the bus, her mouth firm with decision.

Before he could speak she began: "Whatever else is coming, I'm getting these people out of the bus. Walk around, fresh air, do a few other things." Locken's stare must have been appropriately blank, because she added, with just the touch of a grin, "Understand?"

"You and Bogin are responsible. I don't want anyone to wander off."

"Mike, this isn't a carload of beef. That's part of the problem. They need to begin feeling human again, even if it hurts. Walter and I have done all the pep-talking we can."

Aggie Enderton came up next to them, providing such a morale booster so obvious that Locken hadn't thought of it.

"We've a little food, Mr. Locken. Hallaby's, mainly, and some tinned mackerel, a few sweets. I think Miss Mitchell and I can squeeze together a meal. It won't be much."

Jan said, "Whatever it is will be memorable, Mrs. Enderton, and much appreciated." She turned to Locken. "See? The feminine touch. You men never know it when you need it most."

He left her without comment, turning his back on a knowing smile that seemed intent on reminding him how long it had been since he'd been with a woman.

He turned and walked toward the small group that watched him approach, the expression of each a silent question.

chapter 30

When Locken explained his intention, their reaction was much as he'd anticipated.

"You're out of your cotton-picking head," said Del Halsey. Walter Bogin's jaw hung slack.

Even Mat Enderton looked at Locken with frank skepticism. Sergeant Gomés made a curious shake of his head, as though unsure he had understood the words correctly.

"You intend for all of us"—Gomés gestured toward the bus, the pickup truck—"to return to São Tome?"

"Not São Tome exactly," said Locken. "To the airport, the AIRSAT Avro we wanted originally. We'll recross the island by train."

"But the pilots were killed," said Bogin.

"He intends to fly it himself," said Del Halsey. "Take lessons in the next couple of hours. Wonder boy."

"There's a pilot on this island who can do it."

"Jack Mann," said Mat Enderton. His head began to shake.

"Look, Jan led us out of the Zona Sur to the airport using back roads, three, maybe four miles. There's no reason why I can't go back in the same way. Jan will know where Mann lives, and he seemed sure enough he'd stay out of harm's way. It's not the long shot it sounds."

"You're not getting bets out of me," said Halsey.

"Mike, I don't know much about airplanes," said Mat Enderton. "But Jack Mann hid inside of a bottle for eight years because of that plane he crashed."

"Crashed," said Halsey. "You gotta be kidding."

Locken answered Reverend Mat. "To fly for AIRSAT, Mann must have had thousands of hours in the air. The knowledge is in him."

"And the will?" countered Mat Enderton.

Locken thought of the flicker of self-respect he had sensed in Jack Mann. He was knowingly going against one of the principles of his own survival. He was betting on a feeling. "I can't tell, Mat. Not until I find him."

"Locken, I got to admit something to you." The humility in Halsey's voice was unexpected. Locken waited. "Back there at the Sundowner. I've been thinking about that. I think you did the right thing. And we all know you've been trying like hell to keep us alive." His bearlike frame leaned forward. "But this idea stacks too many risks end to end, and ain't a bad way to put yourself in a casket besides." He tapped his chest. "Try my way, just once. Try to bargain with Morais."

"If I thought it would work, we'd have tried long ago. One essential point, Halsey. You haven't got a thing to bargain with. You've nothing Morais wants except that skin you're wearing."

Halsey grinned, unoffended, shifting his argument to what Locken suspected was his intention all along. "Then let's sit tight. Right here. Sooner or later help will arrive, and we'll be here to greet it." He glanced around for support. "Check?"

"And where will the troops land?" asked Locken.

Halsey shrugged. "Hell, I don't know. Taveira, I guess."

"A few hours from now that strip won't be in shape to land a model airplane. Morais will mine it, or trench it, or move equipment onto it."

"He can do the same to the one near São Tome."

"If he had time, maybe. It's too short to land long-range aircraft, and Morais knows it."

Halsey's tone turned defensive, his face reddening with anger. "What about the U.S. government? The whatever-it-is fleet? Helicopters, that sort of stuff?"

Locken replied evenly. "My guess is nobody beyond this island knows what's happened here. One mystified report from the pilot of that commercial jet. By the time someone has answers, we won't be alive. We don't have enough food or ammunition to stay put. One chance. Stay ahead of Morais, and hope we outguess him."

Walter Bogin cleared his throat. "I totally agree."

The conviction in his voice caught the attention of everyone. Halsey focused his anger on Bogin, the tall, drooping man looking pale and vulnerable.

"What do you know about it?"

Bogin replied, unflustered. "A good deal, as it turns out." He looked at his wrist. "It is eight Monday morning in Washington. Lord knows, we're a more efficient bureaucracy than most, but even with hard information, there'll be delays. This isn't Israel or Brazil, you know. Even in State not one person in ten could pinpoint this island within a thousand miles."

"So what are you telling me?" said Halsey, all attempt at tact gone.

"Not to expect Marines with your breakfast," Bogin said with a sting. "If we've a chance to help ourselves, we'd best take it." Bogin's eyes brushed past Locken's steady gaze.

"And use this Disneyland railway." Halsey waved his hand toward the railway cars.

"The highway is out," said Locken. "If Morais had a hunch about our existence, what happened at Taveira confirmed it. We're also responsible for the death of some of his men. Morais wants us. Just hope he pieces together the obvious, guesses we've gone north, and sends everyone he can spare after us. Our returning to São Tome ought to be the last thing he thinks of."

"You ever thought of selling condominiums? You'd make yourself a bundle."

At that moment, Cooper rounded the corner of a building. Locken could see his face, tension-drawn.

Even before be beckoned, Locken was running, the others following behind.

"The engines?"

"Have our pick, but it's no go, Mike."

Cooper led them quickly to a small building vented by hooded exhaust pipes. He threw open the door. "Take a look."

In the dim light of a kerosene lantern, Locken could see the boxy pair of diesel engines. He shut his eyes, refusing to give in to the feeling of despair the sight thrust upon him.

The crowbar used to batter the two engines leaned against one wall, bits and pieces of metal debris and miscellany of tools and gaskets littering the floor.

"Well, wonder boy," said Halsey. "Come up with an answer for this one."

chapter 31

The barest change in Locken's eyes gave Rafus Cooper warning. He had come to know the small changes.

Locken's gaze seemed stupid on the pieces of broken machinery, oblivious to the viciousness in Del Halsey's voice.

Then Locken moved as though a spring uncoiling. But, ready, anticipating, Cooper leaped forward, barring with his assault rifle the thrust of Locken's body toward Halsey. "It's too easy, Mike. Be no fun at all."

For a taut second, he thought Locken might use the Ingram, his eyes, rage-blinded, staring through him to Halsey. Then Locken stepped back and looked at the others.

"Get him out of my sight. All of you get out."

The door of the shed slammed behind them, leaving Locken alone inside.

Cooper watched Reverend Mat, Bogin, and Gomés avert their gaze from one another, silent and embarrassed by what they had witnessed. Even more than the wrecked diesels, Locken's loss of control spread defeat among them like a virus, and they shuffled away separately.

Cooper caught Halsey's arm, noting the satisfied grin. "You been trying to get to him, Halsey. You made it. Big man."

"Cheap thrills. I love 'em. You want a thank-you, you got it."

"All I want is you to stop being the pimple on the ass of this expedition. Next time, I won't be around. Or maybe in line behind Locken for seconds."

"Is that a threat?"

"I don't threaten." Cooper watched him, silent.

Halsey's face grew ugly. "There won't be a next time, you better believe it."

But Cooper had already swung from him, walking back to the door of the generator shed. Inside, he could hear Locken pacing in long, slow strides around the room.

Ten minutes later the door opened.

"Get Vicory," said Locken.

"Who?"

"Vicory. Tell Jan. She'll know."

Every angle of the broad, sloped shoulders, the lines of his stolid face, signaled Vicory's defeat. The big Australian's bulk filled the doorway of the generator shed, without even the confidence to cross the threshold.

The thought that their chances depended upon this beaten man renewed Locken's determination. He had to try.

"You drove Matildas, Vicory. You told me that."

The man nodded.

"Diesel-powered, weren't they?"

A smile flickered. "Diesel-bloody-underpowered."

"In the desert. You did your own maintenance?"

"Not by choice."

"But you know diesel engines."

Vicory's eyes slipped past him to the battered machinery. "A long time ago."

"Listen, Vicory. I don't know much about diesel engines. But neither did the person who tried to take these apart. Grenades first, and when that didn't work they used a crowbar and pried and battered anything that stuck out. There's tools here, a few spare parts."

Vicory stared at the two great engines as though they were a pair of dangerous animals.

Locken went on. "The generators these engines drive are beyond that partition, undamaged, I think. I know just enough about electricity to have figured one thing out. They're rigged parallel, not in series. You understand?"

Vicory nodded. "You need only one working."

"*We,* Vicory. One engine, one generator. And not even on full power. We're not running the whole fleet of trains, just one. We need a chance, Vicory. You can give it to us."

The lined features registered little comprehension. Before coming to some decision, he nodded. He stepped forward and circled the closest diesel, then the second. "Might cannibalize one, if the other's no worse than it looks." He ran a hand almost fondly along the side of the engine and without looking up said, "I'll have a go. That's all I can do."

"Ammo count, Rafe?"

"About five hundred rounds for the two, Chicoms. Seventy-seven in total for the Carbines. Six thirty-round clips left for the Bren. You've still got Ingram."

"Three clips, ninety-six rounds."

"Won't win many small wars," sighed Cooper.

"Not many. Take the spare Chicom and check out one of Gomés's boys with it, and quit looking like you're selling your sister."

"It shows, does it?"

"Give all the Carbine ammo to the other. With the few rounds left for the Bren, two automatic rifles working might be handier."

"Is that supposed to be a sign of optimism?"

"Slice it anyway it tastes good."

Cooper managed a grin. A moment before, Locken had seen the tremor shake Rafe's body.

"What about them?" Cooper gestured toward the bus.

After their silent acceptance of food, most of the Hill's refugees had wandered back to the bus, somnolent, returning to the single thing in their lives that had become familiar.

The small Frenchman, Gireau, had plunked down at the side of the bus, head forward on pulled-up knees, his jacket with the rosette in the lapel hanging shapeless and loose.

"Let them sleep while they can," said Locken.

"Now what?" asked Cooper.

"One errand, then hopefully the same for me. Try sleeping yourself sometime."

"It might make me feel too good."

The deep roar of an engine out of control woke him. In the darkness he could feel the girl next to him.

She had followed, he guessed, as he had gone in search of the dispatcher's office. He had found it near the engine shed and broken the door open easily.

What he was looking for was tacked onto a piece of plywood on one wall: a yellowed map of the island, with a schematic diagram of the rail lines superimposed over it.

He tore it loose, folded it, and put it into his pocket. Then he found the basin and tap. He let water run until it ran clean, and bathed his face in its coolness. From the sagging narrow bed in one corner, he pulled the mattress onto the floor and lay upon it, stretching out.

His eyes stared at the dark ceiling, knowing that for the moment he could do nothing, not until Vicory had had his chance. The door opened then, the unmistakable outline of Jan etched a moment against night sky before she closed the door behind her.

He remained silent when she seated herself on the floor next to him, any expression her face might have revealed hidden in darkness.

Without speaking she spread her hands out, resting them on his chest, fingers splayed, as if drawing strength from him by the solitary act of touching. Touch could be more truthful than the endless strictures and deceptions played by words. To Locken Jan's hands upon him disclosed both her strength and the need born of emotional unsureness brought by a day that had been without the conventions and rules of existence as she had known them.

Cool, hesitant fingers searched his face, moved along his body, pressing, inquiring, molding themselves against the heavy muscles of his thighs, drawing his tension away and at the same time reaffirming, it seemed, something the girl had been desperately afraid of losing.

Then a hand went beneath his clothing, drawing an involuntary spasm from the muscles across his stomach.

A finger found the scar, paused, then traced its length with something more than curiosity. He felt himself swell against her. She hesitated again, for no more than a second, before her other hand loosened his clothing, freeing his stiffening penis. She encircled him as he reached up, searching until he found the hardening nipple beneath her tee shirt.

"No, Mike. There'll be time for me. It may take time."

She bent forward then, quickly, the hotness of her mouth stifling any answer he might have made. Her hands stayed around him, caressing, her lips moving with a sudden hunger that brought heightened sensation, obscuring all but their point of contact.

The release was sharp, a long convulsive orgasm that drew his brain down, draining it from him.

She put her head against him as he softened, still touching, and he thought he heard her say the words "Pine needles."

Sleep was taking him when she asked the question. "Your birthday?" When he told her, she said, "A Leo. I knew it. You're a taker." She ran a gentle hand across his forehead. "You'll win, Mike, but you're going to take something from all of us to do it."

Sleep, pulling him down in a sequence of muscular twitches, each shedding a layer of fatigue from his mind and body.

He woke when he felt the girl move up against him, buttocks toward him so that their bodies conformed like a pair of spoons. She felt him stir, hesitated, and pressed back with her hips, the sound of her breath deepening. His arms circled her, hands exploring roughly but with sure knowledge.

"What are you doing?"

"You know."

Just before they joined, Locken forcing deeply with a desperation that caught the girl and brought her with him, exceeding him, she said one thing: "Taker."

Blackness, and then the scund of the engine.

By the time he reached the shed, the roar of the diesel engine had risen, coughed, and died.

Vicory stared at the brown ooze dripping from a lateral rupture high on one engine.

He turned to Locken, shaking his head, the beaten look again in his eyes. "It's no good."

Locken refused to let himself believe it. "What happened?"

"This engine didn't look so bad. Took the injection system, Rootes blower, half-dozen rocker arms off the other. The block was cracked. When I ran it up, she blew." Vicory turned, pounding his fist into his thigh.

"Did you get current from the generator?"

His head dipped in acknowledgment. "But we've nothing to drive it. You understand? I couldn't do it." His hands flexed in helplessness. Then he stopped dead still.

He straightened suddenly and pushed past Locken, flinging open the shed door and stepping out into the night.

Locken went after him and found him stopped a few feet from the door. He was staring at the bus.

"Damn." Vicory's exclamation was no more than a whisper.

Locken saw the intenseness in Vicory's eyes and understood. "You think you can rig the bus engine to one of the generators?"

"Never have time to get it out of the bus and set in. Problem enough with cooling and alignment, but it's possible." Vicory ran a hand along his chin.

Halsey was there now, his face bloated with sleep. He avoided looking directly at Locken, but Locken saw the grin, and felt his anger rise.

Gomés and his two men arrived on the run, one cradling the assault rifle. They stared from the bus to Locken to Vicory, not fully comprehending what was happening.

Locken's question to Gomés was sharp. "Who's watching the highway?"

"Your friend, the *prêto*."

Vicory's eyes had new life. "Might be able to rig off the axle or drive shaft. Use the differential, pieces of tire for a coupling." He turned to Locken. "Vibration's the problem. A few mils out of alignment and she'll rip herself to pieces."

Locken looked at the shed. "We'll have to tear loose some of that siding, enough to back in the bus, and wrestle one of those engines off its mount."

For once, Halsey joined in their optimism, grasping Vicory's idea immediately. He stepped forward. "Hell, I could'a done that while you been jawing." He grabbed one of Gomés's surprised soldiers by the arm and pulled him off toward the generator shed. "You just get that bus over here."

Locken looked toward the bus, then east. The first parallel strands of orange indicated a false dawn. He glanced at his watch; almost four thirty.

Gomés stood next to him, waiting dutifully for orders. "Help Reverend Mat and Bogin get the people off the bus. Then you and your men find some containers, something to hold water. We'll need forty or fifty gallons."

Gomés stared off toward the dawn. "It will be very hot, no?"

Vicory turned, and for a moment the uncertainty was in his eyes. "I didn't say I could do it for sure."

"You'll do it," said Locken.

chapter 32

Locken found Cooper near the highway, lying on his stomach hugging the rifle.

He spoke before Locken reached him.

"These ears hear the whole earth. Heard you coming while you were still thinking about it. I am Superman."

"At the moment I'll bet you are."

Cooper opened both eyes and gave a small, bitter laugh. "You've known a while, haven't you, Mike?"

"About the junk you've been taking?"

Cooper nodded in a reply.

Locken said, "A while."

"A nasty habit," murmured Cooper. "A big, nasty habit." Cooper patted his ammunition pouch. "No back-alley rigs for old Rafus. Everything neat, sanitary, and disposable. Only a couple of essential ingredients missing."

"What are you on?"

"Finest Chinese scag procurable by man or beast. When I got work to do, dollies."

"Dolophine?"

"Dolophine, methadone, let's just call it an empty bottle." He held up a small brown medicine bottle and shook it without sound. "Had a little stockpile. But events been putting heavy demand on old Rafe's supply."

"Getting it through the diplomatic pouch?" There was little question in Locken's voice.

"You don't miss a thing."

"I didn't miss the look on your face tonight when that airplane left us. Who sends it?"

Cooper's eyes slid away deliberately. "I got a friend. Or had one." He whirled the empty bottle away into the darkness.

"How long are you good for?"

"A few hours. Maybe. I got a real hunger."

"It's not enough. If Vicory gets things running, it will take that long to cross the island. It could be tomorrow night before I find Jack Mann and we can get out."

"You and I both know how long the odds are on that. Admit it." Locken said nothing. Cooper bent toward him, extending a confiding hand. "We could have got out of this clean, you and me. Taken off to the hills and waited. Or gone after Morais. We are a fighting machine. We could have lasted."

"Until the dope ran out."

Cooper sat back, staring into the darkness. "Only the ramblings of a nicely mellowed junkie. You wouldn't have cut and run anyway."

"Neither would you."

Cooper looked at him sideways. "Tell me why, Daddy."

"Because you're a pro, and a good one. Whatever is going on in that head of yours doesn't matter. The job does."

Cooper stared at him. "You were born in the wrong century." He pulled in a tired breath and shut his eyes. "Hang with me, brother. You're going to have one badass nigger on your hands a couple hours from now."

"I'll be around."

It took nearly two hours until Vicory, aided with surprising willingness by Del Halsey, dismantled the heavy rear axle of the bus and successfully coupled the drive shaft to the drive train of a generator.

The shirt on Vicory's back stuck to him with perspiration as he signaled Halsey to start the engine. Running and in gear, Vicory waved for more accelerator until the ammeter on the generator control panel indicated a level of power high enough to suit him.

He then jammed the accelerator linkage, filled the bus's fuel tank, and nodded to himself as the jury-rigged motor-generator settled down to a steady, vibration-free hum.

"Now, if the bloody thing stays together." Vicory's slim smile to Locken indicated very clearly he thought it would.

"Ever drive a train?" Locken asked him.

Another quarter of an hour and they were ready.

Two of the diminutive flatbed railway cars were run out by hand ahead of the train's engine, the first as a dummy intended to strike any mine or loosened rail. The second would carry either Locken or Cooper, alternating as lookouts.

Locken took Cooper aside, noting the withdrawal symptoms surely coming were as yet absent.

"Rafe, if you were Morais's men, or Sembi, and this train caught you by surprise, how would you take it?"

Cooper looked thoughtful. "Hide, let the first two cars go past, then pot the engineer and work on the engine."

"Have both of Gomés's boys ride shotgun in the cab with Vicory. Let them know what to expect. Take some of the metal siding they ripped off the shed, and see if you can give the cab some protection."

The additional four flatcars were attached behind the engine, the Hill's refugees and the nine Enderton children divided among the first three.

Halsey, Carla Mitchell, and Aggie Enderton were given responsibility for the first car, Locken again noting Halsey's eager complicity.

Walter Bogin and Jan took charge of the second flatcar. Bogin's face was drawn and sagging, but his suit had miraculously survived the night with its press intact, as though he hadn't slept in it at all. Bogin looked close to impressive.

Locken hadn't been near the girl since he had left the dispatcher's hut. He tried now to put any thought of the momentary closeness from his mind. Jan sensed the necessity of it and made it clear by her businesslike reaction to his orders.

He and Cooper loaded the two wounded aboard the third flatcar with Reverend Mat. The man shot in the stomach, pale and dry-lipped, was wrapped in a coarse gray blanket. He was beginning to moan.

"I expect he'll get worse soon," said Mat Enderton. "I've got morphine, thank heaven." He patted his black medical bag, and looked with concern at Locken and Cooper. "You two all right?"

"Dandy," said Locken.

"A pair to draw to," said Cooper, his voice entirely without spirit.

Gomés and his men had already loaded a large drum of water aboard each flatcar.

Without instruction, Gomés hefted the Bren onto the final car of the train. He climbed up behind it, the last of the ammunition slung over his shoulder in a canvas vest. He smiled at Locken, which did little to change the sad eyes. "A fine place for the Bren, no? A greater range, this weapon."

"And the least amount of ammunition."

"From here, I can fire forward and also protect the behind."

"The behind is very important," said Cooper.

"On single fire I am very accurate."

"Have to shoot about twenty miles," said Cooper, "to

give us the kind of protection we'll need." He was looking at the generator shed.

"I know," said Locken. Gomés frowned. "He means that's where we're vulnerable. If Morais's men find the generator too soon, one good whack and this train comes to a stop in the middle of nowhere."

"Then we must protect it," said Gomés.

"To do it right, we'd need every gun. Which would leave an unguarded train, and no one to help on the other end." Locken shook his head. "We'll chance it. They'll come slow and careful. They won't want to pass us, or get ambushed. They may not find the generator at all."

The corner of Cooper's mouth flickered in doubt, and he looked toward the ready train.

The sky west of them changed from blue to bright orange, darkness lifting. Vicory tentatively pushed the engine throttle forward, followed by the immediate sequence of metallic clatter as a half-dozen steel couplings tightened. He eased the throttle forward again and the train crept ahead.

In one hand, Vicory held the map Locken had given him. On it was the additional black "X" Mat Enderton had marked to signify the exact location of São Tome's small airport. One of the spur lines almost touched it.

During the first hour Locken rode in the car behind the engine, watching the children chew happily on pieces of sugar cane given them by Carla Mitchell.

"Her idea," Aggie Enderton told him. "She went out and picked up a whole sack full from odd bits of cane lying around the mill yard." Aggie Enderton's eyes widened, full of unexpected innocence. "You couldn't guess how she made a living before taking up with that Halsey character."

From the opposite end of the car, Halsey watched them,

grinning as though the possessor of some smug secret. Locken didn't like it.

"The clergy is only the world's second-oldest profession, Aggie."

"There's a good deal more to her, Mr. Locken. Maybe to him, too," she said, referring to Halsey.

"Maybe."

A few minutes later, two cars back he saw Mat Enderton wave, pointing suddenly toward the rear of the train.

Alarm jolted Locken's momentary complacency. He heeled the clip firmly into the Ingram and climbed past the uncaring faces of the refugees, ignoring inquiring looks from Jan and Walter Bogin.

Reaching the third car, he heard the wounded man's moan alternate with a pained animal howl.

"What's wrong, Mat?"

"For openers, you can take a look back there."

The train was moving at a good five miles per hour, the best they could hope for, Locken guessed. In the past hour they had left the flat coastal margin behind, climbing a slight gradient toward the island's interior. The CRA mill was lost in morning haze.

"I don't see a thing."

"You bet you don't. Especially in the railway car behind this one."

Locken lowered his angle of vision. The car's flatbed was empty.

Sergeant Gomés and the Bren gun were gone.

Mat Enderton's question broke the silence. "Where did he go?"

Locken didn't answer immediately. "Nowhere. He stayed behind to guard the generator and buy us some extra time."

"We can't leave him, Mike. We'll have to go back."

Locken thought of the sad-faced sergeant, the distance back to the mill, and what lay ahead of them. The heat of the day was already hot on his neck, perspiration beginning to roll down his stomach inside his shirt.

Finally he shook his head. He avoided Mat Enderton's eyes and went forward to relieve Cooper in the lead car. For the moment he wanted to be alone.

chapter 33

James Morais was pleased.

To his *segundo,* who knew the face as well as his own, the pleasure was obvious, conveyed by the slight relaxation in the lines of perpetual thought ridging James Morais's forehead. Even in receipt of good news, he never allowed himself the vanity of a full smile.

"A weapon was captured?"

"*Sim, Comandante.* A Bren, caliber seven point sixty-two." The fatigues of his *segundo* were darkened by perspiration. He had returned ahead of the others by Jeep to make a personal report.

"Ammunition?" The man shook his head. "And we lost no one."

"None, *Comandante.* A few Sembi."

James Morais nodded matter-of-factly and looked toward the map of the island on the wall. "What of those we pursue?"

"We found only one. An army sergeant."

"Interrogated?"

His *segundo* again shook his head. "Santos Rey reached him first." He drew a finger sharply across his own throat.

At this, the ridges on Morais's forehead deepened. His *segundo* continued. "The others used a sugar train to escape from Porto Vilar."

He told of finding an electrical generator at the CRA

mill less than an hour before, operating by means of a makeshift coupling to the drive shaft of a municipal bus.

"Quite ingenious," said Morais. His voice held no admiration whatsoever.

"The apparatus was destroyed," said his *segundo*. "The Sembi are tracking the others, Santos Rey leading them."

Morais looked up sharply. "You gave the order?"

"I gave no order." His *segundo*'s almond-shaped eyes were direct. "Rey no longer takes orders."

"Yes," said Morais. After a moment, his gaze narrowed on the map.

It was now eleven o'clock in the morning. How far had they gone before the train, without power, halted? Using various spurs of track, it was possible to recross the entire island. But to what end?

He knew that at this time of year, without the cooling trade winds, the midday heat on the plain could be literally killing. Why would they hazard such risks?

He pondered in silence. If they did succeed in recrossing the island, the tactic would have little purpose beyond the unexpected. The wind of the west, suddenly blowing from the east, as Liu no doubt would have observed. He knew now with painful certainty there were those among the fleeing whites quite capable of the unexpected.

He could better have understood the dispatch of a small suicide team intent on assassinating himself. For that he had prepared. How many were out there? Several score? They must know they were beaten, that only a short time remained before they were caught, encircled and dealt with. The knowledge was assuredly at that second sowing terror among them.

Morais wondered.

He stood and walked stiffly toward the map. A long finger slid across the island from Porto Vilar to São Tome. He turned to his *segundo*.

"The two pilots for AIRSAT. They were among the dead?"

His *segundo* nodded. "I am certain, *Comandante.*" He patted the pistol at his belt.

Affirmation from this man was enough.

"Tell me the disposition of our men." As his *segundo* spoke, ticking off their assignments on his fingers, the information served to stir his thoughts.

"Three remain at Taveira, one monitoring the radio, the others carrying out demolitions."

The thought of the UTA flight escaping his trap the night before still enraged him. The aircraft's capture would have insured attention by the world's press.

He considered now how, with the aircraft's reporting of the incident and the radio broadcast made from the adjoining room an hour before to the island's people, the advantage of time was shrinking. The radio broadcast would, no doubt, be monitored by the powerful radio equipment of the U.S. Government's National Security Agency. Liu had said their equipment was capable of listening to the radio transmissions of Soviet tank commanders on exercises within the Soviet Union.

Morais looked at his *segundo.* "We cannot expect the world to sleep much longer."

"My six *chu-luc* are returning from Porto Vilar by truck. They will bring the three manning the machine gun covering the highway."

That left him with sixteen men at hand. The thought gave Morais a sudden spasm of fear, the same unreasonable dread that often woke him in the early morning hours covered with perspiration. He had always feared physical vulnerability, and he was thankful at that moment for the thick walls of the postmaster-general's solidly constructed building. As always, his personal guard of four *chu-luc* was near him.

The fear lasted only a few seconds, suppressed as always by force of will and concentration on the immediate problem.

James Morais continued to stare at the map, his certainty increasing. Then he gave his command.

"Take all the men here but my guard. Proceed to São Tome airport. There is a single aircraft there, a light transport capable, I suspect, of allowing our frightened ones to escape. Take enough explosives with you to destroy it."

His *segundo* frowned. The aircraft was valuable. An item due for either ransom or barter. They had discussed its uses before.

Morais explained the rest of it quickly, watched his *segundo* turn and go, then returned to his desk.

He made two additions to the press release, handed it to one of his personal guards, and told him to send it.

chapter 34

At precisely ten in the morning, Locken saw Reverend Mat beckon to him from the back of the train, holding aloft and pointing to his small transistor radio.

"You awake, Rafe?"

Prone on the bed of the flatcar next to him, Cooper blinked, eyelids grown thick. "You think I'd miss this scenery?"

Twice in the past hour he'd filled a bottle of water from one of the drums, collected by Gomés, drawing on it frequently.

Cooper's now-apparent torment angered Locken.

His trust of Cooper at the beginning had been measured, played out in greater quantity as confidence had grown. Four separate times they had faced death together and survived by a total reliance upon each other. It had created a bond between them, a reluctant bond of men with only a skill in common, but one that had transcended trust or friendship.

And now, with the symptoms of withdrawal, Cooper's judgment and skill would suffer. How much he didn't know. Enough to kill either or both of them? Locken wondered.

He stepped from the flatcar and watched the train crawl past.

As the cab of the engine moved by, Vicory gave him an exasperated shake of his head.

In the three hours since leaving the mill, speed had slowed. Imperceptibly at first, then, as distance from their power source increased, unmistakably. They moved little faster now than a man could walk, three miles per hour, Locken estimated, and still climbing.

On either side of Vicory the two young soldiers stared at him with a new boldness, their dark eyes filled with resentment and anger.

The news of his refusal to return for Sergeant Gomés had reached their ears, as it had the others'.

As the flatcars passed, even Carla and Aggie Enderton looked at him, their faces revealing the same unspoken question. What else was this man capable of? Leaving Gomés hadn't corresponded to the man that each in different circumstances thought she knew. Nothing undermined a woman's trust of herself more than instincts that failed her.

He swung aboard the flatcar up next to Reverend Mat, in time to hear from the radio a reedy voice exhort the islanders to prepare for "a magnificent struggle," and the word *vencerémos*: "we will win."

There was a metallic click, then silence.

"He's captured the postmaster-general's," said Mat Enderton. "The radio station and the cable office are both in the PMG's." He looked at Locken steadily, his face grizzled with a stubble of beard. "He started out by promising death to the remaining whites—us, I expect."

"He's certain we're around, then." Locken looked back along the track.

Mat Enderton smiled a boyish grin. "He has to find us first."

But the very moment he said it, the low electric hum from the engine, the only constant sound in their transit of the island, ceased.

The train lost momentum immediately, slowed, stopped,

and then, in a sickening new motion, began to roll backward, gaining speed, racing back along the track they had so laboriously climbed minutes before.

Ahead he saw Vicory's face freeze, uncomprehending, before he caught himself and whirled toward the large circular wheel behind him on the engineer's platform.

Locken was already reaching for the similar wheel at one end of the flatcar, a primitive manual handbrake. He caught a glimpse of Walter Bogin hesitate, then follow his lead. In the flatcar immediately behind the engine, Halsey was already wrestling the handbrake around, his short, stocky legs braced apart.

With a screech of metal upon metal that seemed interminable, the train slowed and came to a complete stop. The silence that followed was broken only by the agonized cry of the wounded man.

"Where are we exactly, Mat?"

They stood next to the train, looking at the map Vicory had spread on the ground. The full significance of the termination of power had finally struck them all. Gomés was likely dead. The conclusion that Morais or the Sembi were now in pursuit was inescapable.

Mat Enderton looked off toward the mountains, then ahead. He put his finger down in the almost direct center of the island.

"Is that all we've come," groaned Halsey. "For chrissake!"

His massive head pushed toward Locken in accusation, but he said nothing.

Locken turned his attention to the map, to the dark lines representing the narrow-gauge track of the sugar railway.

They were still on the main line, heading for the first essential spur east of them. From that spur line, still another branched south toward the airport. Using a twig and the linear scale at the bottom of the map, Locken roughed the distance. Less than a mile to the first spur, almost ten miles to their destination.

He straightened, the people watching blankly from the flatcars. If he could have driven them, forced them to move, it would still have taken a day to cover the distance on foot.

"Well, Mike, someone has to ask it," said Reverend Mat. "What next?"

"I don't know."

Locken turned and walked away from them and the train. His eyes swept across a horizon blurred by waves of heat, finally surveying a full 360 degrees.

The interior of the island was as barren as man could make it, the original vegetation cleared to plant sugar cane. Only weeks before the cane had been burned and harvested, leaving now an ugly, furrowed landscape, without cover. To the north loomed the mountains. Beneath their domination the train looked forlorn and pitifully insignificant.

Locken saw Cooper walk slowly back to the train. He climbed to the top of the engine with an economy of movement intended to conserve strength. Shading his eyes against the glare of the sun, he looked back along the track.

"Well?" Halsey shouted. "Why don't we just let off the brakes and roll back to Porto Vilar? No dumber than frying out here." Below Halsey's frustration, Locken detected the first note of fear.

Something in the remark pricked at him.

Locken looked back along the track, the slight gradient they had climbed since Porto Vilar apparent in the slope of the tracks before they lost themselves in the distance.

He frowned, looked again past the train toward the *serra*. He walked back to the group and studied the map.

"It's been all uphill."

"You bet your sweet ass," said Halsey.

Locken turned to Reverend Mat. "Why, Mat? Why have we been climbing since Porto Vilar?"

The older man's eyes steadied, trying to anticipate Locken's line of thought.

"This whole plain is alluvial, built from material washed down from the *serra* by rain. Pretty much a continuous slope from the mountains to the sea, with some gulleys here and there."

Locken listened, then spoke again. "According to the map, we've been moving parallel to the mountains. If that's so, we should have crossed the plain at a constant altitude, like a contour line on a topographic map, without the climb."

Vicory understood and nodded. Walter Bogin laid a finger along his cheek, befuddled.

"We haven't been moving parallel," said Mat. "Not quite. Whoever drew the rail lines over this map did it for their own purposes and made it nice and geometric. Actually, the main rail line angles a bit up the slope, more diagonal across the plain than parallel."

"Then the spurs leading off the main line to the south of us, toward São Tome, ought to be on the down slope."

Halsey was the first to comprehend. "Christ, I get it," relief in his voice. "If we can get this train on to one of those spurs, gravity will do the rest. We'll coast home."

"It has to be the right spur," said Locken. "The only stretch of track that puts us near the airport is the one branching off the spur line almost a mile ahead."

Heads turned in unison in the direction Locken pointed. The track sloped upward.

"Mr. Locken," began Vicory cautiously. "That electric engine weighs three, maybe four tons. Add the weight of the cars to it . . ."

Walter Bogin's head began a slow shake.

"The cars are light enough to push by hand," said Locken. "We did it back at the mill."

"But the engine?"

"We dump it. Get it off the track somehow. Then we push."

From the top of the engine, a snap of Cooper's fingers attracted his attention. Cooper pronged the air with a pointed finger, back along the track.

"What do you see?"

"Sunlight off metal a couple of minutes back. People now. People, or a horde of big black ants."

"How far, Rafe?"

"Two miles, maybe a little more." He leaned, squinting, then made a slight move of his head in amazement. "Jesus, they are really coming."

The engine would not budge. The eight men tried, shoulders and arms outstretched, bodies leaning to apply maximum weight to their push. Near exhaustion, the effort without effect drained away strength with surprising quickness.

Then Jan was there next to Locken, with Carla and Aggie Enderton adding their strength. Still the engine sat firm and unmoving on the tracks.

"For chrissakes," swore Halsey.

"Oh, please," said Carla.

From the flatcars behind, the others watched, dull eyes uncomprehending.

"We need something to pry with," grunted Halsey. "Something to lever this piece of iron."

"That's not what we need," said Vicory. "That's not it."

His fists flexed in anger, and he turned to face those in the flatcars behind them. "You," he shouted. "All of you, men, women, everyone. Come on."

No one appeared to hear him, their faces not even bothering to turn away.

Vicory yelled again. "Dead and gone. Those people back there. Dead, and my wife among them. Forget them."

The Endertons' children sat immobile with fright. The Sembi were visible now, following the rail lines in a rapid jog two miles distant.

Vicory moved off along the train in angry strides, stopping when he came to the small huddled figure of the Frenchman, Gireau.

"We can do it, can't we, Claude?"

The little man's head came up, but his eyes dropped away. Vicory didn't move.

Locken sensed that Vicory, better than any of them, had grasped the temper of the Hill's refugees. He had focused on Gireau, the one who had suffered and rebuilt, only to have his life again crumble, the one who had lost the most.

"Tell them, Claude," said Vicory. "Tell them it's possible to start again."

The little man would not look up, seeming to pull more deeply into his outsized jacket.

Vicory's fists flexed, and for a moment Locken thought he would strike out at the frail man before him. He took a step and grabbed the lapel of Gireau's jacket and thrust the small rosette of the Légion d'Honneur beneath the man's frozen gaze.

"Then show 'em they didn't give this bloody thing out by mistake."

Gireau's head came up, and he leaped to his feet. He stared down at Vicory from the bed of the flatcar, tears of anger welling in his eyes.

He turned from Vicory sharply, removed his jacket, laying it carefully on the bed of the flatcar before he turned again. This time his challenge was no longer to Vicory.

He looked at the others around him, refused Vicory's extended hand, and stepped to the ground. Faces turned with Gireau as he walked past, his narrow shoulders braced.

Then, one by one, the others followed. Hands, shoulders, and backs strained in unison against the dead weight. The engine lifted, balanced on its left-side wheels, then toppled from the track.

chapter 35

"I'll go," said Cooper. "It's just my kind of fun."

"Not this time, Rafe," Locken replied, shaking his head. He turned to watch the last of the people dismount from the flatcars.

Four hours before, Vicory had thrown his weight behind the rusted manual switch, the flatcars snaking onto the spur with the Sembi in pursuit less than a quarter of a mile behind them.

Locken had felt the hushed terror, the horrified fascination, as for the second time in twenty-four hours the people aboard the flatcars saw death a few hundred yards distant, perhaps a moment away in time. Cooper rammed a fresh clip into the assault rifle, judging range.

Then, responding to gravity, the cars gained speed, the distance stretching, until the massive staying power of the strongest Sembi faded and they were left behind.

Cooper had raised his weapon at a forty-five-degree angle, but dropped it to fire a short, parting burst that struck yards short of the leading Sembi. Locken looked at him. Cooper shrugged.

Twice they stopped when the gradient leveled, everyone quick now to push the flatcars until their progress was restored. By midafternoon the engineless train had come to rest against a concrete stop at the end of the spur.

Ahead the cane fields gave way to familiar wiry scrub and an occasional outcropping of rock.

The airport was a quarter of a mile beyond.

Cooper grabbed Locken's shoulder and pulled him around. His face came close, breath sour in Locken's face.

"You don't figure I can last it?"

"I think you'll try."

"I'm not about to punk out, Mister. You got a dung chance anyway, and without me, worse than that. Thinking you'll find Jack Mann alive and waiting for you is one dumb play."

"Tell me the smart one."

Cooper's hand loosened. He stepped back and leaned against one of the flatcars, wiping sweat from his forehead. Twenty feet away Del Halsey had stopped, watching the incident with unconcealed pleasure.

Cooper stared at Halsey, then looked around, giving Locken a tired nod. "I warned you."

"You're cutting it."

"What do you want me to do?" asked Cooper.

"Get these people away from here and keep them together. Hide the flatcars if you can. The Sembi have a lot of territory to search before they come this far."

"They'll come." Cooper shook his head. "They're not people, they're super people, a whole separate race. I'd like to get me one of their women and make a creature."

Locken found himself smiling. "Maybe you can swap the flatcars for one."

Halsey took a step nearer. "You really think they would?" His tone indicated absolute seriousness.

"Sure," said Cooper. "They're just a bunch of dumb natives. The problem is, I've been on junk so long, I'm not sure I could get it up. I'd be a laughingstock."

"Try another day, Rafe."

"Yeah, another day." He repeated the words with a half-smile. "What else?"

"See if you can work this bunch of gypsies close to the runway after nightfall, but keep hidden."

"Easy for everyone but old Rafe. They've kicked their funk, Mike."

"For the moment. You'll have to wait, and that won't be easy. After you get them in position, go have a look at the plane. Morais could have left a guard."

"That would be nice."

"By nightfall I'll be near the Zona Sur. Give me a couple of hours to find Mann, and get back. If midnight comes and goes and I haven't, I'll be a write-off."

"By midnight I'll be howling loud enough to guide you home." He gave Locken a firm punch on the shoulder. "You'll make it."

"You're damn right he will," said Jan Harkins behind them. "Because I'm going with him."

Locken's protest came in the form of a low, angry growl. He stared at Jan red-eyed, his face, she noted, more deeply lined than even a few hours before.

Rafe Cooper looked ill but in his eyes was a hint of amusement. "Once lucky," he said, "twice a basket case." Then, more softly, "Jan, you don't want to go back to the Sewer."

"You bet I don't." She looked toward the people who had gathered themselves in a tight knot around Mat Enderton, noticing the bowed heads and that Reverend Mat's quiet words to them were a prayer of thanks.

She turned to face Locken, who still hadn't answered her with anything more final than a scowl.

"Mike, I know one thing you don't."

"It wouldn't surprise me." He could speak an entire phrase, she'd observed, without emphasis on any single word.

"I know the Zona Sur. And you can take that superior look off your faces, both of you."

"Do you feel superior, Rafe?"

"Not today."

Jan pressed her argument. "The Sewer is a rat's nest. Streets that dead end, others that circle around. Jack lives in the worst part, down near the water. You could wander in there for a month before you found it."

"I can read a map."

"I couldn't draw you one. No one could."

"No," said Locken. "That's final."

"Look, Mike, I'm not the hearty pioneer Aggie Enderton is. I figured out the hard way I want all the normal, middle-class American things. House at the end of a cul-de-sac, a nice-guy husband who'll give me lots of the right kind of touch. And Thursday with the girls, drinking too many of whatever is fashionable."

"Sounds divine," said Cooper.

"I've seen your world, yours and Rafe's, and I don't like it."

"The Zona Sur is neither of our worlds," said Locken. "You saw the mob last night."

"I know that. But I can help you find Jack Mann, and I'm the only one who can. How bad do you want it?"

Cooper looked toward Locken. "She's beginning to sound like you."

Locken's scowl grew deeper, and he turned away, but came back, looking a long moment into Jan's face before he spoke.

"Not dressed like that. Get some men's clothes, and something to cover your hair." He spoke as though angry at himself; then, shaking his head, he walked off toward Reverend Mat.

With first sight of the misshapen geometry of the Zona Sur's clapboard shacks, Jan's pace quickened, as though the danger ahead could be countered by increased movement.

Locken recognized it, and hooked a restraining finger in the back of the loose trousers she had found somewherc, whispering a scarcely audible *no*. "There's a rhythm to moving. Eyes ahead, off the ground. Slow, regular steps. When you have it, you'll feel it."

Locken felt the inadequacy of words to explain the techniques that had taken months of moving through government-controlled territory in Cuba to develop. Learning never to mistake speed for pace. The slow freeing of senses until one could read the enemies' presence by the barest of signs: an unnatural angle to a single tendril of foliage, indicating an earlier passage, the lingering aroma of cooked food or tobacco.

Jan imitated his lead, visibly holding herself in check. A few minutes later, she nodded.

Locken's increasing physical fatigue centered now not only on the bruised ribs, but on the older wounds in his elbow and knee. Yet, by a mechanism he didn't fully understand, his senses had found renewed awareness. Or was that the ultimate deception brought by fatigue?

Only once during their eerie passage through the silent Zona Sur was he tested, and even then he was moving before he understood why. A single discordant tone in the night and he had pushed the girl from the narrow alleyway into a darkened passage between two shacks not a yard in width.

A moment later a group of men moved past in sullen silence, their approach telegraphed only by the muffled tinkle of metal against metal—keys in a pocket, perhaps. Locken pressed his body to the girl, forcing her against the rough board siding of the shack, unmoving in the shadow a full moment after the men had passed.

And then the shift. No longer was he listening for distant sounds but to the deepening of the girl's breathing, the pressure of her breasts, pelvis, and thighs against his.

The desire swept through him, a sudden heavy wave, as his body against hers, without visible change of posture, became no longer a screen of protection but a press of union, as though by muscular force alone he could join for a moment the two as one.

His hands found the belt at her waist. The zippered fly drawn roughly down as her hands locked behind his neck, and she helped him enter her by rising on her toes, buttocks pressed against the wall at her back, but no longer feeling its roughness. The short cry at his penetration was bitten off in her teeth.

Later, still locked together after the quick, simultaneous bursting, their breathing died in rhythm. She felt passion change to tenderness, knowing that it would be an all-too-brief transition to the present. She spoke without prior calculation, no longer having a reason to hold anything back.

"You're scared aren't you, Mike? Right through."

For a while Locken didn't answer. Then, softly, "Not for myself."

Her hand felt the hair at the back of his neck, dampened by perspiration, and she pressed gently with the tips of her fingers. "Being afraid for others is the worst kind. Until yesterday I didn't really think people ever did things unselfishly. That somehow they were getting their private kicks no matter how selfless something might have looked. But if I could make everything all right for those people on the bus, for you, I'd do what ever I had to."

"Coming back here was enough."

Her lips brushed his ear with a quiet laugh. "On that little jobbie I *am* a selfish bitch. I don't know why, but even as frightened as I am, there's a good feeling too. I've been peeled down to the elementals, maybe. No perfume or enamel or bullshit left to cover anything. It's a terrible admission, Mike, but I don't think I've ever felt as much, so deeply as now. Do you always have to risk being killed to feel this alive?"

She felt him change immediately. "I'm the wrong one to ask." He pulled away, his eyes moving again toward the narrow slice of street. She saw his almost-animal awareness return, and knew the moment was gone.

She reached out, touching his arm. "A last blank space to fill in, just for me." Watching the street, he nodded her on. "There's a lady tucked away somewhere?"

He nodded without hesitating. "It doesn't matter. We had a few seconds of all of each other, which doesn't happen much, to anyone."

She continued to watch him a few seconds more, then said, "You're right. It doesn't matter."

She arranged herself and followed Locken into the street.

chapter 36

Jack Mann sat in darkness, touching the metal with his tongue.

Earlier there had been sounds in the night, a few distant gunshots. Small, noisy bands of men picking targets at random, moving from shack to shack, looting, gathering whatever pitiful collections of junk they could find.

A few people in the Sewer known to have shotguns were avoided. Jack Mann had a revolver, an old Colt Police Positive, kept unloaded in the satchel with what had once been his flight gear.

He hadn't been there to load and use it when the men came. His place had been chosen early. Only they hadn't looted.

It was quiet now. Even the shooting on the Hill and subsequent burning were long finished. How long ago, he couldn't have said, and didn't care. He hadn't thought of James Morais, or what the Sembi might have done to the rest of the island's whites.

He slid his tongue from the end of the gun muzzle and pushed the barrel deeper into his mouth. The foresight against the back of his throat almost made him vomit.

He shut his eyes, cursing, teeth biting the barrel, willing himself to pull the trigger. Finally he withdrew the gun, as he had so many times already, and wiped a filthy shirt sleeve across his mouth.

He put the gun on the table in front of him, stared at it, and reached for the bottle.

He took a long swallow of the pale yellow liquid, vaguely aware of the *cachaça*'s putrid smell. Once, years ago, the smell had bothered him. He thought he was past being bothered by anything. Or feeling. *Cachaça* had taken care of most of it.

Once, early, he had even tried suicide with the same pistol. A bullet in the chamber and the cylinder snapped home. Hours of drinking, his mind on the aircraft without power he'd tried to bring down nose first to his own certain death but giving the passengers a chance. And the freak convective current that made him botch it. He'd finally pulled the trigger, only to have it fall on an empty chamber.

Once he had thought suicide the supreme act of cowardice. Then why did it take so much courage to pull the trigger? Failing once, he had never been able to give the trigger a second pull. After that, guilt became a word, no longer a feeling, and failure a thing reserved for those who attempted. With enough *cachaça*, no reason to try again.

Until now.

He took a long time draining the bottle. He smiled, muttering in the darkness in a mixture of English and slum *géria* he'd learned from his woman, the words unheard by the silent figure in the next room. He'd never known anyone to drink an entire bottle of *cachaça*.

"Won't be around for the hangover, thank Christ."

Rising, he flung the bottle at the wall, the movement throwing him off balance. He grabbed at nothing and found himself on the floor. The floor didn't offend him a bit, he considered; he even rather liked it there. He rested his head on his arm, drunken sleep the easiest thing, far easier than any of the sober moments he'd known in the past eight years.

Then he lifted his head and climbed heavily to his feet, looking again at the pistol.

In this one wee thing, Jocko, you will succeed.

He reached for the pistol and raised it. But instead of to his mouth, he drew a sight on the door, toward the sound of rotted boards taking someone's weight on the narrow porch beyond.

The move had been instinctive. He looked stupidly at the pistol, surprised that, somewhere in the alcohol-soaked mass of tissue he knew his brain must be, there was a desire to live that shouldn't have had a single reason for remaining.

Why had he aimed the gun at the door? Greet whichever of them had returned and let them do the favor of killing him. He knew now there were people in the Sewer who hadn't forgotten relatives who'd ridden down with him in the DC–3 and stayed behind, charred and unrecognizable, while he walked away.

He heard a voice speak a name that sounded like his. An unfamiliar voice. A woman's voice, soft, without the nasality of the Sewer's women. His name again. His aim remained unaccountably steady.

The door opened, and he pulled the trigger.

There was a peculiar quality to the silence.

Locken pulled Jan toward him, whirled her around and down into a crouch against the outer wall of the shack. He nudged the door open with the barrel of the Ingram.

A bullet splintered the door frame, showering them with bits of wood.

"Mann!"

Silence.

"Jack Mann," Locken repeated.

A pause. "I'm Jack Mann," a voice said from inside, a low, raspy croak.

"I know you're Jack Mann. This is Locken."

"Locken?"

Jan rolled her eyes upward, a visual shrug. "I've got Jan Harkins with me," Locken said. "She lives in the Zona. You remember Jan?"

Again silence. Then, "Yeah."

"Is the gun down, Jack?"

"Yeah, it's down."

A putrid smell. Cheap cane alcohol, sweat, and burned powder, all failing to cover the deeper odor of wood rot and mildew.

Jack Mann sat behind a warped table, both hands resting on the edge, a Colt revolver between them.

The sight of him, wrinkled and stinking, his eyes too alcohol-numbed to focus, made Jan take a convulsive breath.

"We've got to talk." Locken pronounced each word separately, trying to cut through Mann's stupor. He told Jan to make coffee. "Tea, anything."

"Perfectly clear," said Jack Mann. He tapped the center of his forehead with his thumb, then stuck out a thick tongue at Locken.

"We've a long way to go, Mann."

"Not going anyplace," he answered. His eyes lost focus again.

Locken reached across and took the pistol. "Listen to me."

In measured phrases, Locken told of gathering the people from the Hill, the Endertons, their children, and what had happened at the Sundowner and Taveira. "We recrossed the island by sugar train. Forty people waiting, Mann, hidden close to the airport. That Avro is our last chance. Morais and the Sembi know we're about. We're borrowing every second." He paused. "You understand?"

Jack Mann made no response, his eyes looking far beyond the wall of the shack.

Jan put a steaming cup of coffee in front of him.

"Don't want it."

"Drink it," Locken replied. "You're going to fly us off this island."

Mann looked into the cup. "I don't think so."

The firmness in Mann's voice sparked Locken's doubts. Jack Mann could barely sit in his chair.

Locken fought the urge to beat him into submitting. There was nothing he could use to threaten Jack Mann. He guessed why Mann had been sitting in the darkness with the gun. There had been times when, at night, the aloneness of his life pressing in, Locken had thought of the smoothly machined piece of steel beneath his pillow and how easy it would be to end the pain.

He watched Mann, wondering if he had been wrong about the flicker of self-respect he thought he had detected earlier.

Jan spoke, her voice gentle, coaxing. "If it's your woman, Jack, we can bring her."

"No," said Mann.

Jan gave Locken a look of helplessness. "Is she here?"

"Mama's here." He nodded toward the other room. Jan started for the door, but Mann caught her arm. "You don't want to go in there."

Locken was up, stepping past him suddenly. He opened the door, the odor inside the room pulling his mind back to the time his body had taken three bullets and he watched his own blood pumping from the wounds. The smell would be fixed in his brain to the grave.

He saw the shape beneath the gray blanket, the thrusts and slashes through the material, soaked red.

He spoke from the doorway. "Who killed her?"

Jan sat down and shut her eyes.

"I did, I suppose. Killed a number in my time."

Jack Mann's chin dipped, his head sinking to the table. They had almost lost him.

"You sorry piece of shit," said Locken quietly. "You

have the chance to save lives, to make up for some of it, and you sit crying in your coffee." Jan straightened as though his words had been a physical blow. Jack Mann's head rolled sideways, yellowed eyes watching. "I came twenty-five miles across this island to get you, Mann, and all I got was a look at a piece of shit."

Mann stood, mouth ugly, feet planted apart to steady himself. He pointed past Locken's shoulder. "You think she's all of it? Figure, get Jack Mann mad enough and on his feet and he'll nibble out'a your hand and fly that plane? You're wrong."

Rage had pumped life and a measure of clarity into Mann's voice.

"Why am I wrong, Jack?"

"Because there's just one small thing you were too bright to think about when you were making up that speech. One small thing." Jack Mann's mouth twisted into a pained grin. "I've never flown an Avro."

The silence of the room was smothering. Locken's face showed only a tightening of covert muscles around his eyes.

Jack Mann's phrasing gave him a cue.

"Does that mean you can't?"

Mann blinked at him. "AIRSAT had the Avro maybe a month before I pranged that Dak."

"You've got the experience, Jack."

"You don't understand," said Mann.

"Then make me understand." Locken hadn't moved.

"That Avro's turboprop. Difference between turboprop and piston, a big one. Complicated instrumentation, even the cockpit."

"You've been in it?"

Jack Mann nodded dumbly. "I done the ground school. Flew third man on a trip to Fiji."

"See anything that surprised you?"

"No. Four hours of watching eight years ago. You figure it out."

"It's impossible, then."

"It ain't impossible," said Mann, but fear had replaced anger in his eyes. "One pilot could fly it. It would take time to figure things out. To have it all work right the first time . . ." He shook his head.

"Could you do it?"

Jack Mann stared at the floor, blinking. "I've forgotten things." His jaw had begun to tremble.

Jan spoke the words Locken knew, as he was sure Mann did. "We've no other hope. Please try."

His head, finally, began to nod, his blurred gaze angry on Locken, as if to blame him for all that might happen.

"When this is over," rasped Jack Mann. "I'm going to take a punch at you just to make me feel good."

"And I'll hold your coat."

chapter 37

They didn't hear the men until almost too late.

From Jack Mann's shack they had moved away from the ocean, north along a narrow unpaved alleyway. They went in a tight column, Locken leading, Jan behind him, Jack Mann third. Mann's breathing, heavy from exertion, seemed loud enough to alert the entire Zona Sur.

To reach Cooper and the others meant recrossing the Zona Sur from south to north and once into the cane fields, turning east. Locken intended to give the airport a wide berth, to avoid the chance of being spotted. He hoped he was being over-cautious; that no eyes were there to see.

Now, with the added encumbrance of a not-yet-sober Jack Mann, his true mental state an unknown factor, they moved with a conspicuousness that felt to Locken an invitation to discovery. With discovery would come certain pursuit.

Again he wiped perspiration from his hand, before returning it to the checkered grip of the Ingram.

Where two alleys crossed at right angles, Locken heard them, saw them a split-second later. His movement froze, except for the finger that slid inside the trigger guard of his weapon.

Ahead, a half-dozen armed men drank beer on the porch of a house not thirty feet away. Their laughter had a peculiar self-conscious quality he was unable to peg.

A seventh man emerged from the interior of the house, rebuckling his trousers. He pointed toward his feet, commenting that he hadn't even needed to remove his shoes. The remark brought laughter from the men.

Jan pulled back, her fingernails digging into Locken's arm. Mann's breath caught.

Locken put a hand on his chest, but Mann pushed it away, turning, his voice a raw whisper. "There's another way." He stumbled back along the alley, Jan and Locken behind him.

Ten minutes later they had reached the coast and turned east, skirting mud flats and tidal pools stagnant with sewage. Ahead Locken could see the beginning of the stone-paved esplanade indicating the edge of São Tome proper.

Mann stopped, rubbed his eyes, and faced Locken. "We've got to cross through the town. Those three blocks of esplanade is as short a way as any. After that we can go around the Hill and come up on the airport from the far side."

A reserve in Mann's voice prompted Locken to ask, "What's the catch?"

"It's a longer way. But we won't have to chance that." He tossed his head in the direction they had come and looked at Jan. "For her sake and mine."

Locken was silent a moment, eyes following along the esplanade ahead. "Where is the postmaster-general's?"

"The Avenida Magalhães ends at the esplanade," said Mann. "The PMG's is a block along it left. Why?"

"Morais made a radio broadcast from there, and it's important to him. He might have men around."

Mann wiped his nose on a shirt sleeve. "Can't go any farther south unless you want to swim in the bay with the fishes, the big kind with teeth. We can cross through the town farther north, then double back."

Locken heard the returning confidence in Mann's tone. But the test was still ahead, in the cockpit of the aircraft. They both knew it.

He considered Mann's alternative. Since leaving the shack, Locken's hearing had been attuned for the sound of distant gunfire, meaning Morais and the Sembi had caught up with the others. He shook his head. "We can't afford the time. We'll go this way."

Again they set off in tight column.

Approaching the Avenida Magalhães, Locken signaled the others to halt and crept ahead. Moving among the stacked tables of an outdoor restaurant, he flattened himself next to a wall and eased a glance around the corner of the building, his face pressed against the pavement.

A short block away, in front of the postmaster-general's, was a four-by-four army truck with two men in it. One sat behind the wheel, the other watching north along the Avenida from behind a heavy .50-caliber machine gun on a ring mount over the cab. The truck faced away from the esplanade.

Locken estimated the width of the street, and went back to Jan and Jack Mann. His instructions were quiet but direct. "When I'm in position, you'll cross one at a time. You'll be exposed a distance of no more than thirty feet. Walk slowly. Don't look toward the guards. That's important."

In Jan's eyes was a question; Mann only frowned.

Locken had remembered the firm belief of a SYOPS operative named Perry who had spent a year studying extrasensory perception as it might apply to their work. On a thick file of three-by-five cards, Perry had collected data ranging from the long-distance, non-verbal, communicative powers of Australian aborigines to the latest documented accounts recorded by the Smithsonian Institution's Department of Short Lived Phenomena.

In any other agency Perry might have been labeled a

nut. In SYOPS he was the best, judged by the measure they all used: He was careful, and he minimized chance. Perry was convinced that men under stress were capable of sensing far beyond the normal range of sight, touch, and smell. A man expecting trouble was likely to have the equivalent of eyes in the back of his head, a sharpened receptivity to the attention of others. You survived by anticipating possibilities.

In position, ready to fire on the men in the truck should they turn, he signaled to Jan. Slowly, her face rigidly forward, she crossed the esplanade in full sight of anyone who might have looked in her direction along the Avenida Magalhães.

At Locken's gesture to go, Mann hung back, but gathered his courage finally and followed Jan.

Then Locken too was across. The three exchanged silent glances of relief and left the town behind.

The first of the others they came upon was Vicory.

They were moving in darkness, with too much urgency now for total caution. Vicory stepped suddenly from the scrub to Locken's left, waving a thick hand. In the other was a carbine.

At the movement, the subliminal registration of the weapon, Locken was already swinging the Ingram, the safety flicking off as the stubby weapon targeted.

Vicory's features whitened as Locken caught himself. He had no need to mention to Vicory how close he had come to becoming a dead man.

Locken's question, partly in anger, was rough. "What are you doing out here?"

"Lookin' out for Sembi." His glance passed over Jack Mann without enthusiasm. "We prepared best we could."

Something in Vicory's tone, the word *prepared*. "Where's Cooper?"

"The black? Something wrong with that boy." He gestured farther along.

Locken didn't wait for the others.

He found Cooper lying on his back, hugging the assault rifle to his chest. His eyes were wide open, staring at the sky. When he saw Locken, they shifted slightly, a lazy grin crossing his mouth.

Cooper looked blissfully happy.

Reverend Mat stood over him, his small hands bunched in anger. "You going to tell him or will I?"

"Don't sweat it, Padre."

"Someone tell me."

Cooper said nothing, shutting his eyes, the smile widening. Reverend Mat looked at Locken. "Your Mr. Cooper got into my medical bag. Took sixty grains of morphine, the effects of which lie before you. I'm willing to bet this man can't even stand."

"Why stand?" Cooper grinned up stupidly. "Everything's cool."

Locken had seen Cooper fight the agony and knew he had a reason. But forgiveness wasn't part of him. He knew exactly what the massive dose of morphine had done to Cooper's reactions and will.

He spun from Cooper toward Reverend Mat. "It doesn't matter. I've brought Mann."

"Forget it," said Cooper, adding a thick drawl. "It don't make no never mind."

"He means the plane," said Reverend Mat. He shook his head and walked to the wounded man nearby, shoulders sloping in tired resignation.

Locken noticed the others then, recognized the malaise. The hope that had carried them since they had banded together at the train was gone, replaced again by the beaten look of total defeat.

"What about the plane?"

Cooper's arms unfolded, a finger pointing off in the direction of the airport. "Take yourself a nice long look."

Locken plunged ahead, aware of Jack Mann behind him. They had gone barely a dozen yards through scrub when they saw light.

At the edge of the runway, Mann took in a sick breath. Anger tightened Locken's throat.

A hundred yards across the runway, the Avro sat directly in front of the single frame building of the small airport. Three bright floodlamps atop the building shone directly on the aircraft, their reflection from shiny aluminum in the darkness giving the aircraft a dazzling, unreal quality.

Locken knew now why he had seen only two of Morais's men on guard at the postmaster-general's. A sandbagged position was clearly visible atop the building, a second directly beneath the aircraft. In the two positions he counted a dozen brown-clad men.

Even at that distance Locken could see the satchel charges of explosives fixed to the plane's landing gear.

Jack Mann's stare followed the runway. Two-thirds of the way along, a pair of municipal buses had been driven end to end across the runway, providing a silent, destructive barrier to its use.

Locken's head moved once in a shake of denial. But his eyes recorded the simple unarguable fact. Morais had beaten them.

chapter 38

Reverend Mat saw Locken emerge from the scrub, Jack Mann stumbling along a few feet behind.

Locken's eyes were sunken, staring with frightening intensity at the assault rifle wrapped in Rafus Cooper's arms. Cooper was comatose now, eyes half closed.

In quick strides, Locken went to Cooper, stood over him, then reached down and wrenched the assault rifle from his arms. He jerked Cooper upright and pulled free the pouch of ammunition, slinging it over his shoulder.

He dropped the small weapon he'd been carrying, hefted the rifle, then began toward the two young Portuguese soldiers on guard twenty yards away.

Cooper raised his hand in protest and began trying to climb to his feet.

Mat Enderton found a new alertness. He had already come to terms with the fact that his own death was imminent and was as prepared as he could be. His concern now was for others. He felt with certainty the Sembi would find them before help could arrive, and finish what had been an almost ceremonial destruction of the island's whites. He had crept with Cooper to the edge of the runway and seen the aircraft, their final hope, under heavy guard.

But if Locken intended attacking Morais's men with only two young boys for support, it was suicide.

He stepped to intercept Locken, but made no attempt

to stop him. Reverend Mat was well aware of the man's single-minded determination, which until now had carried them all far beyond their apparent physical limits. Instead, he walked next to Locken, speaking in what he hoped was a tone of mild curiosity.

"Mike, isn't there a chance we could survive until help arrives?"

"With guns, ammunition, more food."

"I saw the positions at the airport. I'm no military man, but three or four men attacking them would be throwing away human life, wouldn't it?"

"I'd say so." Locken's strides seemed to lengthen. The two young soldiers, seeing they were his intended destination, exchanged uneasy glances.

Mat Enderton touched Locken's arm, his voice suddenly an angry question. "Then why are you doing it?"

Locken stopped and looked at Reverend Mat with that frightening, purposeful gaze. "Mat, I've no intention of killing myself."

"But those men at the airport are prepared."

"I'm not going after them."

"What then?"

"I'm going after James Morais. I'll explain it fast, Mat. You translate and tell them." Locken gestured to the two soldiers. "We're going back to São Tome by the same route Mann led us here, circling the Hill, then along the oceanfront. Earlier tonight I was close enough to the two guards at the postmaster-general's to have hit them with a rock. We'll take them."

"You mean kill them." Despite what they had endured, Mat Enderton found casual discussion of calculated murder repugnant.

"If necessary."

"You're sure Morais is there?"

"He could have wanted a central point to direct operations. We know where he was when he made the radio broadcast. Those guards aren't guarding each other. He's there."

"I know James. I can't imagine he'd entrust his precious health to only two guards."

Locken grew thoughtful. "There could be more. Inside."

"And if there are?"

"We'll have a fight on our hands."

"More people dead, and perhaps still no Morais."

Mat Enderton saw a small muscle tighten in Locken's jaw. "We'll get him. When we do, he's the ticket out for all of these people. Halsey's idea. Something to bargain with." Locken's eyes wandered over the refugees, then back to Reverend Mat. "We capture Morais and we'll walk through those men at the airport to the plane. We'll never shoot our way to it."

Mat Enderton held up a questioning finger. "What if while all the shooting is going on Morais orders his men to blow up the plane? They have radios, don't they?"

Locken looked at the smaller man, and leaned his head back to sigh. "They have them."

"I'm just trying to point out the problems, Mike."

"One or two."

Mat Enderton rubbed a hand across his stubbled chin. "I'm no tactician."

"The hell you're not."

"But I just might have an idea that would get us inside the PMG's without shooting. The killing has to end."

Locken watched silent, Mat Enderton's hard blue eyes a direct challenge. "Go on."

"Unfortunately, the only person absolutely essential, besides you and me, is him."

Mat Enderton pointed. Weaving toward them with a drunken-sailor's gait, eyes glassy, mouth an idiot's grin, came Rafus Cooper.

• • •

The idiot's grin didn't change when Locken led Cooper away and told him Mat Enderton's idea. Cooper replied with a slow, careless shrug. "No crazier than anything else you've done. Nice thing is, I don't care."

"There'll come a time when you might."

"Keep me high, I'll fly till I die." Then the grin was gone. Below the morphine euphoria came a glimpse of Cooper's inner pain. "I couldn't cut it, Mike. I hurt, I mean deep."

Locken nodded.

"All I want to do now is lay still and let whatever happens happen. I'm tired."

"Mat says he has a drug called *levallorphan.* It can bring you down, Rafe. But you won't like it."

"Don't want that," said Cooper distantly.

"Mat doesn't want it either, but he'll do it, if the *yes* comes from you."

"Why bother?"

"For those people. That's why Mat's doing it. He doesn't like any of it, or you and me either. But he'll do it."

"Tell him to curl up with me and let the world float by." Cooper's eyes focused on Locken with difficulty. "Brother Mike, Morais has beaten us. He hasn't made a mistake."

Locken looked at him. "I never told you Locken's third principle, did I?"

"You never did."

"I paid for this one, Rafe. You can do everything right and still lose. We can get Morais, you and me. We can be the joker in his deck."

"Sorry." Cooper sat down heavily on the ground and put his head forward on doubled-up knees.

Locken turned and walked away.

Five minutes later Reverend Mat came to him. "Cooper wants the *levallorphan.* You better come."

chapter 39

Locken watched Cooper swing the assault rifle.

"I got the factory reject. This one weighs forty pounds. A hundred and forty, maybe."

Cooper hit the magazine release and jacked out the shell in the chamber. He studied each clip for dents as though memorizing it, replacing them one by one into the pouch. He tilted in a new clip, fore-end first, cocked the weapon, and thumbed on the safety.

Locken noted minutely the execution of each step. Cooper's moves were slow and clumsy, his hands without the dexterity that earlier had signaled complete integration of man and weapon.

Locken turned to Reverend Mat. "Ready?"

"Not quite." From his medical bag Mat Enderton produced a tube of zinc-oxide ointment, and put a dab on his finger. Despite Cooper's obvious displeasure, Mat applied a single white stripe beneath each of Cooper's eyes. Already his trousers were torn off just above the knees. Later he would remove his shoes. "About a foot short for a Sembi, but not too bad."

A layer of goose bumps covered Cooper's leanly muscled chest and back, naked to the waist.

"How do you feel, Rafe?" asked Locken.

"I hope you got the number of the raping elephant. I'll chew him up with my teeth."

Locken gathered Walter Bogin, Jan, Vicory, and Jack Mann, explaining what they intended to try. Locken searched their exhausted faces, wondering if from some source they could find the stamina to prevent immobilizing fear in the others when the time came to move quickly. "Watch the terminal. If it goes right, you'll know it. Come ahead when I signal."

He had waited for the question about what would happen if it didn't go right. None of them asked it, only Jack Mann rasping with a grin, "I hope you can get me a bottle on the way. I don't want to fly sober." Locken watched a smile spread among them, then looked at each again. "Where's Halsey?"

There was an awkward silence before Jan frowned. "I haven't seen him."

Bogin cleared his throat and said: "He was with the Mitchell woman an hour ago." He touched his cheek. "Good heavens."

Locken found Carla Mitchell with Aggie Enderton. She had carried the blanket from the truck, spread now on the ground, the children, exhausted, sleeping upon it, curled together like a litter of dissimilar animals, Carla Mitchell among them.

"Let her sleep, Mike," pleaded Aggie.

"I can't." He shook the girl. She responded as though it were a way she'd been woken often, her eyes opening, wary.

"Where is he, Carla?"

For a moment he thought she was going to lie. Then she shrugged. "I don't know, the lunk."

She stood and tried to brush smudges of red island soil from her jump suit. "He didn't even listen to what I was trying to tell him. That I've got something to give besides what I sit on, and it could have made a difference between me and Del. The buffalo wasn't listening."

"Where did he go?"

"I don't know, Locken, God's truth."

"He told you something."

She shook her head. "He only laughed in a nutty way he has. I've seen it. When he knows a deal is about to fall his way." She paused. "He did say something. Typical sort of remark. Said he could bargain with the Eskimos."

The return to São Tome drained away their strength. Locken watched the cumulative effects of drugs and withdrawal plunge Cooper into a nauseous lethargy, deepening with each mile. Twice Cooper hung back, the sound of dry spasms of vomiting reaching Locken and Mat Enderton in the darkness.

Even Reverend Mat's resilience began to fail him, his wiry frame looking suddenly frail. Locken felt his own energy fade, ribs throbbing with each pump of his heart, the muscles constricting across his chest like steel bands, pulled slowly tighter.

When they had finally reached the back streets of São Tome, he felt each blink of his eyelids separately across eyes gritty with fatigue.

He left Cooper and Reverend Mat near the Avenida Magalhães, scouted the postmaster-general's, with more effort than it should have required, and returned.

"Back entrance is a steel door. Barred windows, still two guards." He weighed what he had seen and added, "They're different ones."

Cooper winced. "You mean we gotta handle four?"

"We presume four at least. They've moved the truck. Backed it up to the main entrance."

"Why?"

"Load some of the PMG's gear before they leave. Or maybe they're just smart. That machine gun has about three hundred degrees of movement. Where it is now, they'll be able to traverse my way."

After a moment's silence, Mat Enderton forced a smile.

"Then we'll have to be all the more convincing, won't we, Cooper?"

"I'm convinced I ought to be in a nut house for coming along with you nice folks."

Locken glanced at his watch and looked skyward.

"It ought to be lighter, Mat. It's past five A.M."

They needed light. The guards had to see Mat and Cooper clearly, hopefully recognizing the Reverend Matthew Enderton under guard of a Sembi. Light enough, for just long enough.

Mat Enderton cocked his head toward a low, distant rumble. "That's your reason. Thunderstorm. Too much cloud cover. Rainy season's been due for weeks. We'll have to wait."

Locken's thoughts went to the others, also waiting. To Jack Mann, staring at the aircraft, wondering. Add now the turbulence that would accompany a thunderstorm. And Halsey gone.

"Let me have the tape."

Mat Enderton handed him the two thick rolls of adhesive tape and looked toward the broader Avenida Magalhães.

Two blocks to the left was the postmaster-general's. It was lighter now, the shadows of a city without lights, edged by darker blue.

Locken pocketed the tape. He and Cooper rechecked their weapons and exchanged nods. Cooper spoke to Mat Enderton.

"If I say the word *go*, get clear. Hit the ground or move sideways, and don't argue. Something will have gone wrong and I'll be shooting."

Mat Enderton stared at him, knowing that Cooper might as easily have said "killing." For a moment the sequence of decisions that had brought him to this were in question. Locken saw it in Reverend Mat's eyes before his resolve hardened and he nodded.

Locken again looked at his watch. "It's time. Give me five minutes."

He turned and moved back along the side street, leaving Cooper and Reverend Mat behind.

Five minutes later, on his stomach, he edged a careful look around the corner of a building—a bank, he noted absently. Why was it a shabby town like São Tome had so many banks? Banks and government buildings, places for bureaucrats to administer each other.

He shook his head against wandering thoughts.

He pegged the distance to the truck backed to the entrance of the postmaster-general's at no more than one hundred feet.

One guard stood on the truck bed, swinging the machine gun to and fro along its trolley in a listless arch. A second guard sat across the street in a doorway, smoking, assault rifle unslung, eyes moving constantly, alert.

Any time.

The guard in the truck spoke suddenly, a brief word of attention, and swung the machine gun along the street. Locken snapped up the Ingram and sighted it at the man's back, knowing that if the guard chose to fire, all he could do was kill in retaliation, already too late for Reverend Mat and Cooper.

They had to take these men without shooting, without a radio warning to the others at the airport to destroy the plane.

The man in the doorway leaped for the truck, pointing his assault rifle across the hood. Both men now had their backs toward Locken.

Beyond them, he could see Reverend Mat, looking old and frail, hands straight over his head. Behind him, a black man urged him forward with a nudge of a rifle toward the men in the truck. An idea without the slightest borderline between audacity and outright absurdity. A single burst from the machine gun on the truck could literally tear a man in half.

But the attention of the guards was fixed.

Locken took several deep breaths, held the final one, and raised himself noiselessly.

He stepped into the open and began walking toward the back of the truck, the Ingram leveled at the backs of the two guards ahead.

chapter 40

He was within twenty feet of the guards when it fell apart.

A curt question asked by the man behind the machine gun of the other. Why had the Sembi a rifle?

Locken heard it as he did the metallic *click-clack* of the machine-gun operating arm pulled back and released. The action of a few muscles, a prior synaptic closure, caused by what?

And the head of the man with the assault rifle turned, the quick black eyes falling full upon him.

Locken knew what had to follow.

As the rifle came around, Locken fired a burst from the Ingram, patterning dark, instantly enlarging blotches across the man's chest.

It had gone wrong so quickly.

Shift in stance, raising the angle of his weapon toward the man at the machine gun, stop him before he could kill. Locken's finger touched the trigger. A single shot came from the Ingram, striking nothing. Then from the weapon only silence, preceded by the jamming of steel against brass, the heart-stopping mechanical grind of a faulty ejection. The weapon in his hands was suddenly as useless as a piece of wood.

In that second he was conscious of another sound: the metallic smoothness of roller bearings as the heavy machine gun swung around on its trolley toward him.

He leaped forward, a blurred picture across the truck's

hood of Mat Enderton pitching himself to the ground. Of Cooper staring blankly toward the machine gun and the man behind it, the assault rifle in his hands, caught in an attitude of unpreparedness, as though weighted in place.

Locken ducked low against the side of the truck, the sound of the machine gun above him ripping the air. Hair singed and stank from the hotness of the muzzle flash, mixing with the smell of flesh burned from his back. Heavy bullets tore great lumps of earth from the street, missing him by a full foot, the angle of depression too great.

Above him, the man was exposed and open. He ought to have been dead. And still not a shot from Cooper.

Locken tore at the operating knob of the machine pistol, saw the scarred case spin free, heard the metal coupling of the receiver as a fresh cartridge drove home into the chamber. Above him, understanding and helpless, the man behind the machine gun began to scream.

Locken heard the heavy footfalls as he crossed the truck bed. He dropped to a knee, aiming beneath the truck. The man came down on the far side, and had taken a single step toward the door of the building when Locken's fire swept his legs from beneath him, the scream changing as he lay clawing at the wounds in his thighs.

Locken was around the truck, lunging toward the door, vaguely aware of Cooper and Reverend Mat running along the street toward him. His total attention focused on the door, and what must be beyond.

The sketch of the building's interior drawn earlier by Reverend Mat was etched in his mind. Except it hadn't provided the essential facts that would allow him to survive. How many were inside, and where? How long would it take now, warned, before a single radio transmission to the men at the airport and fuse lighters on four satchel charges of explosives were ignited? A few seconds later their one chance would become metal wreckage.

He stepped over the writhing man and went up the steps in two strides. Cooper was next to him, eyes fogged, words running together. Locken's ears, numbed by the firing, heard none of the explanation, and he was glad of it. They needed a team to do this, and he realized again the lesson he had learned and paid for so many times in his life: He could count only upon himself.

He pushed the door open, expecting a shot. When none came, he went through it and to one side, ready. Cooper was behind him in a duplicate move to the other side of the entrance. No more than a split second in execution, but too slow.

One long hall, two doors on either side. At the end, a stairway to a second floor, two large, galleried offices. Kerosene lamps. Overhead, a pair of motionless wide-bladed fans.

"Here, Rafe. Cover from here."

A grunt as Cooper dropped to a sitting position, elbows on knees, braced against the crazy climb of the assault rifle when fired. "Go," said Cooper.

Chance it. To the end of the hall, and work back. The noise of Locken's footsteps exaggerated in the quiet as he ran the distance, shifting the weapon to cover each door as he moved past.

He stopped at the end of the hall and opened the door to the right. Big room. High windows, barred and louvered, fan, and along two walls radio equipment and telex printers. Empty.

Above and behind him a shifting of weight on aged flooring. Cooper's yell of warning mixed with a single long burst from his weapon. No longer the crisp, accurate fire. At the top of the stairs a man in brown reached out for nothing and fell backward, Locken glimpsing life drain from his eyes.

He swung around, crossing the hall to the last door. He pulled the clip from the Ingram and tossed it aside, still heavy with ammunition. A third full, half? He'd lost track. His last clip into the weapon, thirty-two bullets he knew about.

He dropped to the floor and reached up. He jiggled the door knob and rolled right, toward the stairs.

From within the room the three bursts of automatic fire nearly took the door off its hinges. Before the last bullets ripped the door frame, Locken had begun to scream. A scream from the diaphragm, a horrible loose sound as though bullets had torn the limbs from his body.

In the absolute silence that followed, Locken moved his eyes no more than a few degrees, glancing past the door to Rafus Cooper sighting across the assault rifle from the other end of the hall.

Their eyes held. The man inside the room had three choices. Stay put and sweat. Open the door for a cautious peek that would see little. Or come through it ready to meet any resistance he thought might remain. Locken's gambit had been reaction more than thought. He knew from experience alone that Cooper would come to the same conclusions, ready, he hoped, for choices two or three.

Slowly Cooper's head began to shake. It came to Locken then. Choice four.

A man didn't have to come through the doorway at all.

A grenade would do nicely.

Locken's head twisted toward the man dead on the stairs. Ammunition pouch, but no grenades. Zero reassurance. At the noise, his head jerked around, but no grenade came.

The man stepped through, low, fast, expert, but uncertain of where the barrel of his assault rifle should have been pointing, a little too much length for working tight.

In the hesitation, Locken and Cooper fired. Locken's burst caught the man across the pelvis, Cooper shooting higher. The dual impact of the weapons lifted him, seesawing in the air, before he flopped broken to the floor.

Locken crawled across him, eliciting a gassy wheeze from a throat already dead, driving himself into the room on all fours.

At the window a man in brown fatigues held a walkie-talkie to his mouth with one hand—in the other, an automatic pistol aimed at Locken. The muzzle flash blinded him, then cleared quickly enough for Locken to catch the surprise on the man's face at the weapon's recoil. The shot had been high by a yard.

The man didn't try another. He raised both hands over his head, still holding the pistol and the radio.

For a full moment Locken watched across the top of the Ingram, the heavy beating of his own heart shaking his entire body.

His eyes began then to perceive details. Tall and thin, the bony shoulders looking oddly out of proportion. Immaculate fatigues.

Locken tasted the air of the room filling his mouth as it opened in what he knew was a horrible smile.

He was facing James Morais.

chapter 41

"Now, *Jefe,*" said Locken. "Pistol on the table. Slow. If you've ordered the aircraft destroyed, use the radio. For your sake, use it better than the pistol."

"I will not."

Locken stepped forward and snatched away the radio, bringing the Ingram up to within an inch of Morais's mouth. "The sound of an explosion will be the last thing you hear."

The essence of bluff was a willingness to play it to the call. He would have shot Morais with less conscience than any man he had killed, if it came to that. Morais's face showed nothing.

"My death will signify your own." His English was precise, the counter threat delivered without falter.

Physically weak, Mat had said. Locken knew, an intelligent, imaginative man.

He spun, went to the doorway, and pulled the dead man into the room, blood trailing behind the body as though a wet mop had dragged across the floor. Morais's eyes looked straight ahead.

Locken heaved the body up and pushed it against him. One of Cooper's bullets had cut through the man's nose, taking the left eye. Locken pounded Morais against the wall with the dead man. "Ever had to look at it this close, *Jefe?*"

Morais's index finger spasmed shut for a split second, the knuckle whitening. Locken marked it.

So simple.

He let the dead man drop and in one move thrust the barrel of the Ingram into Morais's mouth, tearing his lower lip, breaking teeth. Locken had seen weakness and probed it. Morais made a deep cry of pain. "Feel it, *Jefe*. Imagine."

Morais shut his eyes. There was a sudden, sharp, foul odor. "Control, *Jefe*. We've a long way to go together."

Locken stepped back, withdrew the weapon, easing the pressure. "The only thing you'll lose is your life." He nodded, encouraging. "Call, *Jefe*. Live to fight another day. I'll keep your secret."

Morais wiped the blood from his lips, the lack of expression in his eyes underscoring his hatred. He stepped to the radio on the table and called.

In clear commands he told the receiver to delay destruction of the aircraft and await orders.

"Nice," said Locken. "We have an understanding."

He picked up Morais's heavy Browning automatic, eased down the hammer, and stuck it into his belt.

He scanned the yellow lists of paper on the table, his eyes holding on one. When he looked up, he made no attempt to keep derisive anger from his voice.

"A neat list of targets, Morais. And I'll bet you dreamed them up all by your lonesome."

"I have nothing to say."

"Who's feeding you?"

Morais's eyes fixed on a point in space, his tongue attempting to soothe the torn lip.

"You're a pigeon, Morais."

The mouth twisted with a sharp reply. "One clever enough to take what he is given on his own terms."

Locken felt the smugness push his already eroding self-control. "Aw, the hell with this. Let's visit an airport."

"As you wish."

Locken nodded. "I thought for a moment you were going to say I'd never get away with this."

"We shall see."

"We won't have to, *Jefe*. I know."

Cooper and Reverend Mat were waiting just inside the entrance, Cooper still covering the hall.

Reverend Mat's eyes followed Locken's prisoner the length of the hall, angry but curious, as though trying to find in the man approaching him something of the child he had known and raised.

"Hello, James," said Reverend Mat, revealing nothing of whatever might have been his conclusion.

Morais didn't answer him, directing his question to Locken. "You want the aircraft?"

"We didn't fool you long, did we, *Jefe?*"

Cooper shook his head dumbly. "So that's the man."

He turned, giving the impression of total boredom, and pushed the door closed all but a crack, his attention given to the street.

Morais's forehead ridged, as though, with their blackness, he and Cooper should have shared complete understanding.

Using adhesive tape, Locken had already bound the automatic tightly against the small of Morais's back, looping the tape around his midsection.

"Anything happens on our trip to the airport, this goes off. I'll see to it. If you live, you'll have jelly for a spine."

Mat Enderton's small features pinched, first from curiosity, then with understanding and horror.

"It's barbaric, Mike, you can't do this."

Locken's reply came sharply. "Damn right it is. An ax hanging over our *Jefe* is the only thing that will buy us out. You value your life, don't you, *Jefe*?"

"Five years from now my life will mean nothing. The *frente* will be self-sustaining."

"That's what they all say, meanwhile taking pains to die of old age. We're not waiting five years."

At the sound of a distant truck engine, Cooper drew back, easing the door shut until only a slit of viewing space remained.

"Trouble?" said Locken. It was asked calmly. He had expected it before now.

"A truck," said Cooper. "Another four-by-four, like the one in front, except with Morais's men in it. A block away, headed here."

Cooper stared at his weapon a minute, losing his train of thought. With jerky movements he rubbed his eyes. Raw will sustained Cooper now, body and conscious mind fighting against him.

Locken considered their choices, then spoke quickly. "Mat, can you drive the truck in front?"

"At the moment I could drive anything."

Cooper's head turned. "We better move before that boatload see their friends in the street. After that, we'll draw fire sure."

"Well, *Jefe*, now we find out just how disciplined your men are." Locken thumbed back the hammer on the pistol bound to Morais's back. "After you."

Locken pushed Morais ahead of him through the doorway, up onto the bed of the truck, into full view. He stepped up close behind him, his voice low when he spoke.

"Mat, stay at the side of the truck until we know what's coming. Cooper, ready to go for the machine gun."

Immediately the olive-drab vehicle speeding toward them slowed to a stop, the machine gun over the cab swinging around. Brown-clad men spilled from the back, deploying the width of the street.

Locken counted them as they went. Six, plus the driver and two men at the machine gun—a total of nine.

"I get mean when guns point at me," breathed Cooper.

Locken felt Morais tense, hoping he hadn't suddenly chosen that moment to become a martyr.

The guns came to bare, but none fired. The dawn silence stretched cable-tight.

A test. There would be only one. "Tell the men in the truck to loosen the machine gun and throw it down."

Morais's command was immediate. Nothing happened for the longest second Locken had ever remembered. Then the men in the truck lifted the machine gun from its mount and dropped it into the street.

Cooper let out pent-up breath.

"We were impressed by that, *Jefe,*" whispered Locken. He considered and rejected the idea of asking them to hand over their rifles. It was too far to push. "Now tell them to let us pass."

James Morais's head turned until he looked at Locken from the sides of his eyes. "Not yet, I'm afraid." Morais's voice was deliberate, confident. "You see, the balance of power has shifted considerably."

"Not of this pistol at your back."

"Hard words to hide a softening spirit?"

"You're as scared as the rest of us."

"Granted. Though earlier you could have killed me without so much as exchanging your own lives for my death."

Mat Enderton looked up from below, jaw set, his bright blue eyes directly on James Morais. Reverend Mat knew what was coming, as did Locken.

Cooper paid no attention, studying with difficulty each man in the street, picking the sequence of targets.

"The deal hasn't changed, Morais. Exchange your life for an airplane. If it's worth it."

"It is precisely for that reason we must make a slight amendment to the arrangement. My death here would at least now assure your own."

"I know that," said Locken, impatient with the man's pedantry. The arrival of Morais's men meant a stalemate in which the four of them would die unless Morais chose otherwise.

"Then I wish some tangible guarantee that once you have your precious aircraft you will not shoot me anyway." He looked at Locken over his shoulder, his torn lips parting in an ugly smile. "The thought never occurred to you, I'm sure."

"Not more than a dozen times."

"I would suffer equally if you took me with you a prisoner. I do wish to survive, Locken, as you so astutely observed. It is Locken, isn't it?"

"You know it is. You're suggesting what?"

"A hostage. To be left here with one of my men."

"No go."

The lids of Morais's eyes lowered until only a sliver of white remained. "You do not know me. I have drawn my line. I will not step back across it. No hostage and you may pull the trigger, after which you will die. Immediately. The others awaiting you, soon after."

Mat Enderton began to nod. "He'll do it, Mike. I'll stay gladly." He gave Morais a thin, crooked smile. "You always were a treacherous little nit."

Morais turned his face forward. "When I am safe, the Reverend will be set loose."

Again Mat Enderton nodded, content to take Morais's assurance at face value.

Locken calculated the time it would take for Mat to reach the airport after his release. The danger each second's delay would bring without the lever of a gun at Morais's back.

Mat Enderton had plotted the same mental course. He reached up and touched Locken's leg. "You go without me and don't worry. I have more friends on this island than James has an inkling of. I'll make it. And don't bother explaining to Aggie, because she knows."

Locken turned away from the sure gaze of Mat Enderton and spoke to Morais with more willingness than he felt. "Done," he said.

He waited.

Nothing changed about Morais that Locken could have put into words. A relaxation of muscular tension, a concordant instant of mental letdown.

"But Mat comes with us to the airport."

Pressure on the gun in Morais's back, increased by the barest force of hand, drawing Morais's attention, reminding him of the weapon's presence and its single purpose.

Locken went on before Morais could speak. "He can come in the truck with your men. As insurance for your release, it doesn't matter whether he waits at the airport or here. The deal is the same."

A total victory pulled away, a favorable compromise offered. Morais looked at him with reluctant respect in the sharp black eyes.

Locken waited, silent.

"So," said Morais, an assent. He spoke orders to his men. "The Reverend will ride with a gun at his head to insure a smooth journey."

Reverend Mat looked from the gun Locken held against Morais's back to Cooper, who was already swinging down into the cab of the truck.

"Cooper, son. Drive carefully."

chapter 12

By the time they reached the airport, great dark clouds had overlain the dawn east of them.

Already Locken could feel the first stirring of wind on his face, a breeze without freshness, heavy with a moisture that signaled an approaching storm.

Cooper took the narrow road that skirted the western edge of the terminal.

Off to their right was the single terminal building. On the apron, between it and the runway, the solitary Avro, still lit by floodlights. Locken noted that the sandbagged position beneath the aircraft had been abandoned, but the charges of explosives remained in place above each wheel. Armed men in brown fatigues manned the position on the terminal roof; others ringed the apron.

Locken let his eyes move along the runway to the two buses parked across it a quarter of a mile to their left. He brought his gaze back to the point directly across the runway.

He saw nothing but raised a hand, giving it a slow lateral swing. Morais followed every move.

Cooper spun the wheel of the truck hard right, heading toward the Avro.

"No," said Locken. "Stop near the terminal."

Cooper nodded in slow understanding. In case it went

wrong, Locken wanted Morais away from the plane, necessitating a split in the attention of his men, perhaps buying the others a few seconds' margin.

Locken knew that if Morais could safely renege before the buses were removed and the plane airborne, the guns of his men would turn on the aircraft. But he knew too that Morais at this point was unwilling to take an unnecessary chance. Except for the final, careful game of insuring his own survival, he had won.

Cooper stopped the truck far enough from the corner of the terminal to insure that the truck's machine gun had fields of fire: back toward the truck, following a hundred yards behind, with Reverend Mat, or toward Morais's men near the terminal. The positioning of the truck hadn't been accidental. Cooper looked around at Locken and forced a slow wink.

Locken's attention went to the brush across the runway just as Walter Bogin stepped into view, one long leg making a cautious step onto the runway, before he straightened and began an ungainly walk toward them.

"Looks like a scared giraffe," said Cooper.

Behind Bogin followed Jan and Jack Mann. Vicory and Gireau carried the wounded man in a blanket, the children shepherded by Aggie Enderton and Carla Mitchell. Locken searched among the others, in vain, for Halsey. The two young soldiers brought up the rear, casting nervous glances into the dark brush behind them.

"Okay, Rafe," said Locken. "Get the explosives off the aircraft, and move our infantry into position for a base of fire."

Cooper had turned the color of slate, but he answered with a grin. "Hold the battalion in reserve, *mon général?*"

Morais's eyes narrowed on Cooper.

"But of course," said Locken.

• • •

He and Morais watched without speaking while Jack Mann climbed the companionway stairs and stepped uncertainly across the wing to the Avro's crew hatch, forward of the port engine.

Locken was intent on each move, looking for signs of confidence, or its opposite.

A moment later the main passenger door aft swung open. Locken could sense the tension of the Hill's survivors as they began boarding the aircraft, directly under the guns of Morais's men.

Locken saw Jack Mann settle into the lefthand seat in the cockpit, for a moment staring motionless at the distant buses.

Locken wondered if it were imagination, but as he watched Mann he became newly aware of thunder, the wind on his face blowing with greater intensity.

"Comfortable, Morais?"

"I imagine we share an equal discomfort. Your pilot. He is the one who once crashed, is he not?"

"None other."

Locken detected a change in the set of Morais's mouth.

Beneath the aircraft Cooper lowered the last satchel of explosives from the landing gear, and gave Locken an unsmiling thumbs-up.

Then he joined the two young soldiers in the sandbagged position beneath the plane, the two assault rifles and single puny carbine pointing in thin defiance at the weapons following every move from the terminal, fifty yards away.

Locken counted Morais's men again. Four in the position atop the terminal, a half-dozen using available cover at the edge of the apron. Three others had started toward the truck where he and Morais waited, until Locken shook his head slowly from side to side. They had stopped without further encouragement.

They watched now, one with empty, almond-shaped eyes,

weapons ready. If something went wrong, their bullets would be meant solely for Locken.

He looked again toward the cockpit. Mann hunched forward over the instruments.

God, how many items had he to deal with? A preflight checklist of sixty items, or twice that? Locken had no way of knowing, nor of the burdens on a single pilot flying an Avro without benefit of a copilot. Was the agonizing delay due to procedural demands of the aircraft or Jack Mann's fumbling? Locken didn't know.

He glanced away, toward the truck parked a hundred yards behind them.

Mat Enderton crouched in the truck bed, men on either side, the differential in size making Reverend Mat's slight frame seem inconsequential. A driver remained at the wheel. The five others had dispersed in either direction, their weapons pointing too at the aircraft.

Twenty-one men, all told.

"How many men did you start with, *Jefe?*"

Morais didn't answer him; if a moment before there had been amusement, it was gone.

Locken let his mind run again over the sequence of events as they had to take place.

First, Reverend Mat released to join the aircraft, while Locken stayed with Morais. Morais would object, but he had already taken his step backward, as he called it, when he allowed Reverend Mat to come with them under guard. Once begun, steps of retreat came easier. When the aircraft was ready at the end of the runway, Locken would walk toward it with Morais. Every step they took past the midpoint between Morais's men and the aircraft would increase Morais's suspicion. Locken would push for every foot.

For once Morais was released, it would become a race:

Locken to the aircraft squarely in the sights of Morais's men; Morais covered in his return to safety by Rafus Cooper. Locken intended to be aboard the aircraft, the plane past the terminal, out of the limited range of the assault rifles, before Morais was under cover. Easy enough if no one lost his head.

He reached over to the machine gun, removed a single bullet from the belt, and opened the breech top. He used the point of the bullet to bend the extractor, lowered the top, and tried to work a bullet through the breech. It was jammed to his satisfaction.

Morais watched him. Locken returned the sober look with one equally lacking in amusement. "Now see how fast two of your men can drive those buses off the runway."

Morais hitched his thin shoulders and complied.

His order brought two men near the truck holding Reverend Mat to their feet.

Locken watched them move off toward the buses with a slowness that seemed a deliberate test of his patience; there was little enough left to test, he knew.

"A guerrilla's great weapon is his feet, Morais. Your boys are pooping out."

Morais turned his face away, black eyes again on the aircraft.

Locken's gaze stayed with the two men, and was caught by movement beyond. Half-light still shadowed the heavy brush on both sides of the runway. In the next second all doubt disappeared. The gun at Morais's back had suddenly become worthless to insure their safety.

From scrub nearly parallel with the buses, a quarter of a mile along the runway, Locken saw the first Sembi step into the open.

chapter 43

A rank of Sembi followed the first, a hundred yards in width, their shoulders touching to form a continuing breadth of sinew and muscle.

"Morais." It was a soft call for attention.

Morais turned. His eyelids lowered slowly and remained closed for a moment before they opened again.

In unison the Sembi crossed the runway, executed a right turn, then began to lope toward the terminal in a broad column.

The two men Morais had ordered to the buses looked ahead toward the Sembi, then back toward Morais. He waved them to return with a flap of his hand, its urgency adding to Locken's already growing suspicion.

It was then he saw Halsey. He trotted near the front of the column, his shorter, pumping strides drawing Locken's eye as might a stubby pony running among thoroughbreds. At Halsey's side was an older Sembi who waved a shiny pistol above his head as though a totem.

Another, younger Sembi with ocher stripes beneath his eyes ran close behind Halsey, a stone-headed club tight in his grip. Guard or escort, Locken couldn't tell. Halsey saw him then, great head lifting, his smile of satisfaction unmistakable.

"A fool," said Morais with absolute flatness.

Behind them Locken heard a low hum that instantly

rose in pitch to a biting whine. The four-bladed prop of the Avro's starboard engine began a slow revolution, then gathered speed.

The sound appeared to strike the Sembi visibly. Their column stopped, heads moving in unison to stare toward the aircraft as though unwilling to trust what they saw.

Then the prop of the port engine began to turn, the sound rising above the wind and approaching thunder. Through the cockpit window Jack Mann gave Locken a single gesture, left hand extended, middle finger pointing skyward. Locken thought he saw a grin.

Below the aircraft, Cooper mouthed a quick order to the two young soldiers. They scrambled up the aft ladder and turned, guns trained. Locken waved Cooper after them, but he had already dropped heavily back into the sand-bagged position, the assault rifle leveled and ready.

Locken's head snapped again toward the Sembi. Their ranks rippled as a command passed among them and they began to come forward.

Locken followed the direction of their gaze and understood. They were after the airplane. Halsey had somehow bargained for something with the airplane, and they had come to claim what was theirs.

In the far truck Mat Enderton rose to his feet, turning toward the approaching Sembi, only a few hundred yards away. The truck was directly in their path.

Locken pulled Morais around. "They want the plane. If you can stop them you'd better try, because they look like they'll walk over your men to get it."

Morais's bloodied lips drew back.

"Release me."

Without hesitation Locken tore loose the automatic bound to Morais's back. Morais turned and gave a sharp command to the three guerrillas near the truck, the one with almond-shaped eyes nodding a response. The three ran forward to join the others at the far truck. Immediately the rifles of Morais's men swung to point at the approaching Sembi.

For a moment Morais and Locken stood together watching the Sembi, the precision of their strides, the swinging of their arms mesmerizing in the perfection of coordination.

Barely twenty feet from the thin line of battle Morais's men had formed at the distant truck, the Sembi stopped.

Suddenly Halsey forced his way to the front of the Sembi, looking directly at Locken, his grin misshapen. He pointed toward the aircraft, the extension of his arm a demand. At that instant the Avro turned on a wheel. The engines rose in pitch, and the aircraft began to taxi away toward the end of the runway.

Cooper remained in position, head toward Locken and Morais, expression completely blank.

Locken's eyes stayed on Halsey.

The aged Sembi was next to him now, his face bent down in an angry demand. Halsey turned, his gestures animated by explanation, pitiful as he tried to bargain with nothing left to exchange. From his wrist he plucked a heavy wristwatch, and tried to thrust it into the Sembi's hand.

The old Sembi looked toward the plane, his face a harsh sculpture.

Morais's understanding of what was about to happen preceded Locken's own. He said, quietly, "Prepare."

The older Sembi gave a careless wave of his hand, and took a step away from Halsey, toward Morais's men.

Halsey followed, head bulled forward in anger, his mouth loosing a stream of argument in a language that to the Sembi could have sounded little different than the animal grunting of a mountain pig.

The younger Sembi with ocher beneath his eyes had

stepped forward behind Halsey, his arm already beginning a full, practiced swing.

Locken was sure that Del Halsey neither heard nor felt the heavy stone-headed club that pulped his skull to the stump of his thick neck, the body rolling sideways as though a bowled-over pin. The younger Sembi scooped up the watch.

The older Sembi glared toward Morais as though betrayed and gave an angry yell. The Sembi were among Morais's men almost before they could fire, the first bursts from automatic weapons stifled as they began.

A thin groan came from the back of Morais's throat. He turned toward his men at the terminal and pointed at the Sembi. Immediately the men in the position above the terminal began to fire.

Morais watched the effect on the leading Sembi, now past the first truck, both he and Locken trying to assess whether the full capability of the remaining weapons was enough to halt their charge. Morais's glance darted toward the aircraft, then back to the Sembi lunging toward them, less than one hundred yards away. The truck in which they stood was directly between the Sembi and the aircraft.

He turned to Locken, his words lost beneath the rising sound of the aircraft engines and the continuous bursts of full automatic fire that appeared absorbed by the Sembi without effect.

Locken pushed his face toward Morais, staring into the fearful black eyes. "Say it again."

"Take me with you."

Locken was never sure he heard it correctly for as he waited to hear the words repeated, the left side of Morais's face exploded and was gone. Torn flesh and bone slivers disappeared beneath a flood of gray ooze. Morais dropped where he stood, nerveless legs withdrawing support.

Locken spun, saw the old Sembi with the shiny

pistol fire again, and heard the truck windshield shatter.

Locken forced his eyes past the charging Sembi, sweeping the bed of the other truck for the sight of Mat Enderton. The truck was empty. He was sure of it.

Still holding the automatic, he stepped across Morais's body, vaulted over the side of the truck, and began to run for the plane.

chapter 14

Naked and soft.

The phrase caught in his mind as he ran. Across the expanse of apron, eyes fixed on Rafus Cooper, afraid to look beyond, past him, at the Avro moving toward the end of the runway, the heavy bounce of the fully loaded aircraft exaggerated by rising wind.

Moving steadily away.

Once he had run a hundred yards in 10.2 seconds, which meant that in theory he should have crossed the fifty yards between the truck and the sandbagged position where Cooper waited in slightly more than five seconds.

But without cover, the chance of surviving exposed for even half that time was next to nil. As he moved from behind the truck, dipping and stuttering his strides, he could hear the gunfire from Morais's men intensify. Muscles tensed in involuntary preparation for the impact of the bullets from any of a dozen rifles firing to his right, nowhere farther than a hundred yards distant. The odds, which he had always so carefully integrated into his cold analysis of every situation, now announced his inevitable death. A death in which he was at least moving, a matter of importance to no one but himself. Moving or inert, his final choice.

But he did survive the first seconds. Halfway to Cooper, the intake of breath tore at his throat, his mind finally noting the absence of even a single bullet striking near him.

He glanced right, toward Morais's men, and saw their rifles still pouring down fire on the Sembi behind him.

Cooper had moved around until his own weapon, still silent, covered the terminal. To shoot now would be an unmistakable call of attention to Locken.

It might have been another few seconds or the parts of a single second, each fraction a gift, in total contradiction to what he knew had to come.

He was within yards of safety when the tone of firing changed, the treble *zing* as a clumsy variance in his step sent metal-clad bullets spattering against the concrete ahead and to his left. Atop the building, several of Morais's men had swung their weapons toward him.

It was then that Cooper began to fire.

Suddenly Locken was home, pitching headlong over the sandbags, the sound of life at that precise second the crack of Cooper's rifle and the brassy tinkle of an expended shell case striking inches from his face. He would remember the pattern of striations in the metal a lifetime.

Something forgotten.

He came up in time to see a man atop the building go limp in unison with the snap of Cooper's weapon against his shoulder. Without pause Cooper nudged the rifle, delicately shifting his deadly fire to the next man and staying with him until he too slid from view.

The thought picked at Locken.

His head jerked toward the aircraft turning at the end of the runway, an incredible distance away.

From the aft hatch came the crackle of gunfire as the two young soldiers attempted to give him and Cooper thin covering fire in their dash to safety.

The Sembi were past the truck Locken had left scant

seconds before, veering their course now to cut off the aircraft, to stifle its flight, to possess it before it could take to the air, defying them. They rushed toward him and Rafus Cooper in a single-minded frenzy, unheeding of the automatic fire from Morais's men eating away at their flank.

Locken grabbed Cooper's shoulder.

"Plane time."

Cooper loaded a fresh clip, tapped the ammunition pouch, found one left. "You go. I'll cover your first fifty feet."

Locken spun him around. Cooper's eyes were lit by something beyond fatigue, unable to see Locken's face close to his. "You wouldn't know fifty feet from a mile. At this range my automatic is still worth something. You go. Halfway and cover me."

Cooper grinned at him. "No heroes." He heaved himself over the top of the position and began running low, the assault rifle carried parallel to the ground.

Locken two-handed the grip of the heavy Browning automatic and emptied it at the men atop the terminal, without apparent effect.

At midpoint between the position and the aircraft, Cooper went prone, firing back toward the terminal building. At the exact second he heard Cooper begin, Locken went after him. Nearing Cooper, the sound of firing behind him changed again, Morais's men shifting to defend themselves from the Sembi.

Rafe waved him to keep running, sliding in the final clip. "A farewell kiss."

Locken lunged on, eyes ahead on the aircraft, faces pressed to the windows visible now—Jan Harkins watching, Jack Mann shouting encouragement from the cockpit window.

Whether Locken felt it or heard it, he wasn't sure. A

bullet striking home. Cooper's grunt before he began to swear. Locken whirled.

Cooper was still prone twenty yards behind him, facing toward the first of the pursuing Sembi, twice that distance beyond. He had stopped firing, and was trying to push himself up on hands and knees. The movements were leaden. He stared down unbelievingly at his own chest, then half turned to Locken.

Locken saw the first tiny rivulet of scarlet high on Cooper's chest; then the other began, from what looked like a pinprick. The bullets striking at that angle would have channeled their way deeply into the cavity of his body, tearing bone and muscle every inch.

Cooper looked up at him without appeal, nodding him on with a faint shake of his head. He flopped down onto the concrete, faced away, and slid the assault rifle again to his shoulder.

Locken stood full upright, uncaring of the bullets which sought him from the roof of the terminal building, the bareness of choice drawing a cry of frustrated anguish from his mouth.

Cooper began to fire, but Locken found himself unable to move, fighting the elemental urge that threatened to drive him weaponless back to Cooper's side in a futile act of self-destruction. Cooper's control in the fleeting seconds of life twisted Locken's mouth into a pained grimace, for Cooper had swung his weapon away from the Sembi, toward the two men still firing from the building top.

He squeezed off careful single shots, each finding its target.

An instant before the Sembi reached him, Cooper forced himself to his feet, staring at the brown-clad bodies near the terminal, capping what Locken knew was his private victory with a rebel yell of triumph.

Then he turned to face the Sembi, straightening as

though trying to equal their height, to fend off their knives with his bared chest.

As they reached him, Locken turned and, head down, began a dash toward the aircraft.

Hands reached out, pulling him roughly through the hatchway. The Avro strained against braked wheels as rising power from the engines threatened to shake the airframe to pieces.

It wasn't until the *g*-force of lagging momentum pressed him against the rear of the bulkhead of the aircraft, the terminal racing past as they gained speed, that Locken remembered the single item he had forgotten. The words screamed at him.

He was on his feet, pulling himself toward the cockpit, knowing that this time, without fail, Jack Mann would take his own life and, with it, the entire aircraft.

The buses.

chapter 45

Locken pushed open the door to the pilot's compartment. Rain washed the windscreen and was cleared for a moment by the sweep of a wiper blade, only to fill again, blurring the buses on the runway ahead of them.

"Don't rock my boat," said Jack Mann, a threat in his whisper.

"The buses, Mann."

"I got eyes. Everyone forward? They've got to be forward." He watched the groundspeed winding toward eighty knots, fingers resting lightly on the lateral rungs of the yoke.

For Locken the time of decision was then. Reach forward, pull back the throttles, and hope the aircraft could be brought safely to a stop. Then try to defend it against the Sembi.

Or trust Jack Mann.

"Answer me, dammit!" said Mann. "Look behind you." Locken turned, noting all the occupants of the aircraft huddled in the nearest rows, four and five people in space meant for two. "Affirmative. Be sure, Mann."

"Don't you question me." Locken heard the certainty. "The t-o run of this aircraft is thirty-five hundred feet, give or take a few, and I can't afford to give any. They drove the buses onto the runway straight off the access road." Jack Mann gave a crazy cackle, still watching the instruments. "You know this airport, Jocko. Thirty-eight hundred feet from runway's end to that road, three hundred extra feet of lovely space."

Locken braced himself in the companionway against the buffeting given the aircraft by crosswinds. Locken could feel its reluctance to rise, as though its wheels had fastened to the rain-slicked runway.

Muscles tightened in Mann's face. Locken's hands bit into the door frame.

Jack Mann's body made no move at all—little more than a coaxing of gentle fingers on the yoke. The nose lifted, the windscreen filling with dark sky. They were airborne, the buses and the island behind them.

For a moment Jack Mann's hands moved across the control panel. Then one brushed across his eyes and wiped the wetness away onto the front of his shirt.

Still without looking at Locken, he said, "Now get out of here. Go bother someone else. I got work to do."

Locken shut the door to the pilot's compartment behind him and moved back along the aisle, hearing the murmur of relief from the people around him.

His eyes caught Jan's and saw the accusation before she turned her head away and stared out through the window into the darkness in a final, total rejection.

From the same window she had seen him turn from Cooper, leave him to the Sembi. At that distance he doubted she had seen the wounds which had left him only seconds to live. He could explain, he supposed; with Cooper dead, an explanation worth nothing that mattered.

He walked past the girl toward Walter Bogin, head resting back against a seat at the rear of the aircraft.

The hand that reached out to stop him belonged to Aggie Enderton. "Did they kill him, Mike?"

"I don't know."

"Then you didn't see Mat die?"

He shook his head. Aggie Enderton smiled, a confident smile, as though she had seen something, knew something Locken had missed. She gave his hand a light squeeze.

Locken looked at Carla Mitchell, but she anticipated him with a hardness in her voice incongruent with the frightened eyes, as though, like some feral animal, she faced returning to an aloneness she had forgotten how to live with.

"You don't have to say anything, Locken, because I watched it all. He always was a dumb buffalo." She turned away and shut her eyes.

Walter Bogin looked up at his approach, only to drop his gaze when Locken stopped in front of him, staring down before he spoke. Locken fought a fleeting impulse to pull this tall man to his feet and shake him until his awareness was full and complete, then make him understand. Understanding would take its own toll from Walter Bogin.

"Who was it, Walter? The guns, the training. Who financed Morais?"

Bogin exhaled tiredly. "You know. I can tell you know."

"I want to hear it from your official mouth."

Walter Bogin looked away. "A scheme of the CIA, their Office of Clandestine Services, no doubt. With State's complicity." The words seemed distasteful. "The airstrip at Taveira, the island's location. In somebody's ordering of strategic importance, they've become more valuable."

" 'Upgraded' is this year's word."

"Yes, upgraded." His sigh was one of near-total exhaustion. "The idea was to draw Morais out before he was ready, before he had people's support. We'd have offered the government here aid and money to destroy him, all the while encouraging them to lean more heavily on a trusted ally. Until now we hadn't had much luck. Very clever."

He looked away. "Morais thought his backers were the Chinese."

"Don't bet on it." Bogin's head came around, his expression for a moment registering surprise. "When I took Morais, he said just enough to let me know he at least had a suspicion who was footing the bill. He thought he could take what he needed on his own terms, and maybe he could have. It's been done before."

Walter Bogin pressed his temples, then stared up at the others in the aircraft. A sudden flush of anger raised the pitch of his voice.

"But why didn't they tell me all of it! I was to be warned enough in advance to get our people clear. It wouldn't have happened like this if I'd known."

"Because it would have been a clear pointer to U.S. involvement. What the hell difference did a few dozen people make?" Walter Bogin looked up, eyes rounding, as though Locken's words were slowly entrapping him. "I'll tell you another thing you didn't know. Morais had a list. Targets, people to eliminate. I saw it on his desk. Your name was on it."

"I don't believe you." The reply was instantaneous, but its tone held a frail confidence. "Morais could have been influenced. Given a reason to leave me alone."

"If they'd wanted it that way. You knew a lot, Walter. And maybe you were worth more as a fat newspaper headline dripping with pro-American sympathy. Don't forget the bronze plaque."

"Stop it!"

"Don't feel so lonely. The list had my name on it too. Friends in Washington can do a lot for a guy if you're nice to them."

"Must you joke about this?" Bogin looked helpless.

"That's all you can do." Locken found himself leaning forward, the words coming rough from the back of his throat. "Because you'll never be able to touch the people responsible for what happened here. Not in any way." Locken felt the anger now, almost cleansing, his hatred of the distant men. How much better they understood the people they used, their needs and weaknesses, than they were understood by them. Men who would never see an operation as people dying noisily in their own blood and bits of bone. It was a game, not of foxes but of court eunuchs, dazzled by the special power they wielded without necessity of a reckoning. Only the Vicorys and Mat Endertons paid.

He was silent a moment, straightening before he asked, "Was Rafe in on it?"

"Cooper?" Bogin finally shook his head. "I don't know." His head continued to shake, almost mechanically.

"Someone sent him drugs through the diplomatic pouch."

"Drugs?" It could have been a word from another language. Walter Bogin blinked.

"Rafe was a killer, Walter. Don't ask me how it started or why. Most who do it for a living either like their work or learn to live with it. Rafe missed on both counts. The drugs helped him handle whatever he did feel. Most of the time. They could have been a powerful lever on Rafe for someone whose mind worked that way. The CIA have a lot whose do."

"Lever to do what?"

"Suppose the good, bright men behind this plan decided to do it one better. After whatever havoc Morais raised with the government, they figured whatever program they were selling would be snatched up in panic. But someday, somehow, they'd still have to deal with Morais. It had the kind of appeal the spooks love. High risk, low cost, big payoff. Plant a Rafus Cooper right in the middle of things and hope that late in the game he'd get a crack at Morais. Rafe was good enough."

Bogin tilted his head, sensing Locken's doubt. "You don't know for sure, do you, Locken?"

"No, but I'll tell you one thing. The bullet that killed Morais. It was a whale of a shot for an old man with a shiny pistol."

He turned his back on Walter Bogin then and walked away, empty, expended, without anger or even a feeling of loss. He had gone beyond it. Whatever he had felt for Cooper and the others had settled deeply now, already shielded by the mental accretions that he knew would harden with time, allowing him a kind of shallow sanity.

He dropped into a seat alone.

Two rows ahead he could see Aggie Enderton next to Carla Mitchell, their heads bent close in conversation, hands entwined. What they could have been talking about, Locken had no idea.

AUTHOR'S NOTE

Several events described here occurred in Fiji in 1962 and in the New Guinea highland town of Goroka ten years later. The island and its people do not exist as depicted, though there are a number of physical similarities with western Viti Levu. Except for references to cargo-cult and sayings attributed to Che Guevara, the book must be considered totally a work of fiction.